當代臺灣女性參政研究

林小芳 著

崧燁文化

目錄

序

第一章 緒論

第二章 威權統治時期婦女被動參政（1949—1969）
　　第一節 威權統治時期的社會環境
　　第二節 國民黨主導下的婦女運動
　　第三節 保障名額下的婦女參政

第三章 威權鬆動時期婦女主動參政（1969—1987）
　　第一節 威權鬆動時期的社會變遷
　　第二節 女性主義思潮下的婦女運動
　　第三節 非國民黨籍婦女主動參政的初步嘗試

第四章 解除戒嚴以來婦女積極參政（1987—2008）
　　第一節 解除戒嚴以來的社會轉型
　　第二節 全球化時代的女性主義運動
　　第三節 威權瓦解時期的婦女參政

第五章 性別視角下的臺灣女性參政——以立法院為例
　　第一節 臺灣立法院概況
　　第二節 性別差異：立委問政兩性綜合比較
　　第三節 個案分析：「兩性工作平等法」審議透視

第六章 臺灣女性參政的性別分析
　　第一節 女性參政走勢分析
　　第二節 性別差距理論對兩性參政的分析

結語
附錄
參考文獻
後記

序

　　我不懂政治，也不喜歡政治，甚至有些排斥政治，但由於近年來關注閩臺歷史文化關係，不可避免地要涉及當代的臺灣政治，2004年還陰差陽錯地承擔教育部社科基金項目《臺灣宗教信仰對臺灣政局的影響與對策》，主編出版《當代臺灣宗教信仰與政治關係》。林小芳求學於我，以為我懂得政治學，提出「當代臺灣女性參政研究」的博士論文選題，對此選題，我真的沒有任何的研究。不過，我每次看臺灣新聞，那些臺灣女性政治家的巾幗不讓鬚眉的風采（善辯的口才、獨特的視野、以及大打出手令男性政治家退避三舍的所向無敵的氣勢），著實給我留下深刻印象。我莫名地產生這樣的想法，政治並非男人的專利，尤其是民主政治，女性參與政治有其獨特的優勢，未來的政治性別版圖恐怕要發生顛覆性的變化。因此，研究當代臺灣女性參政問題，不但對於臺灣政治、而且對於大陸政治乃至全球女性華人參與政治都有其重要的學術價值和現實意義。

　　林小芳原來是廈門大學臺灣研究院的碩士研究生，在周翔鶴門下接受嚴格的專業訓練，後來就職於福建師範大學閩臺區域研究中心，又在資料室工作多年，近水樓臺，有了較好的資料積累。博士論文選題定下來後，她扎紮實實地查閱相關資料，並到臺灣收集資料和實地考察，把當代臺灣女性參政放在臺灣政治轉型和西方女性主義思潮的大背景下觀察，同時注意到中華傳統文化對臺灣女性參政的深刻影響，加上其作為女性作者的獨特眼光，因此看到了一些學界無法看到的當代臺灣女性參政的貢獻和特徵，並對臺灣女性參政做出了比較中肯的評價。作為大陸第一部研究臺灣女性參政的著作，有不少創新和創見，值得學界關注。

　　當代臺灣女性參政還將延續，其對臺灣社會的影響也會越來越大，因此，臺灣女性參政的研究並不會隨著此書的出版而結束，而是有更大的研究空間，希望

林小芳博士能夠繼續關注這一課題,跟蹤研究,更上一層樓。

林國平

第一章　緒論

長久以來，女人與政治屬於兩個截然不相干的範疇。政治一向被視為大眾的公開的活動，完全由男人所掌握，而女人則被認為是家庭中的人，與女人相關的話題被歸屬於私領域，難登大雅之堂。「政治」一詞的定義很廣泛，可謂眾說紛紜，很難下一個簡潔貼切的定義。但毫無疑問，它是一種管理眾人的活動，其核心是透過權力的行使實現社會資源的分配，《牛津簡明英語詞典》（The Concise Oxford English Dictionary）稱之為「統治的科學和藝術」[1]。同時，不言而喻，政治領域是男人競逐的遊戲場地，女性無從置喙，甚至沒有身分地位，從矇昧時代的父系氏族時期，到文明科技都高度發達的近代社會，不曾有變。以至於在20世紀初，像加拿大這樣的國家，仍會被這樣一些在今天看起來荒謬絕倫的問題所困擾，如女性在法律上是不是「人」的問題。因為，當時的加拿大高等法院發現，在公共領域，女性事實上不具備合法的「人」的身分。在東、西方歷代思想家論證支持和現實經濟生活的強化下，久而久之，這種關於男人和女人以及公領域和私領域的角色劃分似乎成了理所當然，女人與政治的分離似乎也天經地義，直到被19世紀中後期和1960、70年代以來的婦女運動所挑戰。

19世紀後期，不滿無法與男性同等享受資產階級革命成果的歐美女性，在「平等」的口號下掀起為女性爭取選舉投票權的政治運動並取得了勝利，到1930年代，女性的選舉權以法律形式確定下來，女性邁出了參與政治生活的第一步。1960、70年代，隨著世界範圍內各種解放運動的蓬勃發展，歐美社會再起波瀾，婦女運動再次崛起，並演變成為一場席捲全球持續至今的女性主義運動。某種程度上，60、70年代的女性主義運動給人留下的畫面是美國街頭舉著「同工同酬」、「個人的就是政治的」等標語激情遊行的婦女，而80、90年代以來，女性主義的繁榮則表現在學術發展這一核心上。其中，不少關於這段動盪

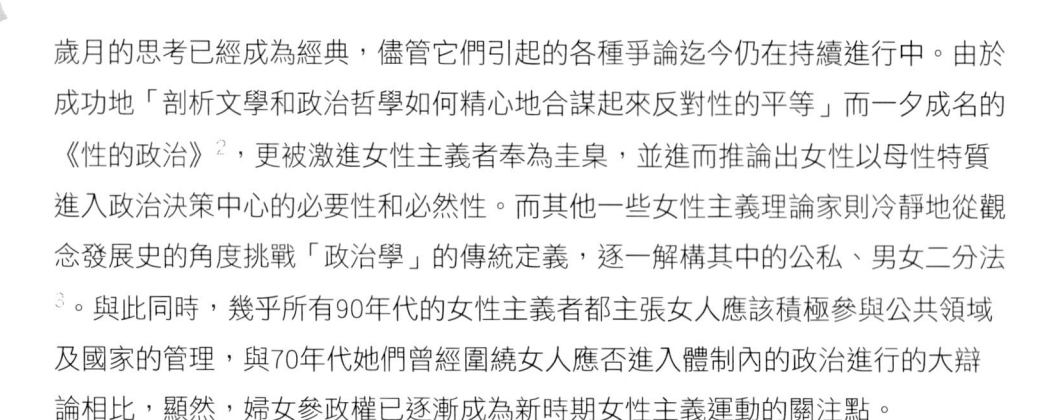

歲月的思考已經成為經典，儘管它們引起的各種爭論迄今仍在持續進行中。由於成功地「剖析文學和政治哲學如何精心地合謀起來反對性的平等」而一夕成名的《性的政治》[2]，更被激進女性主義者奉為圭臬，並進而推論出女性以母性特質進入政治決策中心的必要性和必然性。而其他一些女性主義理論家則冷靜地從觀念發展史的角度挑戰「政治學」的傳統定義，逐一解構其中的公私、男女二分法[3]。與此同時，幾乎所有90年代的女性主義者都主張女人應該積極參與公共領域及國家的管理，與70年代她們曾經圍繞女人應否進入體制內的政治進行的大辯論相比，顯然，婦女參政權已逐漸成為新時期女性主義運動的關注點。

20世紀中後期以來的全球女性主義運動，在各個國家和地區，以不同的面貌和形式進行，並取得豐碩的成果。隨著各地女性主義對婦女參政權的共同關注，越來越多的女性參政，已成為21世紀的一大趨勢。由於特殊的社會歷史原因，從近代起就與大陸分離的臺灣，處於東方傳統文化和西方近現代文明相碰撞與交融的前沿。緣於西方的現代婦女運動藉助西方的民主自由平等觀念，結合政治反對運動的能量，對抗儒家倫理建構下的社會性別制度，走出了一條具有臺灣本土特色的女性主義發展道路。婦女參政就是婦女運動與臺灣特殊的政治情境相遭遇的結果。

近年來，大量女性活躍於政治舞臺上，成為臺灣政壇上引人注目的現象。婦女在各項選舉中的自主性投票意識提高，參與公職選舉的人數有明顯增加，女性參選與當選比率在逐步上升。當廣大女性選民用選票展現力量，當更多的女性直接進入政治領域，女性參政的積極作用開始展現：傳統的公私領域界限逐漸被打破，法律開始干預家庭內部的婚姻暴力，政府開始處理托育問題，民生及婦女議題逐漸成為政府政策……無論是作為占投票人口一半的選民，還是作為政府機構裡相對少數的公職人員，婦女作為一個群體正日漸成為臺灣政治運作過程中不容忽視的因素。作為婦女運動的成果之一，女性參政對臺灣的女性主義運動有何積極作用，女性作為一個群體進入政治生活，甚至進入政治決策核心，對於臺灣的政治生態將產生什麼影響，是否或能夠在多大程度上實現女性主義弱勢關懷的主旨，落實兩性平等和諧，從而追求終極意義上的公平正義，等等，都成為有待研究的課題，也成為本文選題的研究緣起。

一、相關概念的釐清

女性主義運動：首先應該強調的是，女性主義來源於英文feminism，在本世紀初中國的新文化運動中普遍被譯為「女權主義」[4]，主要是受到當時爭取投票權的國外第一波婦女運動影響所致。二十世紀後期以來，女性主義運動的實踐內容更加豐富，理論流派異彩紛呈[5]，並逐漸成為一門專門的學科體系，被時代賦予了新的文化政治內涵。這一複雜內涵遠非世紀初爭取投票權的女權運動所能涵括。所以，本文採用女性主義的譯法。同時，還要指出的是，女性主義運動的內涵可以說是龐大複雜，在當前，世界範圍內的女性主義運動既有實踐層面的社會運動（有時直接稱為「婦女運動」），也包含學術研究方面的理論探索和建構（也有學者稱為「學術女性主義」或「女性研究」、「社會性別研究」）。當然，目前正逐漸進入歐美等國高校教育體系主流的女性主義學科建設也是其中一環[6]，而每三年一次在世界五大洲輪流舉辦的素有「婦女學的奧林匹克」之稱的世界婦女學大會自然也是全球化時代全球女性主義運動的一個組成部分。女性主義是個難以界定的術語，其所包含的思想流派差異甚大並在不斷變化發展中，而不同歷史文化、政治語境中的女性主義，更有著不一樣的內容。但可以肯定的是，無論是社會實踐層面還是理論研究層面，無論東方還是西方，女性主義都堅持以一種社會性別的視角和批判的思維來認識現實社會中男女不平等的現象，追求建立一個終極意義上性別平等的正義和諧社會。作為一種以男女平權或男女平等為核心的思想和理論，它指導了實踐（女權運動或婦女運動），又在實踐中得到檢驗、批判和發展，並最終成為世界性的政治社會文化思潮。

婦女運動：指稱女性主義運動的社會實踐，主要針對於女性主義理論研究而言。在本文，它指臺灣女性主義運動的社會實踐，與婦女或性別研究共同構成當代臺灣女性主義運動的全部。但這個界定並不是特別嚴格，有些婦女團體既是運動者又是理論研究者，如女性學研究會（簡稱「女學會」）的活動等，本文也以「婦女運動」概稱之。婦女運動本身也是社會運動的一種，常被用來解釋婦女抗拒兩性不平等、爭取權益的行動與作為，其關懷內容以女性課題為主，企圖透過群體的力量，謀求改善婦女在社會中的處境、地位，促進女性意識的成長，最終消除所有的性別歧視。也有學者視之為一種廣義的政治運動，認為其政治目標在

於將過去一向被視為婆婆媽媽、不登大雅之堂的「女人的事」，提升為公共政治論述，進而落實為公共政策，藉以改變女性的集體處境[7]。從是否促進婦女性別意識覺醒、是否致力於最終消除性別歧視的角度來看，1970年代的呂秀蓮發起的「新女性主義」比較切合女性主義運動的內涵，所以現代意義上的臺灣婦女運動應該從1970年代算起。至於文中為了論述需要出現的早於70年代的早期婦女運動，將以時間分界作為其定義詞。

女性參政：也就是婦女參政，指女性對政治生活的參與，源於political participation，英文中稱為「政治參與」。一般政治參與的範圍很廣，凡是設法影響政府政策或施政的行為都是政治參與。最普遍的政治參與方式是投票，此外，參與競選或加入政府工作，參加政黨、利益團體、壓力團體或在報章撰文投書，以此影響政府政策，甚至進行示威、遊行、罷工、暴動、革命等均屬於這一範圍[8]。因此，婦女參與政治的範圍很廣泛，除了參加投票外，加入各種黨政團體、婦女組織或參加公職人員競選，進入各級民意機構或政府機關，都在婦女參政的討論範圍之內。由上述活動可知，政治參與的另一個不言而喻的含義即強調參與上的主動性方面，基於此，本文對臺灣女性參政的討論既包括廣義上婦女團體透過街頭運動等方式對政策議題的影響等方面，同時更關注女性主義運動推動下廣大女性主動投身政治領域參與公職人員競選的行為，並以之作為本文分析女性參政的基礎。在臺灣特殊的政治制度下，半個多世紀以來，女性參與公職人員競選的行為主要是參選地方各級政府機構首長（如縣市長選舉等）或各級民意代表（如省市議員等）。而作為女性參政保護制度的「婦女保護名額」只針對當選名額大於1的公職選舉，也就是說，只有在各級民意代表選舉方面才存在婦女保障名額制度，而縣市長選舉之類的首長選舉不提供這一保障。因此，本文女性參政的觀察著眼於半個多世紀以來女性參與臺灣地方各級民意代表選舉的實際情況。與此相應地，在考察不同時期女性在臺灣各級民意代表選舉中的參選情況即婦女代表率問題後，本文選取在當代臺灣政治體制中居於特殊重要地位的最高民意代表機構——立法院作為探討女性參政表現的聚焦點，從性別關係的角度透視立法院運作過程中的政治生態，探討女性進入公領域、享有決策權對婦女運動的作用及對政治的影響。為了完整呈現戰後半個多世紀臺灣社會變遷，並對比突出

臺灣女性主義運動發展對女性參政的推動作用，本文對於1950、60年代的臺灣女性參政，也予以描述，並以之作為後文對比的基礎。

二、臺灣女性主義運動及女性參政問題的學術回顧

1949年，國民黨政權退踞臺灣，兩岸分離至今。在隨後的大半個世紀，臺灣社會的政治、經濟發展就走上了仿效歐美等西方國家的道路，東西文化的碰撞、衝突與交融構成當代臺灣社會生活中的重要文化景觀。20世紀初期新文化運動下的婦女解放思想從大陸傳入日本殖民統治下的臺灣，1970年代以後，臺灣女性主義思潮的傳入，則由一群受過西方高等教育的女性知識分子來承擔。

1960、70年代以來，歐美等地新一輪婦女解放運動風起雲湧，第二波女性主義思潮激盪著整個西方世界的思想文化領域，餘波未盡，80年代末90年代起，第三波女性主義思潮接踵而來，共同催生了迄今仍在行進中的社會性別主流化世界潮流[9]。在這一世界潮流影響下，大陸和臺灣分別以不同的方式捲入這新一輪全球女性主義運動，女性研究蔚然成風，漸成學界顯學，各種譯介西方女性主義理論和探討本土婦女學學科建設的研究成果不斷湧現[10]。至於臺灣本土女性主義實踐的研究，臺灣學界成果頗豐，而在大陸地區，無論是婦女學界還是臺灣研究學界，在這方面的研究成果幾乎一片空白。零星的論文有幾篇，如邰寶林的《臺灣婦女問題綜述》[11]從法律歧視、教育差別、就業待遇、婚姻變遷、政治參與幾個方面展示了婦女生活狀況的變化及現實生活中仍存在的不平等現象；承上的《臺灣新女性主義的特徵及其影響》[12]分析了新女性主義對傳統儒家思想和封建倫常的批判，指出其對臺灣女性的思想啟蒙作用；何笑梅的《臺灣婦女運動初探》[13]主要從婦女組織、運動路線、議題及績效等幾個方面梳理了臺灣婦女運動從1970年代到90年代初的發展脈絡。以上幾篇文章，總體上問題論述的深度有待加強。但作為大陸學界較早關注臺灣女性生活或女性運動的研究，其學術觸角令人欣賞，只可惜後來都沒再見到這方面的進一步深入的研究成果。相比之下，臺灣的研究卻是成績斐然。

臺灣的女性主義運動以70年代的新女性主義運動為起點，80年代漸有規模，90年代以來繼續蓬勃發展，伴之與學術女性主義的日漸繁榮。早期出現的

關於婦女運動的研究成果，基本上都是女性活動者本身的自述和對運動經驗的歸納總結。1976年，發起70年代新女性主義運動的呂秀蓮出版了《新女性主義》[14]，該書批判臺灣社會傳統文化中的男性中心價值觀，系統介紹了新女性主義的具體觀點，也對70年代的新女性主義運動作了回顧和經驗總結。80年代，婦女運動參與者顧燕翎陸續發表文章檢討婦女運動，較有代表性的有：《從週期理論與階段理論看中國婦女運動與女性意識的發展》，該文以階段理論（無知期、認同期、抗議期、女性中心期、兩性合作期）分析臺灣自70年代以來的婦女運動，為正在發展壯大中的婦女運動定位並指明方向[15]；稍後出版的《檢討臺灣女性主義論述——三十年來婦運的理論、路線與策略》[16]，從理論發展和策略選擇方面勾勒了三十年來臺灣婦女運動的發展軌跡，重點分析90年代以來政治情勢轉變的影響及婦女組織隊伍內部的路線分歧，對新時勢下收成與動盪並存的婦女運動進行了及時的冷靜反思。

1980年代，隨著婦女運動進一步發展，婦女隊伍以外對於婦女運動的關注也開始出現。《中國論壇》、《臺灣與世界》和《臺灣經濟》等刊物發表了大量有關婦女運動及婦女問題的文章，其中《中國論壇》於1988年舉行婦女運動專題研討，在第299期專刊發表了系列文章《婦女運動蓄勢待發》，使婦女運動的理念更加深入人心，有效地擴大了婦女運動在社會上的影響力。此外，碩士論文《中國現代婦女運動之研究》[17]探討社會環境中促成婦女運動的因素（性別角色態度觀、教育、大眾傳播、都市化、政治變遷、經濟發展、就業結構），分析了主婦聯盟、婦女新知、臺大婦女研究室等五個婦女組織，給人們對婦女運動的觀察提供了另類視角。

90年代，除了繼續出現以婦女運動為研究對象的碩士、博士學位論文，學術專著也開始出現。從事社會學理論與男性研究的王雅各出版了《臺灣婦女解放運動史》[18]，這是第一部專門研究臺灣本土婦女運動的學術專著。該書試圖創建一個適合本土的研究架構和理論，以解除戒嚴作為分水嶺，敘述不同時段各個婦女組織的活動，並從「多面向動員」的婦女運動議題出發，結合組織、世代與意識形態等因素的交互作用來探討臺灣婦女運動的多元異質特性。作為臺灣婦女運

動史學術專著撰寫的第一,此書在婦女運動上的資料收集整理以及保存婦運女性聲音方面,可謂功不可沒,儘管它的理論框架、歷史分期、敘事文體以及史料處理等都相繼受到了其他學者的質疑[19]。

新千年到來不久後的2003年,正值女學會——臺灣婦女運動中的重要團體之一成立10週年之際,《歷史月刊》編輯了一期專稿,一組由歷屆女學會理事撰寫的系列論文集《女學會十年與臺灣婦女運動》[20],留下了世紀之交臺灣婦女運動中的許多珍貴史料。同一時期出現的另一篇學術論文《政治轉型過程中的婦女運動:以運動者及其生命傳記背景為核心的分析取向》[21],既把婦女運動與勞工運動等其它社會運動相比較,又在婦女運動隊伍內細分,以1994年為界,比較90年代前期和後期婦女運動者的組成差異,以訪談的方式,從成員社會地位、所受教育、所在族群、政黨傾向、婦女運動理念的追求等方面深度挖掘婦女運動在不同時期的特質,對本文具有很大的參考價值和啟迪作用。與此同時,作為女性主義運動的另一面,與婦女運動議題多元組織紛繁相媲美,臺灣學術女性主義也呈現百花齊放的繁盛,雖然它有點不可思議地表現出對各種社會議題的強烈興趣,似乎忽略了也該給婦女運動以更多關愛的眼神,眾多主題各異公開出版的研究成果或可證明這一點[22]。清華大學社會人類學研究所張輝潭完稿十年後才出版的碩士學位論文《臺灣當代婦女運動與女性主義實踐初探》[23],在系統整理當代臺灣婦女運動史料的基礎上,試圖鋪陳出一段完整的婦運史,並在新社會運動理論的框架內,進行一定的詮釋與解釋,其對「環球女性主義」與「在地婦女運動」的關係論述,有獨到的見解,可惜對於90年代後期蓬勃發展的婦女運動未給予關注,造成對「當代臺灣婦女運動」的認識與分析深度有限。

80年代後期,婦女參政開始成為臺灣婦女運動的核心議題,女性在政治參與上的表現本應是90年代以後的話題。但由於臺灣「憲法」中的婦女保障名額制度,即使是作為國民黨統治下的民主點綴,各級政府機構裡也從不缺少女性的身影,而因其數量之少,更容易引起人們關注,故而相關研究一直未曾中斷。從研究方法來看,早期的研究多為注重表層的實證研究,像梁雙蓮等人合著的《婦女與政治參與》[24],精選了各種有關婦女從政的文章,包括美國、冰島、日本與

西德的女性參政，其中論及臺灣女性參政的文章，以各種統計數據描述了70、80年代女性參與「中央民意代表」選舉的一般狀況，從參政機會、參政動機、參政能力來探討影響女性參政的因素，並比較了男女兩性從政的差異，但若能結合相關理論分析，應更有說服力。馬心韻的學術專著《三民主義婦女政策與中國婦女政治地位之研究》主要研究三民主義婦女政策的形成、內容及執行情況，其中的婦女參政部分考察了從50年代到80年代各級地方民意代表選舉情況，雖然只是簡單的現狀描述，基本上還屬於資料的羅列，但畢竟填補了早期婦女參政研究的資料空白[25]。《臺灣婦女處境白皮書：1995》中的「參政篇」將觀察視野拓寬[26]，考察了婦女在體制內投票或競選與體制外婦女團體的街頭運動兩個方面，對於體制內的女性公職人員、公務員與女性選民的觀察仍停留在描述現象的層面，對於體制外的婦女運動進行總結，分析其變化及原因，對婦女運動與女性參政的相互促進作用則有精闢的論述。《女人與政治》是小品文章的集結[27]，所選文章簡短通暢，深入淺出，從不同側面觀看臺灣女性參與政治的各種運動或活動，對社會大眾起一種觀念啟迪的作用；同時，其中的婦女運動大事記可視為對臺灣婦女運動資料的又一次系統整理與留存。胡藹若《臺灣婦女人權運動與政治參與》借用社會學的資源動員理論，從動力、內涵和目的三個面向剖析了1980年以來臺灣婦女體制外政治參與的特質[28]。

　　世紀之交之後，西方社會科學的理論方法在學術研究上的影響初現端倪，開始出現一些運用政治學原理或借用西方社會科學理論方面的研究成果。《選舉制度對婦女參政影響之評估》[29]、《從婦女保障名額到性別比例原則——兩性共治的理論與實踐》[30]和《戰後臺灣婦女參政問題的檢討（1949—2004）：以婦女保障名額制度為例》[31]三篇文章不約而同都關注政治結構的問題，分別從選區規模、政黨提名策略和婦女保障名額制度的利弊權衡來分析選舉制度對婦女參政的不利影響；《數字的力量：臺灣婦女參政人數的增長》（Strength in Numbers：Increasing Womens Political Participation in Taiwan）[32]分析了臺灣婦女運動如何藉政治自由化的機會試圖改造政治結構，促成婦女保障名額制度向兩性比例制度轉變，從而擴大婦女參政的機會，促進婦女參政比例的迅速上升，該文視角獨特，觀點精闢，可惜很多論述都因篇幅所限無法深入展開。楊婉瑩的《婦女的政

治機會結構析論》[33]從保障名額、選舉制度下的派系發展以及選區規模來解釋臺灣婦女的政治機會結構；《政治參與的性別差異》[34]則指出，相較於社會結構或私領域情境因素的解釋力不足，政治涉入更能解釋政治參與上的兩性差異。

另外，還值得一提的是1990年代出版的三本女性政治人物的自傳或回憶錄。楊祖珺在《玫瑰盛開——楊祖珺十五年來時路》[35]裡，敘述了自己作為一名民歌運動者為追隨夫婿從事政治反對運動而經歷的語言、省籍、統獨矛盾，以犀利的筆觸寫下了「跨越黨派的性別歧視」。民進黨的創黨成員陳菊透過《黑牢嫁妝》[36]記錄了早期從事政治反對運動的諸多人和事，主要造成了史料留存的作用。臺灣地方知名人士、前高雄縣長余登發的長媳余陳月瑛透過《余陳月瑛回憶錄》[37]，既為余登發懸案[38]繼續請命，又在自己縣議員、省議員、「立法委員」、縣長的從政經歷敘述中展現了女性從政者清廉、愛民的特質。儘管從嚴格意義上說這三本書該歸類為文學作品，即使其中少量涉及女性參政的述評部分也因自述的原因而有身在廬山之嫌。但筆者仍在此予以羅列，因為，除了史料的補充價值以外，其以女性特有的細膩筆觸道出的女性從政者的曲折心路歷程，給筆者提供了另一扇觀察女性參政的窗戶，也使筆者對於臺灣女性參政的認知變得更為具體、充實和飽滿，這是前述的學術成果所無法提供的。

上述學者的研究成果對於人們研究臺灣婦女參政問題都有很大的參考價值，但限於篇幅，都只能對婦女參政的某一個方面進行探討。總體上，目前臺灣學術界對於臺灣婦女參政的研究，有的停留在比較表層的敘述，有的只涉及了某一因素的探討，缺乏系統的綜合研究；而大陸方面，無論是臺灣研究學界還是婦女研究學界都是一片空白，給本文的研究留下了很大的探討空間。

三、本文的研究思路和理論方法

本文在研究定位上首先將臺灣的婦女運動視為當今全球化背景下世界範圍內的女性主義運動的一環。同時，眾所周知，據臺初期，在大陸人民解放戰爭的驚濤駭浪中，國民黨政權得以站穩腳跟，離不開美國對其政治、軍事支持與經濟扶持，連帶地使臺灣人民在對日本殖民統治猶心有餘悸之時，便開始面對來自英語世界的另類文化價值觀的沖洗。隨著臺灣社會走上仿效西方的政治、經濟發展道

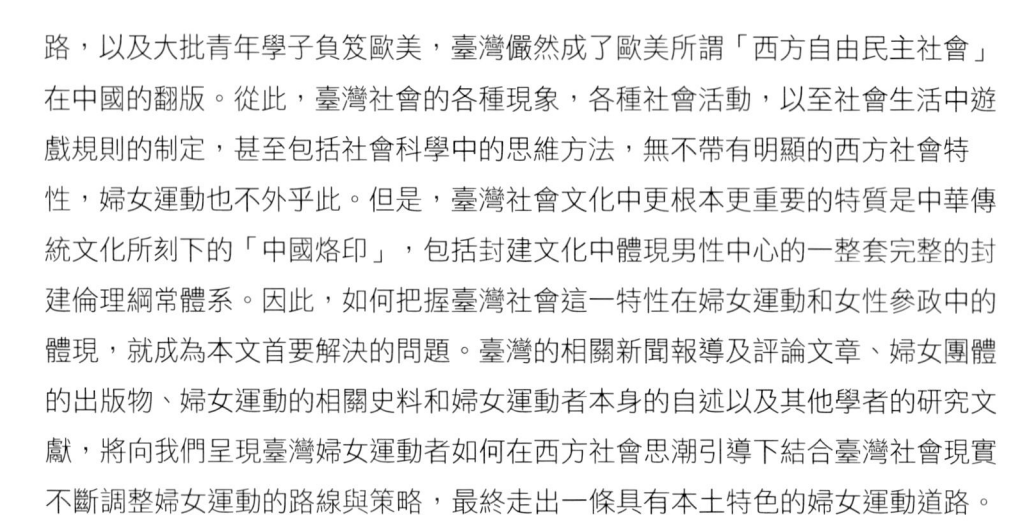

路，以及大批青年學子負笈歐美，臺灣儼然成了歐美所謂「西方自由民主社會」在中國的翻版。從此，臺灣社會的各種現象，各種社會活動，以至社會生活中遊戲規則的制定，甚至包括社會科學中的思維方法，無不帶有明顯的西方社會特性，婦女運動也不外乎此。但是，臺灣社會文化中更根本更重要的特質是中華傳統文化所刻下的「中國烙印」，包括封建文化中體現男性中心的一整套完整的封建倫理綱常體系。因此，如何把握臺灣社會這一特性在婦女運動和女性參政中的體現，就成為本文首要解決的問題。臺灣的相關新聞報導及評論文章、婦女團體的出版物、婦女運動的相關史料和婦女運動者本身的自述以及其他學者的研究文獻，將向我們呈現臺灣婦女運動者如何在西方社會思潮引導下結合臺灣社會現實不斷調整婦女運動的路線與策略，最終走出一條具有本土特色的婦女運動道路。

如前所述，本文認為臺灣現代意義上的婦女運動始自1970年代的新女性主義運動，婦女參政成為婦女運動的中心議題是80年代後期的事情。由於臺灣「婦女保障名額」選舉制度的存在，婦女參政並不是什麼新鮮事物，但值得探討的是婦女運動的發展對婦女參政的推進作用以及政治環境對女性參政的制約作用。因此，有必要對臺灣婦女參政做一個歷史的考察，透過歷史發展的對比，找出女性參政發展變化的社會因素。所以，本文的研究時間從1950年代開始，這一時期國民黨主導下的婦女工作和人數寥寥可數的婦女參政情況成為本文歷史論述的起點，本文將以各級政府機構公職人員選舉的統計情況來展現這一歷史現象。為了便於敘述，在資料分析的基礎上，筆者借用西方政治學術語，結合臺灣學者已有的論述將當代臺灣女性參政發展劃分如下[39]：第一個時期（1949年至1969年），是威權統治時期，政治威權主導一切，少量的女性參政得益於婦女保障名額制度；第二個時期（1969年至1987年），是威權鬆動時期，經濟起飛與高速成長，政治氣氛有所鬆動，現代婦女運動興起，女性參政有所發展；第三個時期（1987年至2008年），是解除戒嚴以來的威權瓦解時期，期間還進行過一次政黨輪替，民主政治漸趨發展，選舉政治邁向成熟，政治機會驟然增多，婦女運動蓬勃發展，女性參政取得巨大進展。

同時，女性在政治生活參與中的具體表現將是本文的重點關注所在，以免婦女參政的歷史敘述陷於失焦。本文將選取在臺灣的政治體制中居於特殊重要地位

的最高民意代表機構——立法院作為切入點，考察近年女性「立法委員」的議政情況，透過與男性「立法委員」做比較，尋找其中的性別符號，從性別關係的角度透視立法院運作過程中的政治生態，探討女性進入公領域、享有決策權對婦女運動的作用及對政治生活的影響。

雖然臺灣的婦女運動源自西方女性主義思潮，但女性主義思想的理論並不是教條式地運用在臺灣的婦女運動中。同時，臺灣婦女運動興起和發展的社會土壤是臺灣具體的政治現實，有其深廣的社會生活內涵和時代動因。基於以上前提，本文的研究在理論方法的運用上將避開對女性主義理論流派的討論，而以馬克思主義的辯證唯物主義和歷史唯物主義方法論為指導，借用從女性主義理論方法延伸出來的性別差距理論作為本文的研究架構，並結合歷史學的文獻分析方法以及政治學和社會學的相關理論方法進行綜合研究。

隨著女性主義運動的發展，婦女研究的必要性已多為人們所論證，本文以婦本主義的觀點作為研究的基點。婦本主義是人們在討論婦女與性別有關的研究時發展出來的一個有別於以往觀念的研究觀點，[40]它主張婦女應該是研究的主體（subject），也就是說當人們在研究一個社會現象時，婦女作為一個獨立的社會人的觀點和看法應該被納入研究的架構之內，大部分的婦女所經歷的、非男性的日常生活世界，和婦女之間的異質性，也應該具有社會科學研究的價值，而不似以往的觀念模式，只偏重以男性為主的社會觀點來建構。具體到本文，就是以社會性別的視角關注臺灣女性群體的生活經驗，從婦女運動者群體到參與政治生活的廣大婦女，並從她們的經驗中檢討現存社會制度中有待修正之處。

為了清晰呈現婦女運動與女性參政的軌跡並對之做出規範分析，本文藉助社會性別差距理論[41]（Gender Gap Theories）作為全文的理論框架。性別差距理論主要以傳統政治參與為研究範疇，它涵括如下兩個方面：第一層面是指男女兩性在政治體制代表權的機會、程度和影響的差距，主要指兩性參與各式選舉的當選情況，這將以歷史比較的方式在第一章到第三章呈現；第二層面考察兩性在具體的參政過程中政治態度、政治價值觀和政治理想的差距，這就是第四章兩性政治表現的比較分析。性別差距理論對這些現象提出三個解釋架構：政治社會化理

論、資源論和結構論,從社會因素和制度層面來解釋兩性政治參與差異的原因,這是本文第五章的內容。此外,傳統的歷史學、政治學以及社會學等學科的有關理論和方法,也將繼續在本文中借鑑使用。期待透過進一步的研究,找出女性參政中的臺灣特性,和一些關於全球女性參政的普遍共性。

第二章　威權統治時期婦女被動參政（1949-1969）

　　1949年，國民黨政權退踞臺灣，在5月20日發布戒嚴令，封閉全省，限制出入境，實行軍事管制，嚴格禁止一切違禁的言論、出版和罷工、遊行等活動。這一戒嚴體制直到1970年代才有所鬆動。在這期間，國民黨當局的軍事反攻目標註定了一切社會政策的制定和國民黨當局的所有社會工作均圍繞這一政策主軸而定。政治上要保證權力掌握在國民黨籍的官僚集團手裡，經濟上要為軍事反攻做必要的物質準備，大眾傳媒等政治社會化工具則要為這一政策辯護和宣傳，以達到對思想文化領域的嚴密監控。國民黨主導下的婦女工作，從事勞軍及其它輔助工作，以配合國民黨當局的軍事反攻目標。儘管軍事反攻目標高於一切，但在「行憲和戡亂並行」的名義下，國民黨當局仍在臺灣試行了有限度的地方自治。在開放的地方選舉中，仍有極少數的婦女代表當選，她們的當選得益於婦女保障名額制度，在政治上的象徵意義遠大於實質意義。

第一節　威權統治時期的社會環境

　　二戰結束後，整個世界迅速形成了以美國、蘇聯為首的東西方冷戰格局，共產黨和國民黨的戰爭也不可避免地被捲入東西方的鬥爭之中。從1949年初國民黨政權敗局已定到1950年朝鮮戰爭爆發前，美國政府對其實行的基本上是放手不管的政策（hand-off　policy），以期與中國共產黨達成某種妥協，既防止中共倒向蘇聯，也藉此維護美國在華利益。本來，臺灣的解放和大陸的統一應是解放戰爭繼續發展的合乎邏輯的結果，但朝鮮戰爭的爆發改變了一切。1950年，新

中國的抗美援朝之舉使其成為美國在亞洲地區的「遏制」對象，臺灣則因此成為美國在亞洲圍堵社會主義陣營的橋頭堡。在美國的政治、軍事、經濟支持下，國民黨政權度過了危及存亡的難關，得以在臺灣站穩腳跟，繼而為反攻大陸秣馬厲兵，積極進行各方面的準備工作，海峽兩岸從此進入軍事對峙狀態。

一、戒嚴體制與威權統治

1950、60年代，國民黨致力於「改造」以求「重振」自身反攻大陸，為此建立起反共戒嚴專制體制。這一時期的臺灣，經濟上處於調整、恢復、逐步發展時期，但政治上卻在戒嚴體制的籠罩下形成人人自危的政治冰封期。

早在1949年初，蔣介石就將臺灣確定為「復興基地」，5月19日頒布「戒嚴令」，宣布臺灣處於戰時動員狀態，實行「臨時戒嚴」，並依據《戒嚴法》制定了《懲治叛亂條例》等三十多種有關組黨結社、言論、出入境、交通、電信等法令、法規和條例，限制人民的人身、言論、出版、集會、結社的自由，將臺灣全面置於戒嚴體制之下。根據《戒嚴法》及其它法規、條例，國民黨當局在臺灣實行「非常時期」的軍事管制，封閉全省，嚴格限制出入境，重建政工、特務組織，對社會各個方面實行最嚴密的監視。「戒嚴令」和此前頒布的「動員戡亂時期臨時條款」相結合，構成了「戡亂戒嚴」體制的法律依據。「戒嚴法」賦予「總統」至高無上的「緊急命令」權，凍結了人民絕大部分的基本權利，任由警察特務權力膨脹，以「國家安全」為由肆意橫行。當時的一則評論認為：

國民黨的鎮壓政策充斥社會的每個角落，且國民黨不必解釋任何理由：收復大陸之前不准修改憲法；不准成立任何新政黨；不准登記任何新報紙；不准罷工、示威，以及批評國家政策；不准舉辦省主席的選舉；不准閱讀大陸中國作家的文章；不准對政治集會表達看法；不准學生留長髮與助選。大部分這類活動並不會危及憲法安全。這些只是權力結構下的主觀看法，且是反對社會的暫時現象與我們人民的自然傾向[42]。

同時，以反省和檢討內戰潰敗原因為名，對國民黨進行整頓改造，大力肅清異己勢力，如以陳立夫、陳果夫兄弟為首的CC派等，鞏固蔣氏父子的獨裁統治地位。戒嚴和改造，強化了國民黨政權在臺的統治，威權體制就此確立。這裡的

「威權體制」是借用了西方政治學理論的習慣用語來描述這一時期國民黨在臺的統治。臺灣學者彭懷恩對其特徵做了很好的概括：高度一致性的政治聯盟；嚴密的社會控制；意識形態的灌輸；對本土精英的籠絡與分化；高度滲透力的特務組織[43]。當然，如果加上「蔣氏父子濃厚的獨裁色彩、對政治參與的特別限制、大陸官僚對權力的壟斷」[44]，就更完整了。某種程度上，威權體制的建立可以視為國民黨政府對國內戰爭狀態的延續，也就是將雙方的戰爭關係加以制度化和社會化。這樣既便於國民黨政府以中國唯一合法政府自居，也為其領導權力的高度集中和擴大找到法理依據。

為了對威權統治作必要的民主點綴，爭取臺灣地方派系和政治勢力的支持，國民黨當局也採取了一些安撫性的措施。首先，延攬臺灣省人士，局部開放地方政權。早在1949年1月，蔣介石就給「臺灣省主席」陳誠拍發電報，提出要「多方引用臺灣學識較優、資望素高之人士，參加政府，以有效癒合因二‧二八事件後在臺灣同胞之間造成的裂痕」[45]。在這一指示下制定的撫臺政策，給臺灣少部分有背景的人士提供了參政的渠道。當然，參政層次僅限於地方政府如省縣政府中無關緊要的職位。其次，舉辦地方選舉，從1950年起「試行」有限度的「地方自治」，辦理縣市議員和縣市長、鄉鎮長及村里長的選舉。地方自治使臺灣人民有了自己挑選基層領導人的機會，也成為「中央民意代表」選舉開放之前人們進入政治系統的主要通道。對臺籍人士的起用和地方自治的實施，為臺灣本地人參政創造了機會，也可視為國民黨當局在壟斷「中央政權」政治資源下對臺籍人士的一種補償。但即使是地方政權，「自治」仍是極其有限。早在舉行首次地方選舉時，主持選舉事務的「內政部」即宣布：「時值反共抗俄重要階段，一切行政措施，應以加強社會安定、適應軍事需要為前提，關於自治之推行，自亦須本此前提，審慎從事」[46]。在當時情勢下，一方面，地方自治權力源於國民黨當局的行政命令，則需面臨隨時被行政命令縮減或取消的可能；另一方面，民選的地方行政首長雖有民意支持，但仍需與當局密切配合；如敢標新立異，將面臨上下夾擊的困境。如1954年和1964年兩次當選臺北市長的地方反對派人物高玉樹，在其任期內便多次嘗到這種苦頭。總體上，臺灣的統治權力仍牢牢控制在大陸籍官僚集團手裡，少數臺籍精英受到國民黨當局的「禮遇」，只是對其一黨專政的

民主裝飾，其象徵意義大於實質意義。

二、經濟恢復與發展

同一時期裡，即將崩潰的經濟卻成為國民黨抵臺後面臨的最大問題。由於人口劇增，物資短缺，物價上漲，經濟形勢極端嚴峻。經濟的穩定與重建成為國民黨的首要任務，也是國民黨實現軍事反攻的必要前提。為此，臺灣當局採取了一系列旨在穩定社會和恢復經濟的政策與措施，主要包括土地改革、幣制改革、加強外匯貿易管制及優先發展電力、肥料、紡織等民生工業，使臺灣經濟在較短時間內得以恢復與發展。五十年代起，國民黨進行了土地改革。土地改革的第一步是進行「三七五減租」，即將原地主收取超過收穫量50%以上的地租一律降至37.5%以下，其他附帶租金一律取消。接著全面推行於1948年開始試行的「公地放領」政策，即將從日本人手裡接收的公有耕地承租給無地或少地的農民，承租地價分十年還清。隨後，為了從根本上解決農民的土地問題，1953年1月，臺灣省政府公布《實施耕者有其田條例》，開始實行「耕者有其田」的重大農地改革方案。除地主按規定保留一小部分土地外，其餘由政府徵收，交給現耕農承領。徵收地主土地的地價，付給地主七成的土地實物債券，三成公營的農林、工礦、水泥與紙業四大公司股票。整個土地改革歷時10年，於1963年完成。這次土地改革，不僅緩和了農民與地主的關係，解放了農村生產力，農民生產積極性提高，糧食產量增加，緩解了糧食供應壓力，在某種程度上解除了臺灣經濟危機，而且將農村資本轉移到工商業，促進了工商業的發展。土地改革是50年代臺灣經濟方面最重大的事件，在臺灣經濟恢復與發展的初期，土地改革和「美援」共同奠定了此後臺灣經濟發展的基礎。[47]

50年代前期，臺灣的經濟恢復已基本完成，臺灣當局開始推行「以農業培植工業」政策，並採取進口替代的發展戰略。優先發展可增加出口、減少進口及對改善國際收支有幫助的產業，即發展投資少、技術要求不高、能增加就業及自己能夠生產的民生工業，以替代進口產品，節省外匯開支。在這一政策指導下，臺灣重點發展紡織、食品、水泥、塑膠等民生工業。在不到十年的時間裡，在大陸的黃金與機器、美國的經援、戰後重建、土地改革、進口替代等諸多因素共同

影響下，臺灣經濟很快走出泥潭。到50年代末，臺灣物價已趨於平穩，物資供應日漸充足，狹小的市場開始飽和，部分工業生產能力出現過剩現象，臺灣經濟又面臨新的挑戰，開始尋找新的出路。

50年代末期開始，臺灣進行了一次較為廣泛的財政、外貿、金融體制的改革，從此走上了一條出口導向的經濟發展道路。1958年4月，臺灣「行政院」公布了「改進外匯貿易方案」和「外匯貿易管理辦法」等法規，對外貿政策進行了一系列重大改革與調整[48]。一是，臺灣將複式匯率改為單一匯率，廢除了不同進出口貨物適用不同匯率的制度。二是，放寬進口限制，降低進口原料的各種稅收。三是，鼓勵出口，實行外銷退稅制度，設立外銷推廣基金，實施保稅工廠與保稅倉庫制度，實行外銷低利貸款與外匯提留制度等。這些政策措施極大地促進了臺灣產品的外銷與經濟發展。同時，為改善投資環境，吸引更多的外資，以彌補即將停止的「美援」，臺灣當局於1960年頒布了「獎勵投資條例」，對外商投資提供優惠：凡產品50%以上出口的企業，可享受免五年營業稅或加速折舊等優惠；將利潤用於增資擴充設備的企業可享受免四年營業稅或加速折舊。同時設立專門的投資審批委員會，提高辦事效率。這是臺灣財經政策的又一個重要里程碑。臺灣的租稅政策從過去的追求「預算收支平衡」轉變為謀求「經濟發展」。從這時起，臺灣逐漸形成一套較開放的經濟體制，為臺灣經濟的起飛奠定了重要基礎。隨後，為了吸引外資、擴大出口、解決就業及滿足美援停止後的外匯資金需求，臺灣當局創設了加工出口區，成為臺灣外向型經濟的窗口。1964年元月，臺灣立法院三讀通過「加工出口區設置管理條例」，「行政院」於同月30日公布施行。高雄、臺中加工出口區的相繼設立，極大地推動了臺灣加工出口工業與外貿的迅速發展，成為臺灣外向型經濟發展的標誌與縮影。臺灣由此建立了以加工出口為依託、以輕紡工業為核心的外向型經濟體系，並實現了臺灣經濟的起飛。經濟的發展為社會變遷，包括教育迅速普及和中產階級出現等創造了必要的物質基礎。

三、思想文化領域的單一聲音

為了配合國民黨「自力救濟」、「反攻大陸」的政策主軸，與政治高壓、經

濟復甦同步進行的是國民黨當局對思想文化領域的嚴密監控。易言之，把在大陸實行過的白色恐怖移植到了臺灣，通過反共教育、特務控制和嚴格管制來實現這一切。軍警特務肆意橫行，屢見不鮮的「匪諜案」、「叛亂案」造成人心惶惶，「人性被扭曲，互不信任的人際關係和陽奉陰違的社會風氣，很快地蔓延到臺灣的整個社會；另一方面，奉承和追隨得志的權貴的人則越來越多」。[49]在報紙、雜誌等大眾傳媒一面倒的「反共復國」宣傳中，少數在反共同時宣揚西方自由民主思想的異類聲音仍遭到了國民黨當局的鎮壓，1960年的「自由中國」事件便是一例。《自由中國》創刊於1949年，其主辦者是以胡適和雷震為代表的一批從大陸到臺灣的著名知識分子。他們與國民黨內的「自由主義者」相呼應，支持國民黨的反共政策，宣揚民主與自由的價值觀，並為此發表一些批評國民黨當局專制統治的政論文章。但其宣揚民主抨擊專政的言論和組建「中國民主黨」的舉動終於為國民黨當局所不容。1960年4月，國民黨當局以「涉嫌叛亂」為由將《自由中國》雜誌查封，逮捕擬議中的新黨負責人雷震，接著又以所謂的「為匪宣傳」、「知匪不報」和《自由雜誌》發表違背「反共抗俄國策」的言論等罪名判處雷震有期徒刑十年，對其他相關人員也分別予以處理。《自由中國》在雷震被捕後就未再復刊，這一活躍於臺灣文壇10年之久、有著「荒漠甘泉」之譽的政論性刊物，在其「大江東流擋不住」的民主鼓吹聲中，乾涸於專制統治的荒漠中。「自由中國」事件是國民黨內部一些自由主義分子要求改革的一次嘗試，這個事件對臺灣後來的民主運動起了一定的啟蒙作用」[50]。大陸學者黃嘉樹則認為，雷震案件和「中國民主黨」的流產，標誌著國民黨開始實行比50年代還要嚴酷的高壓統治[51]。可資例證的有如下事件：1951年創辦、標榜「無黨無派，獨立經營」的《自立晚報》因報導黨外異議人士活動和言論較多而具有濃厚的黨外色彩，經常遭受停刊處分，六十年代的《文星》、《大學》，也無一例外地遭到了停刊的命運。在國民黨的高壓政策下，人們對政治產生恐懼心理和冷漠感，對強權的不滿被壓到心底。在這段政治冰封期裡，人們的思想受箝制，言論受壓制，臺灣的政治價值判斷維持表面上的整齊劃一，極少數自由知識分子關於民主的呼籲湮沒在全島「反共復國」的口號聲中。所有的一切都圍繞這一論調而定，國民黨領導下的婦女工作自然也只能成為迎合這一主旋律的一個和聲。

第二節　國民黨主導下的婦女運動

如前所述，雖然本書認為現代意義上的臺灣婦女運動，起自1970年代的新女性主義運動，但也有部分學者將在此之前臺灣曾經興起過的各種以婦女為主體、以婦女議題為活動主題的婦女活動也歸入婦女運動的範圍，並對此做過一定研究。顧燕翎通過對太平天國的婦女政策、維新人士的女學運動、國民革命時期女權運動、新文化時期女權思潮等一幕幕歷史場景的描述，將臺灣女性意識的萌芽成長置於中國歷史發展的長河中[52]；游鑑明則從近代看起，指出臺灣的婦女運動最早由來自兩種不同文化背景的外國人所倡導，即西洋傳教士與日本殖民政府，概述日據時期先後由彰化婦女共勵會、臺灣文化協會、臺灣農民組合和臺灣共產黨所發起女性解放運動，並認為這些女性解放運動某種程度上源於日本殖民政府所倡導的興女學運動，「這群由殖民政府所刻意建構的新女性，發展出不是殖民政府所期待的女性解放運動」[53]。至於戰後至國民黨踞臺期間短暫的幾年裡臺灣婦女活動的情況，游鑑明的研究發現，「這時期的媒體提供女性寬闊的發言空間……在戰後的臺灣既有國家認同問題，又有性別、權力、階級、族群、文化與地域等複雜關係的背景下，主張婦運卻又將婦運置於家庭、社會和國家之下的論調成為此期婦運的主流」[54]。到了1949年，國民黨政權退據臺灣，在「戡亂」的名義下，國民黨的軍事反攻目標凌駕一切，所有的社會活動包括婦女活動都被納入「反共復國」的官方論述，顧燕翎把這一時期稱為「女性意識斷層期」[55]。

一、婦女組織與活動的一般情況

國民黨軍隊抵臺之時，臺灣仍有其他的婦女團體，如臺灣省保護養女運動委員會、聯合國中國同志會的婦女委員會、中國婦女福利協會、中國婦女政治研究會、中國婦女問題研究會、中國婦女服務互助社、婦女文化社、中國婦女服務社、中國婦女政治學會、中華民國女童軍總會、女青商會、國際崇她社、基督教女青年會、臺灣省護士工會、臺灣省助產士工會、中國護士學會、臺灣省婦女協作協會、中國婦女協作協會等組織，從事學術文化、外交、職業和社會服務等活動[56]。這些組織在臺灣光復初期，一度相當活躍。但隨著1949年戒嚴令頒布實

施，這些婦女組織或裁撤或合併，數目急劇減少，組織嚴重萎縮，發揮作用的空間日益縮小。國民黨主導下的婦女團體相繼成立後，原有的婦女組織就幾乎銷聲匿跡了。

1.臺灣省婦女會

1946年1月3日，戰後臺灣第一個合法的婦女團體「臺灣婦女協會」於高雄市成立，隨後又有「嘉義婦女協會」、「臺北市婦女會」、「臺南市婦女會」、「臺中市婦女會」、「臺東縣婦女會」、「彰化市婦女會」等團體陸續成立。為了統一管理臺灣的婦女團體，國民政府委派謝娥、許世賢等於1946年5月16日成立了全島性的婦女團體——臺灣省婦女會，全省17個縣市婦女會為其團體會員，至1967年9月已經有20個縣市婦女會、345個縣市鄉鎮區婦女會、10472個村裡會員小組[57]，形成一個貫穿全島直達基層的婦女會系統。省婦女會成立初期的主要幹部多為日據時期就已鋒芒畢露的婦女領袖，隨後漸漸有大陸來臺的官員眷屬、受過高等教育的臺灣本土婦女精英和地方望族、地方派系的女眷等等加入。後來，由於內部失和、經費等原因，婦女會一度沉寂，直到國民黨政權抵達後，由宋美齡擔任名譽會長，情勢才有所改觀。

臺灣省婦女會的成立宗旨為：「喚起婦女之國民責任心，提高其道德智慧，促進其對國家及社會之服務，增進其自身及社會之福利」，並訂立了九項目標任務：保障婦女人權，培養母性道德，協助發展婦女教育，指導改善婦女生活，婦女職業指導及救濟，舉辦婦女互助及福利事業，指導健全家庭，編印及發行有關婦女書刊，有關婦女之調查及研究；以及十四項婦女工作重點：設置婦女工作委員會，發展婦女組織，擴大培植婦女幹部，遴選婦女義務幹部，加強婦女幹部訓練，輔導婦女團體之健全，輔導婦女會村裡小組之健全與發展，建立各級民意機構婦女民意代表基本資料，建立村裡婦女守望相助服務隊，加強工商業界婦女聯誼活動，輔導婦女及兒童文康隊展開活動，加強女教師進修組織聯誼活動，救濟貧苦婦孺及孤寡，輔導舉辦婦女職業教育及技藝訓練[58]。

雖然尚談不上性別意識的喚醒，但臺灣省婦女會在成立初期，確實為爭取和保障婦女權益做過許多具體的工作，如輔導婚姻、調解家庭糾紛等，而其與地方

機關相結合輔導婦女的工作如協助女傭就業、婦女技藝訓練等則造成了開發婦女人力資源的積極作用。不過，這種勢頭並沒有維持多久，1949年宋美齡擔任名譽會長後，婦女會的工作逐漸調整方向，從事慰勞國軍、宣傳政令等工作，與國民黨體系內的婦女組織一起，共同貫徹當局的婦女政策。

2.「中華婦女反共抗俄聯合會」

1949年12月，隨著國民黨政權抵臺，臺灣婦女界出現新的領導階層。1950年4月17日，宋美齡帶領來自大陸各省和不同階層的婦女界精英成立「中華婦女反共抗俄聯合會」（1986年更名為「中華婦女反共聯合會」，1996年又改為「中華婦女聯合會」，簡稱「婦聯會」），婦聯會的最高領導機構是總會，負責研究擬訂決策和推動工作，由宋美齡和陳譚祥分別擔任正、副主任委員，另外設有常務委員會和委員會；總會之下設立分會和支會，由機關和地方單位分別設立，在軍眷新村和中等以上學校則成立工作隊。婦聯會發展迅速，組織遍及全島並擴展到海外，在初創10年間，即有48個分會，其中縣市分會23個，機關學校分會25個，海外華僑則分別有美國、韓國、日本、泰國、菲律賓等國家設立分會或支會。到1960年時，臺灣分會有53個、海外分會有3個，下轄支會368個，直屬工作隊122隊，分會所屬工作隊151隊[59]，成為臺灣最大的婦女團體。

在婦聯會籌備會議中，宋美齡指出，婦聯會的意義是要團結全體婦女，慰勞前後方三軍，並對民眾進行組訓工作，讓他們明白「國家」存亡與他們休戚與共的關係，並提出婦聯會應致力於三項工作：檢舉嫌疑分子；對前方或後方三軍予以慰勞、對民眾方面做組訓工作，竭力幫助「蔣總統」實行救濟大陸饑饉同胞的運動[60]。這一基調決定了婦聯會的宗旨，「聯合中華民國各界婦女，志願參加反共戰線，團結奮鬥」。在具體工作上，婦聯會的工作主要從以下三個方面展開：在慰勞方面，利用節慶假日慰勞三軍，興建國軍眷舍、協助軍眷及其子弟就醫、就學，以安定軍心，這是婦聯會最主要的工作；在組訓方面，婦聯會設置婦女國語訓練班，舉辦各類技藝研習，並協助改善家庭與眷村衛生；在服務方面，成立縫衣廠，發動婦女為軍人縫製軍衣等[61]。此外，也有一些零星的勞軍以外的社會關懷，如惠幼托兒所、華興育幼院，當然，毫無疑問，這些機構最初也是只為軍

人服務，只是到了後來才漸漸惠及普通大眾。由於「各級機關首長的夫人、公教人員的眷屬」皆為婦聯會的當然成員，這樣一來，即使一直從事勞軍工作，婦聯會給普通民眾的印象仍然是「官太太俱樂部」[62]。幾乎可以說，婦聯會簡直就是國民黨軍隊的編外服務機構，服務軍隊超過一切議題，更遑論婦女權益。

3.「中央婦女工作指導會議」

1953年10月「中央婦女工作指導會議」成立（簡稱「婦指會」），下設幹事委員與委員，主要成員為追隨國民黨到臺的各類女性知識分子，由宋美齡以指導長身分擔任領導。嚴格意義上，這個組織歸屬於中國國民黨，因而成為這一時期婦女工作的最高領導機構。因其為決策機構，不負責行政，故另設一執行機構——「中央婦女工作會」（簡稱「婦工會」），負責執行婦指會的決議，強調「以婦工代替婦運」、「以義務代替權利」的工作方向。婦工會為當時婦女工作的總樞紐，成員主要是國民黨的女性黨工，組織編制層次分明，設正、副主任負責推行工作，下有祕書、專門委員和幹事等，並設有五室，掌管總務、組訓、服務、研究及宣傳等業務，並通過四大部門來向全島分屬地方、前線、知識青年、職業等不同階層的婦女開展工作[63]。同時密切聯繫婦女會、婦聯會，形成滲透全島的龐大嚴密的婦女工作網絡。

由於鮮明的政黨屬性，婦工會成立伊始即定位為全島婦女工作的領導機構，成立的目的只為了領導和管理臺灣的婦女工作，其工作的主要方向為培養國民黨的婦女幹部。1954年，婦工會依據國民黨制定的婦女工作領導方針，提出五項工作要點：以政策領導婦女群眾、以組織結合婦女人才、以訓練培養婦女知能、以服務輔導婦女生活、以文教指導婦女人生，並以組織、訓練、服務、調查、研究及宣傳展開各項工作[64]。實際上，在婦女幹部的培訓之外，婦工會的工作與婦女會工作也有重複之處，比如，識字教育、工藝指導、康樂活動、家庭副業指導等等。

總體上，三大婦女團體的工作基本圍繞以下幾個方向：協助政策推行；達成政黨目標；慰問救濟軍眷和貧民；改進社會道德和家庭生活。同時，在這些組織相互聯繫支援下，婦女活動範圍遍及全島，婦女工作得以順利開展。除了國民黨

所強調的勞軍目標之外，婦女工作的推展在客觀上也產生了一些積極的作用：部分婦女的謀生能力有所提高，育幼機構的設立減輕了廣大婦女的家庭負擔，使她們有更多時間、精力投入工作，更有部分國民黨籍的女性籍此機會進入政治舞臺。由後文的資料我們不難看出，這段時間內占女性政治人物絕大多數的國民黨籍女性當選人基本上都是三大婦女團體的重要幹部。

二、婦女運動路線與黨政綱領的高度一致

由於婦女會和婦聯會的活動受到婦工會的指導，作為領導機構，它的政黨屬性決定了它所領導的婦女組織在活動上對國民黨政策綱領的執行和配合。

1.婦女運動的目標：培養忠黨愛「國」的賢妻良母

在一切社會工作圍繞安定政局、貫徹反共事業的前提下，婦工會所領導下的婦女團體，積極配合國民黨的政策，勞軍之餘不忘強調對廣大婦女進行教育，以培養時局所需的忠黨愛「國」的賢妻良母。

在1954年婦聯會舉辦的「婦女節慶祝大會」中，宋美齡明白表示：「在反共抗俄時代，應把賢妻良母對家庭、家族的愛，轉化為對民族、國家的愛」[65]，她以三大婦女團體的領導人身分表明了這一時期婦女工作的首要目標。而執政大權在握的國民黨，從1951年黨中央改造委員會第79次會議所通過的「中國國民黨現階段婦女運動指導方案」開始，到1969年4月5日中國國民黨第十次全國代表大會召開，期間的婦女政策一以貫之，始終圍繞四個重點來進行：「加強婦女訓練，參加反共抗俄工作，使其效力於民族復興志業；輔導婦女革除不良習慣，賦予婦女透過健全家庭生活，來達成健全國家社會基礎之責任；教育婦女積極投入各項政經社文及教育事業，以達到地位平等與動員婦女之目的；發展基層組織、發掘婦女廣大的力量，以協助政府戰時宣傳及慰勞工作」。可見，婦女領袖的話原是秉自政黨意志，其思想上的一脈相承也就不足為奇了。

為了更加順利地讓廣大婦女理解支持並響應國民黨的號召，國民黨當局不斷透過各種公開的領袖談話或報刊通訊來提醒大家：「國家」當前首要目標為「反攻大陸」，女性相較於日據時代的地位已經大為提升，在此「國難」當頭的時刻，更需「共體時艱」，將個人利益置於「國家」利益之下，除了發揮傳統婦女

勤勞節儉的美德外,還需進一步擔負起母教的責任:

「婦女的訓練,一方面是要著重革命工作,一方面也需注意家庭和社會工作,其實救國的事,是不分男女的,沒有國,就沒有家,有國就有家,婦女今後不但要努力參加革命工作,更應深切瞭解家庭就是國家的基礎,不能救國,何以能保家呢?救國在先,家庭在後,所以當妻子的應當勸導丈夫,作母親的應當勉勵兒子,作姐姐的應當規勸兄弟,大家要為國爭光,為國家犧牲,這樣才可以發揮婦女精神。」[66]

「我們中國從前婦女崇高的觀念為賢妻良母,但我們在今天反共抗俄反攻復國的時代,我們更要把這種倫理觀念賢妻良母的家族愛擴充為民族愛,要把這賢妻良母的家庭愛擴充為國家愛,也就是說我們婦女應該要母如岳母,妻如韓妻,教子為民族盡孝,勸夫為國家效忠,那才是我們現代婦女所追求的範型與觀念。……總之,今天婦女由於時代的要求,就要負起雙重的責任,既要治理家庭,更要服務國家,因此必須充實自己,敬愛自己,要做一個現代婦女,達到『良母賢妻救國保種良好公民』的目的,以物質支援前線,以精神安定後方」。[67]

在這個時代中,有兩種婦運工作的潮流,一個是在不危害民主生活方式的情形之下,盡力爭取婦女本身的經濟利益,擴張個人的需求;一個是不危及個人正常生活的情形之下,盡力以忘我的精神貢獻一切爭取我們反共的勝利。我們的方向就是屬於後一種的,自由中國的婦女,就是都在以直接的努力對反攻工作從事忘我的貢獻。[68]

　　這樣的言論充斥於婦工會的機關刊物《婦友》和各種公開發行的報刊中。《婦友》創刊號明白指出[69]:「婦女運動,已為陳跡,實際工作,應急求實踐」,並一再強調指出,婦女工作是在爭取義務,在義務的履行中實現地位提高,力爭成為犧牲奉獻、忍讓包容、慈愛善良的中國新女性,擔負起齊家報「國」的重責大任,以求得整個社會的自由與幸福,完成反共抗俄的神聖使命。在自上而下的輿論製造中,婦女運動的家國論述主題深入人心,婦女對家國的責任成為社會各界對婦女角色的普遍期待。「這類國聚於家、家庭為社會中心、治家為治國基礎的說法,幾乎是千篇一律地出現在一九五零、一九六零年代的各種

期刊報紙中,主宰著婦女言論」[70]。

2.婦女運動的附屬性:以黨領政的婦女政策及婦女議題

在威權式統治下,國民黨在政府組織運作、立法和決策過程中都起著指導和監控的作用。公共政策的議題選擇與制定,本應由政府主動提出,但當時執政的國民黨所通過的政策綱領,必然影響甚至左右了政府公共政策背後的兩性價值觀,以及這一價值觀所主導下的婦女政策。甚至,在當時的威權統治之下,政策的制定基本上是由國民黨發起或支持才能透過「國會」合法化,而國民黨的意旨毫無疑問在「國會」中是暢通無阻的。因此,只要國民黨支持的政策,就是當局的政策,這也是當時所謂「黨國一體」的政府公器的特色。政府公布的官方的婦女政策,自然源自國民黨婦女工作的政策綱領。

早在1951年,國民黨的中央改造委員會第79次會議就通過了「中國國民黨現階段婦女運動指導方案」,規劃了婦女工作「組訓、教育、宣傳、慰勞」的四個重點方向,定下了這一時期婦女工作的基調。1953年成立的「婦女工作指導會議」,雖為黨內有關婦女問題的決策機構,並以「婦女工作會」為決策執行單位,負責規劃與執行婦女政策。但與國民黨中央委員會內名義平等的各組會相比,婦工會在國民黨內的實際地位並不高:

「婦女工作的方略,是由婦女工作的個體結合黨的整體工作,對外實施,因為婦女工作,是黨的全部工作的一個環節,這一個環節,配合全黨『組訓』、『宣傳』、『民運』、『保防』等單位密切聯繫分工合作,凡是這些部門的工作中有屬於婦女方面的活動,便由婦工會協助推行,所以婦女工作不是單獨對外,它的成就,是歸之於組織與領袖。」[71]

可見,雖然名為婦女運動的最高領導機構,婦工會仍然沒有自己的獨立自主性,它只是被動地配合國民黨的政策,而無法主動發掘婦女問題或提出解決方案。確切地說,它更像國民黨內各組會的政策協助執行單位,協助推行各部門關於婦女方面的工作。從婦女工作在國民黨內的被動、附屬性,我們不難理解這一時期國民黨對婦女相關論述和議題的話語壟斷:婦女的模範與否,或者說優秀女性的定義,由國民黨來界定;婦女的生育不單是婦女的問題,更是「國家大

計」，但這不是基於關懷婦女的角度，僅僅是出於「增產報國」的需要。

為了配合反共抗俄的黨政大計，「模範婦女」成為當時婦女工作的一項重要訴求。這一切是在肯定傳統性別關係、推崇傳統倫理道德的兩性觀念基礎上進行的，「我們民族偉大的精神，是在我們高尚的倫理道德，倫理道德實在就是我們中華民族五千年歷史的結晶，因之我們中國從前婦女崇高的觀念為賢妻良母的家庭愛……這才是我們現代婦女所追求的」[72]。而推廣模範婦女的途徑則是舉辦模範母親、模範太太的評選嘉獎。模範母親、模範太太的評選標準中包括「含辛茹苦，教子有方；艱苦卓絕，治家有道；品德兼優，敦親睦鄰；急公好義，樂於助人；鼓勵從軍，敬軍愛軍」等，可以看出國民黨當局對模範婦女的要求是：無私無我的奉獻與使命感，強調女性對家庭、社會、國家的責任與認同，吃苦耐勞而無怨無悔，母親是民族、國家和社會的母親；至於女性的個人身分及權益等，則付之闕如，更不論女性意識的關懷。

另一個與婦女相關的議題是婦女生育問題。這一問題進入國民黨婦女工作的視野，僅僅因為婦女的生育能帶來反共事業所需的人力資源，而生育三個以上的子女也成為上述模範母親入選資格之一。「增產報國」成為當局鼓勵婦女生育的冠冕堂皇的口號，而人力資源成為這一政策的辯護理由：

「在反攻大陸時，需要大量的人力，所以人越多越好。本省的出產足供一千萬人口的消費，而目前的人只有八百多萬。在大陸光復以後，西北、西南地大人稀，可供本省人的移植，因此本省的人口問題並不存在。」[73]

但是當時也有人贊成節育的主張，他們認為人口快速成長，將侵蝕經濟建設成果，且下一代的教育和就業也將成為社會和家庭的沉重負擔，並認為當時臺灣的問題不在人口不夠，而在工業不發達，反攻事業未成，大敵當前，政府的當務之急應是盡速發展工業，而非鼓勵生育[74]。對於這類關於人口政策的質疑，當時的「行政院長」陳誠在立法院答覆時表示：「解決人口問題……最根本的辦法是光復大陸。大陸上地大物博，將來重建國家時，一時不患人口太多，而是患人才不夠」[75]。

這場關於應否鼓勵生育的政策辯論當然毫無懸念地以國民黨的立場取勝告

終。值得關注的是，在這一場關於女性生殖問題的討論中，參與各方均圍繞著政府的利益發言，沒有從婦女立場發出的聲音，以至政府觀點主導一切，女性的健康、生育負擔及個人意願完全被忽視，婦女在政府政策制定中的工具性、附屬性展現無遺，成了集體性失語。

　　總之，在國民黨當局的輿論宣傳與政府機器的強大動員下，臺灣婦女投身於三大婦女團體發起的旨在支援反共事業的婦女運動，並在國民黨關於婦女與民族國家社會的種種論述中陷於集體迷失的境地，失去了女性的身分認同，沒有了性別的概念，更缺乏關於婦女身分地位及權益的獨立思考與批判意識。一切全都圍繞「反共復國」的政策主軸而轉，「自由中國的婦女運動，面對歷史上最大與最後的一個敵人——共產主義，舉起迎戰的大纛，婦女們高舉著反共抗俄的旗幟，明確宣示要為國家民族的解放而奮鬥」[76]，與歐美60年代興起的新一輪以社會性別意識為核心概念批判傳統社會的婦女解放運動形成鮮明對比。因此，也就不難理解，70年代，民間自發的以喚醒婦女性別意識的新女性主義運動出現之後，國民黨主導的婦女工作或婦女運動就逐漸被邊緣化了。

第三節　保障名額下的婦女參政

　　1950、60年代，在國民黨的威權體制下，從大陸去臺的外省官僚集團壟斷臺灣的政治經濟權力，並以「戒嚴令」凍結人民的基本權利，如言論、出版、集會、結社等自由，造成國民黨當局權力體系的封閉和統治權威的不容挑戰。為了「行憲」與「戡亂」並行不悖，原來定期舉行的各級公職人員選舉，改採「中央」與地方分別對待的策略。在「中央民意代表」選舉方面，國民黨當局以「戡亂」為名予以凍結，直到1969年才進行有限度的增、補選，而地方選舉則依法進行。這一時期在「中央民意代表」裡的少數婦女代表，則是得益於「婦女保障名額制度」，於遷臺前的選舉中當選，因其選舉是在大陸舉行，時空背景都超出了本文的討論範圍，且跟隨國民黨政權來臺的只是其中一部分，資料零散，本文

不予展開探討。在其它政治參與渠道幾乎全部堵塞的情況下，這一時期的婦女參政，只能集中於地方公職人員的定期選舉，觀察在「婦女保障名額制度」下女性參與公職人員選舉的情況。所謂公職人員，依據「司法院大法官會議釋字第四十二號」解釋，主要指：各級民意代表、「中央」與地方機關之公務人員，及其他依法從事於公務者。

一、威權統治下的有限空間：婦女保障名額制度

一般而言，「保障名額」是指對於某特定範疇的團體有優先待遇，在職缺上給予該團體占有一定的名額或百分比。如果該優待的對像是婦女團體，則這種在職缺上給予婦女優先錄用一定名額或百分比的規定，便是「婦女保障名額」的規定。1947年制定頒布的《中華民國憲法》第134條規定：「各種選舉應規定婦女當選名額，其辦法以法律定之」，這就是通稱的「婦女保障名額制度」的法源。具體內容為：從「中央」到地方各級民意代表的選舉中，均應對婦女候選人的計票，採取與男性候選人不同的方式。如其得票數不低於男性，則無需保障，否則即採取單獨計算，視保障名額的多寡，而在婦女候選人之間互為較量。在當時臺灣的各級公職人員選舉中，地方首長和各級民意機關代表的選舉都屬於本文女性主動參與公職競選的範疇。但因地方首長的名額唯一，不存在保障名額制度，女性需與男性同等競爭。統觀半個多世紀的地方女性首長選舉，女性當選人寥寥可數，且不同的當選人在不同的時代背景裡各有不同的當選因素，基本上與婦女保障制度無關，本文不予以關注，而只將觀察點聚焦在不同時期裡的各級民意代表選舉方面。

1.「中央民意代表」選舉與婦女保障名額

根據具有「憲法」解釋權的「司法院」大法官會議於1957年在「釋字第76號」解釋中所指，「應認國民大會、立法院、監察院共同相當民主國家之國會」，因此，「中央民意代表」的選舉一般是指「立法委員」、「監察委員」和「國大代表」的選舉，但其中的「監察委員」是由省議員間接選出而非直接由選民投票選舉。在戒嚴體制下，國民黨當局以「戡亂」為名凍結了「中央民意代表」的定期選舉，僅在1969年後開始進行有限額的「增補選」。1987年解除戒

嚴，1990年代以後開始進行「中央民意代表」的全面改選。但在1991年「憲法」增修條文調整「中央民意機構」的職能後，「監察院」的地位與功能受到質疑，隨後「司法院」以「釋字第325號」解釋指出「監察院已非中央民意機構，……上開解釋字不再適用於監察院」並於1992年之後停止選舉。所以本文對於「中央民意代表」的選舉將主要觀察「國民大會」和立法院選舉部分。

「國民大會代表」選舉依據「憲法」第26條規定，以單一選區為原則，每一縣市產生一名代表，婦女未必有當選機會，故於該條第7款中特別規定「婦女團體選出之代表以法律定之」，可視為彌補單一選區不利婦女參選的補充規定。而「立法委員」選舉依據「憲法」第64條規定，以各省、各直轄市為選舉（名額分配劃分）區域，同條第2款又規定「婦女在第一項各款之名額以法律定之」，因此「立法院立法委員選舉罷免法」第5條規定：各類立法委員之名額，十名以下者，婦女當選名額為一名，超過十名者，每滿十名，再增加一名婦女名額。在國民黨政府據臺後至1991年「國會」全面改選之前，期間1969年的「補選」及1972年以後的定期「增額選舉」，都維持上述兩種選舉制度。

1991年廢除「動員戡亂臨時條款」的同時，「國民大會」通過「憲法增修條文」，「國民大會區域代表」選舉部分改採複數選區，又增加以政黨比例代表制選出的「僑居國外國民代表」與「全國不分區代表」，並規定「當選之名額，在五人以上十人以下者，應有婦女當選名額一人，超過十人者，每滿十人應增婦女當選名額一人」。「立法委員」的選舉制度與此相同。此後，這些制度一直沿用下來，直到2005年6月「國民大會」復決通過了立法院於2004年8月完成的「修憲案」，其中涉及「國大」和立委變動的內容如下[77]：一、廢除「國民大會」，「憲法」第二十五條至第三十四條有關「國民大會」的規定停止適用；二、「立法委員」自第七屆（2007年）起人數（減半）為113人，任期四年，連選得連任。「自由地區」直轄市、縣市73人。每縣市至少1人。「自由地區」平地少數民族及山地少數民族各3人。「全國」不分區及僑居「國」外國民共34人；三、區域立委席次依直轄市、縣市人口比例分配，按應選名額劃分同額選舉區選出。不分區及僑選立委依政黨名單投票選舉，由獲得5%以上政黨選舉票的政黨依得票比率選出，各政黨當選名單中，婦女不得低於1/2等。簡言之，廢除

「國大」，立委自2007年起人數減半，選舉方式將由原來複數選取改為單一選區兩票制，每個選區只有一個當選名額，選民一票投候選人，一票投政黨，區域立委由候選人依得票最多者當選，不分區和僑選代表的席次由各政黨依據得票比率劃分。

2.縣市自治法規與婦女保障名額

在地方制度方面，依據1947年的《中華民國憲法》規定，實施地方自治的政府層級只有省、縣兩級，地方自治之施行程序應先由立法院制定「省縣自治通則」，省縣再據此制定「省自治法」及「縣自治法」，而後依法實施地方自治。至於縣以下之鄉鎮為行政官署或自治團體，則留待「省縣自治通則」做一般性規定，或由各省、縣自治法視實際需要而定。1949年，國民政府立法院二讀通過的《省縣自治通則》卻因政局變故而遭到長期擱置。國民黨政府退據臺灣後，為使「戡亂」不影響「行憲」，以對其政治上的高壓統治作必要的民主點綴，進行有限度的地方自治。1950年4月，經「行政院」核準由臺灣省政府頒布《臺灣省各縣市實施地方自治綱要》，以此行政命令作為臺灣實施縣、鄉兩級地方自治的依據。該綱要第二條規定：「縣為法人，縣以下為鄉、鎮、縣轄市，鄉、鎮、縣轄市為法人，均依本綱要辦理自治事項，並受上級政府指揮、監督、執行委辦事項」[78]，賦予鄉鎮市為地方自治團體地位，並明文列舉鄉鎮市之自治權限。同時，調整臺灣省縣市及部分鄉鎮行政區域，將臺灣地方劃分為省、縣市及鄉鎮三級。隨後，陸續公布縣市議員、縣市長選舉罷免程序；7月間又公布鄉鎮民代表、鄉鎮區長、村里長選舉罷免規程和各級地方政府組織規程。

依據《臺灣省各縣市實施地方自治綱要》而制定的《臺灣省各縣市議會組織規程》規定：縣市議員選舉，需規定各選區的應選名額，每滿十名應有一名女性，餘數在五名以下或名額未滿十名而達五名以上者，亦至少應有一名婦女當選人[79]。而最基層的鄉鎮一級民意代表的選舉，則另文規定：「鄉鎮民代表會由鄉鎮內每村裡各選出代表一人組織之，但村裡人數逾五百人者，每增加五百人增選代表一名；依前項規定選出之代表如不滿十一名時，增為十一名，其名額分配由鄉鎮長召集鄉鎮務會議，依人口比例擬定，報請縣政府核準，並報告省政府備

查」[80]，其中關於婦女保障名額的規定，直到1954年才予以設立並於1955年第五屆選舉中實施。這一地方自治制度的實施成為戒嚴時期國民黨高壓統治下民眾參與政治生活的有效渠道，儘管國民黨仍透過地方派系和農會組織等的運作影響甚至左右選情的大體走向。地方自治制度下定期舉行的公職人員選舉情況成為觀察這一時期婦女乃至臺灣普通民眾參與政治生活的重要指標，而地方公職人員選舉中的婦女保障名額制度則成為同期婦女參政的重要保障。

3.半自治狀態下的臺灣省政制度

相較於縣鄉兩級地方自治的迅速實行，臺灣的省級自治則是步履蹣跚，一直處於半自治狀態。光復初期的1945年12月，國民政府公布《臺灣省各級民意機關成立方案》，並依國民政府公布之《省參議會組織條例》及《省參議員選舉條例》規定，於1946年5月1日成立臺灣省參議會，首屆參議會參議員的任期為二年。1947年「二·二八」事變後，臺籍政治精英或死或逃，省參議會元氣大傷。1949年國民黨退據臺灣，特准臺灣省成立臨時省議會，取代原來的省參議會，作為《省縣自治通則》頒行前的過渡。這樣既部分滿足了臺籍精英對民主自治的要求，也因臺灣民眾的參與而使其威權統治合法化，而對省長任命權力的掌握則保證了「中央」的集權，避免省長民選可能帶來的種種不利「戡亂」的後患。這一關於省政府和省級民意機構組織設計的主要依據則是國民政府1948年8月頒布的《臺灣省政府合署辦公施行細則》和1951年8月29日臺灣當局「行政院」頒發的《臺灣省臨時省議會組織規程》。

1951年12月，第一屆臺灣省臨時省議會經過選舉得以成立，「12月11日，第一屆臺灣臨時省議會正式成立，由議員無記名投票互選產生正副議長各一名，黃朝琴及林頂立當選為正副議長」[81]。第一屆臨時省議會議員由縣市議會間接選舉產生，但省主席卻採取「中央」委任的方式。1953年8月22日，「行政院」修正該組織規程，規定臨時省議員改由縣市公民直接選舉，任期亦改為三年。1959年6月3日，臺灣當局「行政院」下令臺灣省臨時省議會改稱臺灣省議會。6月24日，第一屆臺灣省議會正式成立。8月26日，臺灣「行政院」公布《臺灣省議會組織規程》，規定省議員由各縣市選出一名，但其人口超過十八萬人者，每

滿十八萬人增選一名，另山胞選出四名；省議會議員任期四年，連選可連任；其中，關於婦女保障名額方面，則規定「各縣市選出之省議員名額達到四名以上者，應有婦女當選名額一名」[82]。

從法律依據上，國民黨當局擱置可作地方自治母法的《省縣自治通則》，代之以行政命令性質的《臺灣省政府合署辦公施行細則》，這就注定了省政府的行政公署性質，而非地方自治實體。《臺灣省臨時省議會組織規程》同樣缺乏法律依據，「行政院」的解散權更使它失去立法機構的監督與制衡功能。該組織規程第23條規定：「省政府對於臨時省議會的議決案、覆決案，必要時可報請行政院核定與變更」，24條規定：「臨時省議會之議決案，如有違反國策情事，經行政院糾正仍不撤銷時，得經行政院會議議決予以解散」[83]。雖有民意支持卻無法律依據，對行政機關有監督之名卻無制衡之能，甚至還得面臨隨時可能被解散的命運，更遑論立法與決策功能。這樣一個充滿權宜色彩不按憲政常理設立的臨時議會，實是戒嚴體制下「行憲」與「戡亂」並行的特殊產物，臺灣民眾據此參政的有限性與被動性由此可見。

二、臺灣地方選舉與婦女參政概況

為了實施地方自治，國民黨當局於1950年調整臺灣行政區域，將全省劃分為16個縣，5個省轄市，365個鄉、鎮、市、區，開始進行地方公職人員的定期選舉。這一時期進行的選舉主要有省議員、縣市長和縣市議員以及鄉鎮市區長和鄉鎮民意代表的選舉。

1.省議員選舉

省議員選舉屬於地方層級的民意代表，其重要性本來是遠遠不如「中央民意代表」的。但1949年後國民黨當局的實際管轄區域僅僅為臺灣、澎湖、金門和馬祖地區，而國民黨當局更以「戡亂」為名凍結了「中央民意代表」的選舉，在這樣的情勢下，省議會會成為臺灣省最高級別的民意機構，成為當時匯聚臺灣民意的重鎮，具有不可忽視的重要地位。普通民眾如能當選省議員，對社會聲望及地位的提高，都具有積極的意義。這段時間臺灣省議員的選舉，共舉行了六次，前兩次分別於1951年、1954年舉行，是臨時省議會時期，後來分別於1957年、

1960年、1963年和1968年舉行省議會議員的選舉（見表1-1）。臨時省議會時期舉行的兩次，雖然定有保障名額，但因國民黨據臺初期，政治高壓統治，婦女參政風氣未開，婦女當選人數只是在法定的保障名額範圍之內。省議會時期，前三次選舉也和臨時省議會時期，婦女當選名額與婦女保障名額相同；直到1968年第四次選舉，婦女當選人數才逐漸超出婦女保障名額。

表1-1 臺灣省歷屆省議員選舉概況（1949-1969）

屆別投票日期	候選人 男	候選人 女	候選人 合	婦女保障名額	當選人 男	當選人 女	當選人 合	女性比率
第一屆臨時省議員 1951.11.18	128	12	140	5	50	5	55	9.09%
第二屆臨時省議員 1954.4.18	92	18	110	6	51	6	57	10.52%
第一屆省議員 1957.4.21	96	22	118	9	57	9	66	13.63%
第二屆省議員 1960.4.24	108	18	126	9	63	10	73	13.69%
第三屆省議員 1963.4.28	123	14	137	9	64	10	74	13.51%
第四屆省議員 1968.4.21	110	19	129	10	60	12	72	16.66%

資料來源：1.梁雙蓮等著，《婦女與政治參與》，臺北‧婦女新知基金會，1989年。2.馬心韻，《三民主義婦女政策與中國婦女政治地位之研究》，正中書局，1992年。

2.縣市議員選舉

縣市長選舉和縣市議員選舉都是臺灣地方自治的重要內容。但縣市長選舉方面，因地方行政首長的選舉沒有設立婦女保障名額，婦女要憑自己的真實能力與資源參與競選，故雖有少數女性參選，但都沒有競選成功。縣市議員是培養戰後臺灣地方政治菁英的搖籃，不少地方上的政治人物首次參選即為競選縣市議員。若競選成功，就能取得民意代表的資格，在縣市議會為民喉舌，從而嶄露頭角，成為地方上舉足輕重的人物，為日後躋身省議員甚至「中央民意代表」積累資源。臺灣省縣市議員的選舉，自1950年首次舉行，至1969年共舉行了七次，分別為1950年、1952年、1954年、1958年、1961年、1964年和1968年。如表1-2所示，在這七次縣市議員的選舉中，都有婦女保障名額，其中女性的候選人數與當選人數總體上呈現逐屆增加之勢，但和男性相比，仍有較大差距。在1952年和1954年的兩屆選舉中，婦女的當選名額與保障名額等同；而1950年的第一屆和1958年的第四屆選舉中，婦女當選名額甚至沒達到婦女保障名額，也就是

說,婦女甚至沒有充分利用保障名額這一特定的資源,可見50年代臺灣地方社會的保守風氣和這一時期女性參政意願之低下。從第五屆開始,婦女政治競爭力逐漸顯現,當選人數首次超過婦女保障名額,連帶使議員總額中,男性人數逐漸減少,女性人數相對增多。甚至,開始出現女性的副議長,其中,1964年臺東縣的杜有妹和1968年苗栗縣的黃小蘭分別當選為副議長。

表1-2　臺灣省歷屆縣市議員選舉概況（1949-1969）

屆別投票日期	候選人 男	候選人 女	候選人 合	婦女保障名額	當選人 男	當選人 女	當選人 合	女性比率
第一屆 1950.7.2	1711	116	1827	70	745	69	814	8.47%
第二屆 1952.12.28	1620	224	1844	74	786	74	860	8.60%
第三屆 1954.12.19	1437	142	1579	94	834	94	928	10.12%
第四屆 1958.1.19	1453	168	1621	102	924	101	1025	9.85%
第五屆 1961.1.15	1467	162	1629	91	834	95	929	10.22%
第六屆 1964.1.26	1333	230	1563	108	784	123	907	13.56%
第七屆 1968.1.21	1054	208	1262	100	724	123	847	14.52%

資料來源:同上。

3.鄉鎮市區民代選舉

表1-3　臺灣省歷屆鄉鎮市區民代表選舉概況（1949-1969）

屆別投票日期	候選人 男	候選人 女	候選人 合	當選人 男	當選人 女	當選人 合	女性比率
第三屆 1950.9.10			18519	9752	26	9778	0.26%
第四屆 1952.12.21			9754	5684	11	5695	0.19%
第五屆 1955.4.17			9907	5847	550	6397	8.59%
第六屆 1958.4.20			10617	6206	628	6834	9.18%
第七屆 1961.4.23	7765	1068	8833	4600	660	5260	12.54%
第八屆 1964.5.10	7845	665	8510	4391	385	4776	8.06%
第九屆 1968.5.5	7033	736	7769	4212	497	4709	10.55%

資料來源:同上。

鄉鎮市民代表會為鄉鎮市民民意機關,也是臺灣最基層之「立法」機構,雖然名稱不同,但其性質與議員無異,對於臺灣基層民主政治具有深遠影響。光復

初期，國民政府依據《臺灣省各級民意機關成立方案》於1946年成立第一屆鄉鎮市民代表會。1947年發生的「二·二八事件」間接促成了臺灣地方自治的發展，當時的國防部長白崇禧於赴臺宣慰調查「二·二八事件」當日，宣布了包括臺灣地方制度調整在內的中央四項處理原則。1949年，第二屆鄉鎮市民代表任期屆滿之時，正值國民黨在國內戰爭中節節敗退，國民黨政權退據臺灣後，為換取臺灣基層地方民意的政治支持，將處理「二·二八事件」時候的承諾予以兌現，於1950年頒行《臺灣省各縣市實施地方自治綱要》實施縣市地方自治。在這一制度下，鄉鎮市民代表的選舉，由原來村里民大會選舉，改為由村裡公民選舉。代表會組織與法規，均依據1950年《臺灣省各縣市實施地方自治綱要》規定辦理。綱要實施期間，《臺灣省各縣鄉鎮縣轄市代表會組織規程》多次修改，1954年規定代表任期由二年延長為三年，1959年又修改代表產生的名額，由每一村裡各選一名，改為劃設選舉區，後因代表任期短，選舉次數多，於1963年將代表任期延長為四年。

鄉鎮市區民意代表選舉方面，國民黨政權抵臺後共舉行過七次，分別為1950年、1952年、1955年、1958年、1961年、1964年和1968年。在1955年之前，因未設立婦女保障名額，女性當選寥寥無幾。1955年給予婦女特定的保障名額，在當年的選舉中，女性當選人數暴增，可見婦女保障名額制度在當時的社會風氣下對女性參與政治的重要保證作用。[84]

4.地方自治與婦女參政述評

總體上，這一時期的地方自治，受限於國民黨當局的威權統治，地方自治基本上還是處於國民黨嚴格管制與監督之下。就社會經濟發展環境而言，臺灣仍是一個以農業為主體的社會結構，各級自治機關行政首長與民意代表的選舉，主要的動員方式仍是以血緣、親緣、地緣或學緣等感性支持的初級社會關係為主。在這種情況下，地方政權多由各地士紳、家族以及光復初期在地方權力分配鬥爭中出現的地方派系等共同瓜分，地方政治特質相對單純。這些地方從政的士紳、家族甚至派系成員，多有一定的教育背景，在日據時期從事醫生或教師職業。「這種混合了派系政治、家族政治與士紳政治的現象，除了普遍存在各縣鄉鎮之外，

高雄、臺中、臺南和基隆等市亦存在」[85]。居於執政當局的國民黨,則以政治利益換取地方勢力的政治支持與效忠,形成結盟互惠的關係。因此,地方派系、士紳或家族成員大多加入國民黨,以取得更多的權力資源,同時也便於爭取更多的社會經濟利益,壟斷地方經濟特權如信用合作社、農漁會信用部等金融機構的經營權,以及如客運公司等地方性經濟事業。而國民黨則在地方勢力的支持下有效地維持了地方政治秩序的穩定,得以順利推行其各項經濟建設的計劃。60年代末期,隨著臺灣經濟的起飛,商人的力量進入政治選舉中,體現為選舉經費的逐漸升高和政商結合的日漸緊密。

在這樣的政治生態環境下,「獨裁政治體制凌駕於經濟制度與社會組織之上,文化價值體系與舊傳統一脈相承,政治化了的儒家倫理成為價值體系的最高準則」,[86]女性在政治上基本沒有自己的獨立地位,政治選舉中的女性參選與當選,基本上也是在國民黨的扶持或控制之下。從前面三個表格可以看出,無論是省市議員或縣市議員,女性當選人數都不多,50年代約略等於甚至有時還少於保障名額,60年代略有提升,開始超過保障名額,但女性當選人所占的比率一直在10%左右徘徊。在三個級別的選舉中,省議員中女性所占比率(也稱「女性代表率」)最高,除了1951年的選舉不到10%之外,其餘幾次選舉都是逐屆穩步增長,甚至在1968年的選舉中女性代表率還能達到16.68%;縣市議員選舉次之,女性代表率略低於省市議員;鄉鎮民意代表中的女性最少,最初幾年依靠自身實力競選上任者寥寥可數,即使在實行保障名額之後,仍一直在10%上下搖擺,呈現不穩定狀況。基本上女性在地方公職選舉中的代表性呈現出高階位的代表性相對高一些的情況,這應該與社會最基層風氣較保守有關。臺灣學者趙永茂指出,「我們發現臺灣基層政治精英之政治參與,在性別方面,男女政治參與的差距,在高階層的選舉差距較小,在低階層的選舉差距較大」[87]。而這些本就處於絕對少數的女性代表,要麼是依靠國民黨的提名支持而當選,要麼是代表著與國民黨有友好關係的地方家族、士紳或派系才有出頭機會。如開創嘉義許家班的許世賢,一開始也是以國民黨員的身分進入政壇,後來許世賢以獨行俠的身分連任三屆省議員後轉任嘉義市長再轉戰「立法委員」增額選舉成功,其積累的政治資源則為其女兒張博雅、張文英繼承。限於資料,本文無法一一羅列,但根據當

時的政治環境予以合理推測，筆者認為，在國民黨的勢力滲透全島主導一切的時代，在政治化了的儒家倫理下，女性在國民黨的黨政綱領中的工具性、附屬性地位展現無遺，造成「國家」政策制定中女性集體失語。地方自治中，少量的女性參政其象徵意義遠大於實際意義：省議會議而不決，議會的功能淪喪過半，遑論其中寥寥可數的女性議員；地方縣市政權亦為國民黨籠絡的派系或家族把持，女性基本談不上參政議政，有限的幾個代表除了造成一種民主點綴的作用，沒有多大的實質意義。

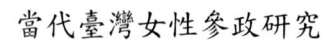

第三章　威權鬆動時期婦女主動參政（1969-1987）

　　按照政治系統論的視角，「臺灣政治次體系的變遷主要是臺灣內部經濟、文化等矛盾關係發展變化的結果，大陸的因素在某種程度上與外國的因素一起構成臺灣政治發展的外部環境」[88]。1970年代起，大陸在國際上的地位逐漸得到普遍承認，幾乎成為「國際孤兒」的「外交」困境威脅著國民黨統治的正當性，臺灣人心惶惶。影響所及，國民黨的治臺方針有所調整，蔣經國開始實施「革新保臺」，封閉的政治體系有所鬆動。與此同時，隨著經濟的發展和教育的迅速普及，社會結構也發生變化，新興的中產階層出現，人們對政治的冷漠疏離有所改變，對強權的不滿日益表面化、公開化，各種形式的反對運動、社會運動層出不窮。恰逢國際上歐美婦女解放運動風起雲湧，女性解放思潮經由留學歐美的女性知識分子傳入臺灣，匯入各式社會運動的洪流中。民間自發的婦女運動出現並在80年代得到蓬勃發展，婦女參政也逐漸擺脫了國民黨的掌控，由原來的消極被動逐漸邁向試探性的主動參政。

第一節　威權鬆動時期的社會變遷

　　1950、60年代，在國民黨當局強力動員下，臺灣的經濟改革、政治高壓與思想文化領域的嚴密控制無一不是為所謂「反共復國」的「黨國大政」服務，而這一切得以順利進行，一定程度上得益於戰後國際上兩極對立的冷戰格局和西方世界對中華人民共和國的敵視。二十年時間過去了，時移勢易，中國的主權國家地位逐漸得到國際社會的承認，國共雙方的聯合國席位之爭形勢漸趨明朗，迫使

國民黨再也無法偏安一隅埋頭為「戡亂」而戰。而二十年臺灣經濟建設的巨大成就也孕育了敢於公開挑戰傳統威權統治的社會力量。其中，女性主義思潮傳入，並被納入臺灣社會的話語系統，向傳統社會挑戰，成為這一時期臺灣社會發展的又一道風景。

一、「外交」危機與威權體制鬆動

60年代後期，國際形勢上，二戰後兩極對峙的冷戰格局有所改變。隨著中蘇關係惡化和美國聯中制蘇全球戰略新思維的形成，臺灣在美國全球戰略思維中既有的重要地位漸漸削弱，加以大陸的地位正得到國際社會的普遍承認，大勢所趨之下，美國政府開始試圖與中國建立正常的外交關係。1971年國民黨當局被驅逐出聯合國，拉開了臺灣當局「外交」大潰敗的序幕。1972年尼克松訪華，承認「一個中國」原則，徹底動搖了國民黨當局統治正當性的外部支持。1972年，日本與中國建立正式邦交關係；1979年卡特政府在「斷交、廢約、撤軍」三原則下與國民黨當局斷交，與中國建交，繼續給國民黨當局以致命打擊。在「多米諾骨牌」效應作用下，一批國家追隨美國仿效日本成為中國的邦交國，臺灣一夕之間失去20多個「國際友邦」，一時風雨飄搖，楚歌四起。一連串的「外交」挫敗導致了臺灣「國際」地位的急劇下降，國際孤兒的危機感強烈衝擊著臺灣社會，臺灣物價不穩，民心驚惶，移民潮迭起，許多人將妻子兒女送到國外，對時局變化的茫然無措成為這一時期人們普遍的心理現象，正如時任立委林聯輝所言：「由於國內外政治、經濟情勢的變化，全國民眾心中充滿一股鬱悶之氣氛，各行業中也瀰漫著茫然的氣息，這種鬱悶、茫然的現象，充分暴露出全國人民患著嚴重『信心貧乏症』的心態。其明顯的症狀是，對現狀毫無把握，對未來充滿懷疑，如果不適時制止，任其惡化，最後必將演變成為『信心危機』，導致社會結構解體，形成不堪收拾的局面」[89]。

在「外交」潰敗的淒風苦雨籠罩下，臺灣，蔣經國臨危受命，進入權力的決策核心。風燭殘年的蔣介石為蔣家權力的平穩過渡鋪平了道路，於1972年提請立法院同意蔣經國的「行政院長」任職：「行政院長嚴家淦，懇請辭職，已勉循所請，予以照准。茲擬以蔣經國繼任行政院院長，蔣員堅忍剛毅，有守有為，歷

任軍政要職，於政治、軍事、財經各項設施，多所建樹，其於行政院副院長任內，兼助院長處理院務，貢獻良多，以之任為行政院院長，必能勝任愉快，爰依憲法第55條第一項規定，提請貴院同意，以便任命」[90]，臺灣從此進入實質上的蔣經國時代。為了因應時局，安定人心，大權初握的蔣經國開始調整統治策略，著手推行「革新保臺」路線。在「向下扎根、向上發展」與「打破地方派系、提拔青年才俊」的口號下，實行提拔「青年才俊」和推行「本土化」政策。一方面，大量起用一批40歲左右的「青年才俊」和專家學者擔任地方上層機構的職務，如臺北市長張豐緒、基隆市長陳振雄、桃園縣長吳伯雄等。另一方面，於1969年開放「中央民意代表」的定期增補選，逐漸將國民黨籍臺灣地方人士納入上層權力體系，以化解省籍矛盾，爭取地方勢力的支持，擴大國民黨統治的社會基礎。

與50年代籠絡人心的撫臺政策相比，這一次蔣經國推行的「本土化」政策在提拔黨、政、軍臺籍人士方面都有了大幅度突破，以達到「以臺制臺」、「扎根臺灣」的目的。在此政策下，李登輝、林洋港、辜振甫等一大批臺籍政治精英和財團首腦人物得以就此進入統治高層，成為國民黨政權的一個組成部分。當然，「本土化」的早期，臺籍人士參政往往處於高層不重要的地位，無法進入決策核心，職務多是配角性質，「從『副總統』到『行政』、『立法』、『司法』、『考試』、『監察』等5院『副院長』，一律由省籍人士出任，很難令人相信是一種巧合而非刻意的安排」[91]。「革新保臺」的結果，是形成了以大陸籍傳統官僚勢力為主的國民黨政權同親國民黨臺灣地方勢力的結合，這一聯盟的形成對於擴大國民黨在臺灣的統治基礎，維持國民黨當局的統治地位，起了積極的作用，也在一定程度上化解了人們對國民黨當局統治正當性的質疑。無疑，這一封閉政治體制的小心謹慎的開放，給包括婦女在內的普通民眾提供了與前期相比較為廣闊的舞臺空間。

二、經濟「瓶頸」與結構調整

與此同時，隨政治上「外交」風雨同來的還有國際經濟形勢的風雲變幻。70年代初，中東戰爭與世界石油危機的發生，對能源缺乏的臺灣經濟產生了前

所未有的衝擊。臺灣市場混亂，物價不穩，出現搶購風潮，臺灣經濟出現新的困難。1973年，臺灣批發物價上漲了22%，城市消費物價上漲了8.2%；1974年又分別上漲40.6%與47.5%；而剛剛實現三年外貿順差的局面再度出現逆差，經濟增長率由1973年的12.8%降到1974年的1.1%，創下50年代以來物價上漲的新高與經濟增長的新低[92]。在此情勢下，臺灣當局開始調整經濟政策，將原制定的第六期「四年經濟建設計劃」重新改為「六年經濟建設計劃」，主要內容包括改善工業結構，促進產業升級；強化農村建設，促進農業現代化；改善交通設施，建立現代化的運輸系統；開發能源與海洋資源；拓展對外貿易。臺灣經濟發展也進入所謂的「第二次進口替代」與「出口擴張時期」。所謂「第二次進口替代」是指在臺灣製造資本密集和技術密集的產品，以代替同類的進口產品。具體說來，主要是發展重化工業產品以替代進口，建立較為完整的工業發展體系。同時，提出「十項建設計劃」，分別是中山高速公路（也稱「南北高速公路」）、西部縱貫鐵路電氣化、北迴鐵路、臺中港第一期工程、蘇澳港第一期工程、桃園國際機場、高雄煉鋼廠、高雄造船廠、石油化學工業、核能發電廠，總投資達2580億元新臺幣（約60億美元），以建設投資刺激臺灣需求，吸收部分失業人口，對減緩經濟的衰退起了重要作用。到70年代末，十大建設工程大部分完工，建立了發達的交通與港口運輸系統以及現代化的鋼鐵與石油化學工業，奠定了臺灣經濟發展的重要基礎，形成了重工業與輕工業配套比較完整的工業體系，而產業結構的調整初見成效，臺灣經濟步上了一個新的臺階。

1979年，第二次石油危機爆發，衝擊臺灣經濟，石化工業首當其衝，衰退最為嚴重。臺灣當局再次調整經濟發展戰略，提出發展所謂的「策略性工業」，即發展技術程度高、附加價值高、能源密集度低、汙染程度低、產業關聯效果大、市場潛力大的所謂「兩高、兩低、兩大」產業，並選擇100多項優先發展的產品項目，對原重化工業發展項目進行了調整，而且修改「獎勵投資條例」，對策略性工業發展提供優惠，尤其對技術密集工業投資給予10%至15%的投資抵減優惠待遇。1980年設立新竹科學工業園，提供極為優厚的條件：可連續五年免徵營利事業所得稅，免徵進口自用的機器設備、原料與半成品等進口關稅及貨物稅，免徵外銷產品貨物稅、營業稅及廠房建築稅等；對海外留學人員投資提供創

業低利貸款與研究經費補助等，吸引了臺灣外廠商和大批留學人員前往投資高科技工業，也使得日後的新竹科學園區取得驚人進展，成為世界上最成功的矽谷之一[93]。這些政策和措施對臺灣經濟的繼續發展起了重要的促進作用。

三、教育發展和社會結構變化

經濟與教育的發展可以說是相輔相成，經濟發展需要更多的技術人才，而經濟的增長也給教育發展提供資金。早在1955年，臺灣的小學適齡兒童入學率就已經達到97%，顯示小學教育已基本普及。但小學畢業生的低升學率使培養的人才無法滿足經濟建設的需要，1968年，臺灣當局推行延長「國民教育」時間的「九年國教制度」，將原屬中等教育的初中納入「國民教育」範疇，允許增加投資使中等教育和高等教育也都得到了進一步發展。隨著經濟起飛，對高級專業人才和技術人才的需求不斷增加，高等教育的規模得到相應的發展，學校和學生的數量都有所增加，師資水平也有所提高，留學回臺和博士碩士學歷所占比重大幅度提升。70年代後期，臺灣約有六成人口受過中等教育，十分之一的人口具有大專教育程度，留學歐美日成為年輕一代的時尚。隨著美國教科書的廣泛流傳和大量留美學生回臺執教，高等教育領域基本受到了美國式的改造[94]，而美國和歐洲的西方思想文化價值觀則透過對社會生活的各個方面的滲透繼續對臺灣產生深刻的影響。

50年代的土地改革和60年代的經濟起飛之後，大批農民進入城市加入勞工隊伍，臺灣整個社會從以農業為主要經濟架構的農業社會轉變為以加工出口業為主導的工業社會。隨著臺灣加工出口經濟的發展和社會經濟結構的變化，臺灣的地方財團和民營資本迅速膨脹，中小企業快速崛起。到70年代中期，臺灣的中小企業約有70萬家，在臺灣經濟生活中扮演著重要角色[95]。他們和公、民營企業中的一大批中、上層管理人員以及專業技術人員一樣，是臺灣經濟發展的既得利益者，與勞工保持一定距離；但同時又受制於官僚壟斷資本和民營大資本，具有改革的要求。而大批深受西方思想文化影響的知識分子和專業人才則在這群人中具有很大的號召力。在這樣的社會經濟背景下，一個新興的社會階層——中產階層迅速壯大，到1979年達26萬人，占就業人口的4%[96]。所謂「中產階層」或

「中產階級」，是臺灣學術界常用的一個概念，沒有明確的界定。一般將介於大資本家與勞工之間的階層稱中產階層，大致包括中小企業主、企業經理或管理人員、專業技術人員、知識分子上層與部分政府公務人員等。人們一般從「舊中產階級」和「新中產階級」兩個類屬來認定。「新中產階級主要是以技術、專業、文憑作為地位取得的憑藉；而舊中產階級主要是指自營小店東、自雇作業者，他取得這樣的身分，靠的不是專業知識，而是自身原先擁有的資本」[97]。中產階級的出現是臺灣經濟和社會發展的結果。他們中的大部分人深受西方民主思想的影響，不滿國民黨實行專制統治、壟斷政權，反對官僚資本和私人壟斷性財團對經濟的控制，為此同國民黨展開各種抗爭，使「自由中國」事件後沉寂已久的黨外運動重新活躍起來。而其中，戰後新生一代的知識分子，更在當時海外一連串「外交」挫敗的刺激下，由對政治的冷漠態度轉為關注世界局勢和關心「國是」。特別是在1970年保釣運動中湧現出來的革新保臺派，他們多數是出身於官僚世家的中青年學者，也有一部分是地方持不同政見者，他們崇拜美國民主政治，反對國民黨軍事專制，主張推進臺灣的政治改革。他們中的部分人以《大學雜誌》為論壇，連續發表抨擊時政、要求政治變革的文章，啟發民眾的政治意識，倡導「政治革新」，在一定程度上突破了國民黨當局的言論控制和政治禁區。人們對政治不再噤若寒蟬，黨外人士活躍於各種地方選舉中，並透過創辦各種雜誌，如康寧祥《八十年代》、黃信介《美麗島》，抨擊國民黨的專制統治，挑戰國民黨統治權威，形成一股自下而上的力量，衝擊著正逐漸開放的政治體制。

　　隨著政治體制的逐漸鬆動，加上黨外活動的帶動，社會加速向多元化發展，人們的價值觀念發生變化，潛在的種種結構性社會矛盾和衝突逐一浮現，民間力量開始集結，政治參與意識增強，各種社會運動風起雲湧，成為政治體制、社會秩序與價值觀念重組的重要動力。1980年11月1日柴松林教授發起的臺灣「消費者基金會」成立，之後，其他運動相繼興起，如環境保護運動、勞工運動、婦女運動、校園民主運動、臺灣少數民族運動、老兵返鄉運動、反核運動、教師人權運動、農民運動、政治受刑人人權運動、殘障弱勢團體請願運動和無住屋者團結運動等等。「社會運動是以組織和行動來達成集體和公共目標的一種社會現象。

它的基本目標就消極而言，是在排除權益受損的現狀或使受損的權益能夠得到補償；而就積極面而言，則是改變現有的制度規範和社會秩序，以追求更為公平、合理和健全的新世界」[98]。社會運動雖以社會問題為重點，不像政黨或政治運作那樣，以追求權力分享或以奪取政權為目標，但各種社會運動不斷衝擊的結果，使社會的不合理現象日益暴露，引起社會廣泛的重視。而80年代臺灣政治體制的開放和根本變革，也在一定程度上得益於當時蓬勃興起的各種社會運動。在各種社會力量的齊聲吶喊中，婦女群體的聲音不再缺席，臺灣現代意義上婦女運動於這一時期出現。這一運動的興起緣於一群留學歐美的女性知識分子，她們把西方的女性主義思潮帶入臺灣，關注女性自身，並結合臺灣的社會現實，為爭取婦女的平等待遇而發出自己的聲音。

第二節　女性主義思潮下的婦女運動

一般來說，臺灣婦女運動的小規模興起是指80年代婦女新知等婦女團體，但是70年代呂秀蓮發起的新女性主義運動，卻是臺灣現代意義上的婦女運動的先鋒。而新女性主義運動只進行了短短幾年，就因呂秀蓮政治原因入獄而告終，歸於沉寂。幾年之後，才有李元貞等人發起成立婦女新知，繼續推介女性主義思潮並積極爭取女性的平等權益，兩個階段的運動在議題路線和策略選擇以及社會影響上都有明顯的不同。所以，本章對於這一時期婦女運動的討論，以時間進行階段劃分，先談70年代的新女性主義運動，再來觀察在此基礎上的80年代蓬勃興起的婦女運動。至於國民黨主導下的婦女工作或婦女運動，其圍繞黨政方針的婦女論述在這一時期逐漸被邊緣化。雖然國民黨婦女工作到後來也積極調整策略，但無論在議題及活動方式上，都無法擺脫政黨的色彩，更不具備民間自發婦女運動所擁有的感召力，除了論述過程中對比需要偶爾提及之外，本章將不再專文贅述。

一、新女性主義運動

1960年代末期，在美國又掀起了第二波世界婦女運動，和19世紀後期爭取婦女投票權的第一波世界婦女運動相比，其內涵已經從呼喚婦女擺脫家庭樊籠發展到鼓吹婦女走向社會，爭取經濟上的獨立，並隨著女性自我意識的覺醒，開始對人生及婦女自身價值的思考。70年代，美國新一輪女性主義運動如火如荼展開之時，臺灣的女性知識分子才剛開始接受西方女性主義思潮的洗禮。1970年美國婦女界熱烈慶祝婦女取得參政權50週年，透過各大報刊和雜誌發表文章，宣揚婦運理念，掀起婦運又一高潮。正在美國寫碩士論文的呂秀蓮，有感於此，發表《傳統的男女角色》一文，開始思考中國傳統的兩性關係。1971年呂秀蓮回臺工作，適逢「防止大專女生招生名額過多」正成為社會熱門話題，呂感到臺灣女性受教育權被剝奪，再將《傳統的男女角色》一文修改後，發表於《聯合報》副刊，開始批判中國傳統社會的男女角色，引起很大反響。與此同時，還有其他女性知識分子如楊美惠和洪智惠等翻譯介紹西方女性主義代表作[99]，只是她們旅居在外，無法舉辦各種活動，因此影響並不是很大。但臺灣婦女界女性意識的萌芽期於此開始了。

1.新女性主義活動概況

《傳統的男女角色》一文發表後，呂秀蓮陸續發表其它文章，1972年1月又在《聯合報》副刊發表《兩性社會的風向》，讀者反映熱烈，演講、座談不斷。1973年，在臺灣大學法學院的演講中，呂正式提出「新女性主義」，倡導其承自美國加以修改的女性主義思潮，提出「先做人，再做男人或女人」的中心思想，挑戰「無才是德」、「賢妻良母」的傳統論調，極力反對限制女性的發展，呼籲男性負起家庭責任，也一再鼓勵女性充分發揮聰明才智。此後，絡繹不絕的求訪者求助者使呂意識到，「臺灣的婦女問題，絕不止於受過高等教育的這一層面而已，更嚴重的是中下層社會，為了號召更多有才學、有識見、有能力的姐妹們，一齊來共襄盛舉，乃著手籌備『時代女性協會』」[100]，擬下設法律顧問、疑難協助和交誼活動各組。在「戒嚴法」限制下，人民團體成立困難重重，協會申請在9個月後遭到臺北市社會局拒絕，理由是「其宗旨與婦女會頗多雷同」。1972年6月，留美學生鐘肇滿殺死妻子後回臺投案自首，輿論轟動。呂於《中國時報》發表《從鐘肇滿弒妻談起》，嚴厲抨擊夫權思想，再次引起極大爭議。同

年10月，呂邀集婦運人士，在臺大法學院左側開設供應餐飲及會議場所的「拓荒者之家」，以期籌措經費供推廣新女性主義思想之用，但因用人不善、經營不當及政治干擾，8個月之後歇業[101]。1973年初，國際婦女組織工會（International Federation of Business and Professional）擬在臺北成立分會，邀請呂參與籌備事宜。隨後，新成立的「國際職業婦女協會臺北市第一分會」在呂的主持下設立「職業婦女信箱」，為職業婦女解答疑難，但呂關於婦女解放的思想一再遭到其他會員質疑，而呂對於她們擺闊應酬的「官太太俱樂部」經營思路更不以為然，雙方衝突難免。期間，呂籌組「時代女性協會」的設想屢屢碰壁，心灰意冷下，呂於1975年初赴美、日、韓等國考察募款並反思臺灣婦女運動的得失與困擾，年底返臺後利用所得款項分別在臺北、高雄推行新女性主義，新女性主義運動進入另一個階段。

　　1976年，呂聯合一批女性學者在臺北成立了「拓荒者出版社」，由王中平任發行人，施叔青任總編輯，後來曹又方、羅珞珈和鄧佩瑜等人相繼加入。她們積極出版發行提升女性意識的書籍，一年內出版15本書和兩本小冊子，包括「女作家方塊選輯」、「美國婦運著作翻譯」與「國內婦女問題探討」三大主題，這類書籍與國民黨主導下的婦女工作會偏重女德或家庭教育的出版品顯然有天壤之別。但因藏書過多，人員流動率大，財務困難，半年後出版社即因經費短缺及當局情治單位介入等原因宣告解散。與出版社出師不利相反，新女性主義開展的一系列活動都不同程度地受到社會的關注和歡迎。1976年3月8日，由「拓荒者」策劃，舉辦「男士烹飪大賽」和「廚房外的茶話會」，以挑戰「男主外、女主內」的分工形態的婦女節主題活動，部分男士踴躍參與，吸引上千觀眾，媒介爭相報導，轟動一時。同年，在臺北市舉行大規模的「家庭主婦現況調查」，使家庭主婦的生活現狀和思想情況第一次得到社會大眾的關注。在高雄，新女性主義運動也在熱鬧進行中。呂除了舉辦婦女口才訓練班及「愛、婚姻、性」講座之外，還創設「保護你」電話專線，專門針對婦女安全，替被遺棄或強暴的婦女提供法律、醫療和安全服務。但這後來受到泛政治化攻擊，被認為「著重強暴問題易導致不良國際視聽，成為對岸統戰工具」[102]，把功能擴大為處理所有婦女問題。半年之內，受理個案961件，可見其受歡迎的程度。1979年，呂秀蓮因為

「美麗島事件」入獄，其發起的新女性主義運動無疾而終，臺灣婦女界歸於沉寂，幾年之後，才在婦女新知雜誌社的帶領下，繼續為女性權益發聲。

基本上，新女性主義的種種活動都是嘗試從婦女的立場出發，針對婦女的需求，發掘婦女的問題，提出與婦女利益息息相關的議題，以保護婦女的權益。新女性主義運動對當時臺灣的婦女問題的論述主要圍繞以下幾個方面[103]：

法律方面，從法律人格權、婚姻關係、離婚制度、收養子女和財產繼承來看，認為現行法律在男女平等上較之以前有所進步，但仍有不足，仍需以男女平等的眼光與思路，對各種法規的內容做全盤性的檢討、研究，提出一套可供立法機構採用的修訂辦法；

政治方面，就社團、政黨的參加，投票權的行使和競選的參加而言，女性的參與率遠遠落後於男性，這是社會化的結果，與傳統教育有密切關係，新女性主義鼓勵更多的婦女參與政治活動；

經濟方面，從就業市場來看，女性就業人員年輕且就業率與年齡成反比例，所做工作多屬於非技術性勞動，工作待遇偏低，就業範圍狹窄，待開發的人力資源相當豐富，社會應從觀念、教育和機制方面為女性提供全面發展的機會；

教育方面，婦女未受教育的人數與年齡成正比例，年齡越大，文盲人數越多；受教育程度高低與年齡成反比例，年齡越高，受高等教育人數越少；受高等教育的男女人數差異與年齡成正比例，年齡越大，受高等教育的男女人數越懸殊，社會應對這一現象予以正視。

在對這一社會現實認知的基礎上，新女性主義有針對性地提出系列建議，其特點是：發揮「女才」不爭「女權」；肯定「本分」與「天職」；要平等不要保護；持守貞操與婦道，並輔之以必要的宣傳活動，期望在社會認可和政府支持的基礎上推行其「先做人，再做男人或女人」的核心觀念，以便漸進地實現其向傳統社會的挑戰。

2.新女性主義的特徵

呂秀蓮在《新女性主義》一書中，系統提出了她的新女性主義思想，從傳統

文化中的性別觀念、性別分工以及性別關係等方面論證臺灣社會的夫權父權制度並加以批判，鼓吹觀念開通，追求女性自我完善，努力構建一個兩性和諧的社會。

對傳統觀念的批判是新女性主義的理論基點。這也是新女性主義遭受攻擊之處。當然，新女性主義並不是全部沿襲西方偏激的反傳統思想，而是基於對新舊觀念交匯壓力下臺灣婦女命運的瞭解而發出的不平之鳴。新女性主義認為傳統觀念是對女性作為「人」的權利和尊嚴的扼殺，以「三綱」、「五倫」為核心的倫理關係將人與人的關係緊扣在嚴格的等級關係和貴賤有別的宗法鎖鏈上，並從「傳宗接代衍生出重男輕女的思想；從三從四德衍生出男尊女卑的地位；從片面貞操衍生出雙重道德標準；從男主外女主內衍生出性別差異角色」[104]。這樣，透過對傳統文化中的性別觀念、性別分工以及性別關係等方面的分析，論證臺灣社會依然是男性中心的社會。在此基礎上，新女性主義試圖從人道主義出發，堅持女人為人，為獨立、自由、平等的人，以此對抗儒家道統的宗法束縛，對抗千百年來一直牢牢箝制人們思想的儒家倫理觀念，追求女性作為「人」的最基本的權利。較早關注新女性主義的部分學者也認為，「新女性主義從資產階級的人道主義出發，開展對封建傳統的批判，以喚起對婦女命運的同情，同時也是對社會時弊的抨擊，有其特定的內涵」[105]。

透過女性的自我完善實現「先做人，再做女人或男人」，是新女性主義的核心內容。基於對臺灣社會現狀的認識，考慮到長期以來儒家思想根深蒂固的影響，以及多數人對傳統觀念的認同，新女性主義在批判傳統、要求女性的平等身分地位的同時，不忘強調對傳統女性美德的繼承，並提倡女性的自我完善，以建立現代社會的男女平等觀。這主要透過兩個層次來實現。首先，「先做人」，每一個人，無論男人或女人，不管富貴或貧賤，都平等地擁有或承擔其所以為人的權利和義務、尊嚴與能力、自由與責任。在此基礎上，「再做男人或女人」，對性別角色予以關注，提出「是什麼像什麼」，要求女性在追求平等權利的同時不要忘記女性應有的特質，在追求事業發展的同時，應兼顧其在家庭中母職或人妻的義務，「為人妻而不知料理家務，烹調三餐，為人母而不懂養育子女，這是她的恥辱」。透過對傳統女性美德的強調，來糾正人們對緣自美國的婦女運動者粗

線條、男性化、不事家務和性格乖張的不良評價，努力在現代與傳統之間尋求一條適合臺灣的婦女運動道路。

建立兩性和諧的理想社會，是新女性主義的最終目標。在一個由男女兩性構成的社會中，舊觀念的破除，新觀念的建立，不但需要女性的自我覺悟和自強奮鬥，還需要有男性的積極響應和支持。千百年男性中心的父權制度，造就了男子的優越地位，並賦予男性諸多特權，要實現兩性平等，必須讓男性認識到傳統社會中的不合理之處，從而放棄對女性的偏見，建立新的社會性別意識，以適應兩性平等的社會發展趨勢。因此，兩性和諧社會的建立，需要男女雙方的協調與讓步，而非在對立中壓倒對方。具體說來，在工作上，雙方是夥伴，要相互理解和真誠相待，男性需拋開偏見，懂得尊重和欣賞女性的才華，女性則應自求完善，擺脫對他人的依賴；在家庭中，女性應盡其母親妻子的責任，而男子則應協助料理家務，共同承擔養育子女的責任，以此建立一個「以男女互敬互愛，相輔相成為基礎的甜美兩性社會」。可見，「新女性主義追求的就是這樣一種講求協調和諧的中庸之道，以創立一個理想社會的模式」[106]。

3.新女性主義運動述評

呂秀蓮發起組織的新女性主義運動，在運動的發起主體與關懷議題上，一別以往婦女運動服務於黨政工作需要的局面，雖然受限於當時的社會環境，運動中革命性與妥協性並存，但這絲毫不影響它在臺灣現代婦女運動中的開拓先鋒的歷史地位以及它在啟蒙社會性別意識上的積極意義。

與國民黨主導下的婦女運動相比，新女性主義最明顯的特色在於其發起組織者的非國民黨身分與該運動對婦女自身的關注。呂秀蓮和一批參加運動的發起組織者，大部分都是留學回臺的女性知識分子。她們受西方女性主義思潮的影響，有感於臺灣社會的男女不平等以及社會大眾尤其廣大女性對這一現象的懵懂不覺，希冀用自身的努力來引起社會對女性問題的關注，喚醒廣大女性的性別意識，爭取婦女的平等權益。由於運動發起者來自民間，從一開始就注定這場運動不但無法得到國民黨當局的物質支持，而威權尚未瓦解的政治環境更使其言論稍有偏差即受到國民黨當局的嚴密監控。一方面，運動的發起組織無法像婦聯會、

婦工會那樣得到國民黨當局的資金資助。另一方面，在戒嚴法的限制下，民間活動的動員方式更受到嚴格限制，只能透過簡單的演講、座談來傳遞女性主義的理念，稍有踰越則受到種種處置，拓荒者出版社的出師未捷就有當時政府情治機關介入的因素。儘管面臨種種困難，新女性主義運動對女性自身的關懷還是反映了當時婦女界的新動向，受到社會大眾的關注，並成功地主導了婦女論述的議題，使得婦工會在1976年推行的「齊家報國運動」相形失色，其「以修身齊家為起點，以倫理教育為重心，以社會建設為基礎，促進家庭幸福、端正社會風氣、鞏固國家建設為目標」[107]的家國論調似乎已經漸漸不合時宜。此後，婦工會的工作內涵也逐漸由原來軍事上的動員轉為注重教化、維護固有道德倫理以安定社會的輔助性功能。

　　嚴格說來，1970年代的新女性主義的主張其實相當溫和，非但沒有什麼驚世駭俗之舉，甚至其策略性論述有時給人一種妥協性大於革命性的感覺。當然，這主要受制於當時臺灣的社會風氣和尚未鬆動的政治氣氛以及人們對美國部分女性主義運動者的片面印象。在當時的社會風氣下，衛道人士對於「女人走出廚房」的主張反應激烈，甚至寫信辱罵呂秀蓮，其中以男性居多。呂秀蓮稱，「臺灣社會對於新女性主義污蔑或誤解，比如認為新女性是男人的仇視者、婚姻的否定者，以為新女性懶怠於家務、厭惡於庖廚，某些別有用心的人甚至還給我扣上『主張性開放、提倡雜交群婚』的黃帽子，這些莫須有的罪名……」[108]，表現其對於新女性主義無法得到大多數人理解和臺灣社會父權心態的無奈。因此，我們不難理解在這樣的社會氛圍下新女性主義的一些溫和的甚至充滿妥協意味的策略性論述。比如，「女人不能忘了自己永遠是女人，應該把自己的性別所持有的本質發揮無遺，於言行舉止，於裝束打點，於職責本分，莫不皆然……而妻子之於丈夫，若花瓶馨冽愛巢，若領帶增飾儀表，若情侶嫵媚愛嬌，若益友切磋得道，若慈母呵護照料，而這些，在在需要你發揮女性的特質，溫柔、嫵媚、細心等，是保障你幸福的恩物」[109]，這在社會一向認同的女性基本特質基點上進行新的塑造，充實現代思想內涵，主張「做什麼像什麼」，在發展和完善自我的過程中強調女性的基本特質和傳統美德，這種妥協態度和溫和的方式為新女性主義在保守的社會贏得了立足點。當時知名人士徐佳士、顧獻良、柴松林和薇薇夫人

等人，在發現新女性主義不偏激，而且呂秀蓮等人也不是想像中的剪短髮、穿長褲和「擬男性」化時予以支持和聲援。這場源於美國的女性主義運動，至此改頭換面，以新的溫和的方式在臺灣緩慢漸進，開啟了臺灣現代女性意識的萌芽時期。

1970年代的臺灣當局處於政治經濟的巨大困難與政策調整時期，而在民間，經過60年代的經濟起飛之後，在接受西方現代文明衝擊的年輕一代知識分子中正興起對自由主義的嚮往，受過高等教育、在都市工作的年輕女性嚮往兩性平等的風尚，儘管關於平等的實質內容以及達成平等的有效手段尚未有人深入探究。當時，國民黨當局的「反共復國」計劃似乎正逐漸成為幻影，但反共抗俄的呼聲依然不絕於耳，婦女輿論主流中「齊家報國」的論述依然甚囂塵上，新女性主義運動的發起傳出了婦女界的另類聲音，拉開了臺灣現代女性主義運動的帷幕。

這場新女性主義運動顯然深受西方自由主義女性主義的影響。自由主義崇尚自由、理性與平等，女性主義沿襲自由主義的理念，將之推廣到女性身上，提出婦女首先是人，具有理性，理性是婦女及所有人類的共通本質，而婦女的性別是次要的，乃至於偶然的屬性。自由主義女性主義者認為，在歷史上，女性沒有享受到與男性同等的權利，也沒有從屬於同樣的法治，因而沒有成為政府契約中的一方代表，無法在真正意義上享受與男性同樣的平等。向社會大眾揭示女性身上固有的理性，成為自由主義女性主義者的首要任務。在新女性主義運動中，「先做人，再做男人或女人」，這句眾所周知的口號，在戒嚴時代的社會情境下，其實也具備了一定的挑戰性。因為，在傳統文化上，不論東方或西方，女性向來被視為具有豐富的情感與細膩的直覺，而在理性方面就無法與男性同日而語了。因此，自由主義女性主義必須先宣稱，女人也具有理性，如此才能進一步要求平等權利。新女性主義提出「先做人」、「人盡其才」、「做什麼像什麼」，溫和的立場和策略性論述為新女性主義贏得了立足之地，其啼聲初試的積極探索為日後婦女運動的發展累積了寶貴的經驗。因此，「在形式上標榜平等，在實質上不超脫自由主義，不挑戰女人『本分』的新女性主義便在由男性主導、求新求變的年代具有市場價值，甚至受到國民黨內改革派的青睞」[110]。雖然受限於當時的政

治氣候和社會條件，新女性主義運動的活動範圍僅限於都市裡的知識分子階層，影響有限，更多的是造成一種思想啟蒙的作用。但它打破了以往女性話題一元化的話語空間，一定程度上顛覆了傳統威權體制下婦女運動的家國論述主題，奠定了臺灣現代婦女運動發展的思想基礎，並為日後臺灣現代婦女運動的發展進行了積極有益的探索。臺灣婦女運動者及部分學者都稱許呂秀蓮的開創之舉，肯定新女性主義運動在臺灣婦女運動史上的重要地位，將1971年稱為「臺灣婦運元年」，認為新女性主義運動敲響了臺灣婦女運動的晨鐘[111]；呂秀蓮則是「為臺灣婦女運動注入女性意識的第一人」[112]；胡藹若也對之給予高度評價，「呂秀蓮所倡導的『新女性主義運動』，已經為臺灣婦女開啟另一個視野，關懷女權的聲音日益增加」[113]。

二、婦女新知雜誌社等團體

與1970年代相比，十年之間臺灣社會經歷了相當的變化，政治經濟的調整初顯成效，中產階級繼續擴大，社會多元化趨勢日益明顯。1981年3月國民黨第十二次全代會決議正式放棄「反攻大陸」的政策宣示，代之以「三民主義統一中國」的象徵性口號，政策主軸由軍事動員轉向臺灣經濟建設，威權體制繼續鬆動，國民黨當局逐步採取較為開放和民主化的政策，為社會民主運動的開展提供了相對寬鬆的政治環境。而過去三十年裡戒嚴體制下發展經濟所衍生的各種社會問題逐漸突現，勞資關係矛盾激化、環境汙染日益嚴重，引發了政治、經濟和社會等各個不同領域的集體反彈和社會風潮。這些社會抗議運動以團體陳情、遊行示威、街頭請願等方式向威權體制挑戰，其頻率與規模較之70年代均有大幅提升。這一切為婦女運動的再次出發提供了一個更為寬鬆的社會環境。

1.婦女團體的成立與活動

1982年，李元貞等人發起成立「婦女新知雜誌社」（1987年改為「財團法人婦女新知基金會」，簡稱「婦女新知」）。婦女新知雜誌社的創辦者，如李元貞、曹愛蘭、鄭至慧、劉毓秀、尤美女等人，她們年齡相近，受過高等教育且有留學經驗，除了受到美國第二波婦女運動思潮的影響及呂秀蓮新女性主義的啟發之外，也看到臺灣女性生活的困境，體認到臺灣社會生活中的性別歧視，因而決

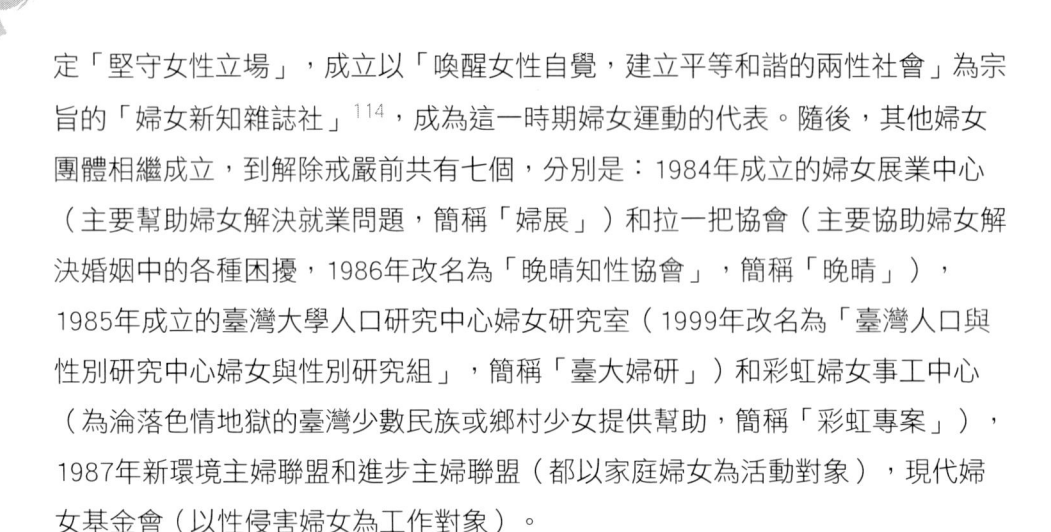

定「堅守女性立場」，成立以「喚醒女性自覺，建立平等和諧的兩性社會」為宗旨的「婦女新知雜誌社」[114]，成為這一時期婦女運動的代表。隨後，其他婦女團體相繼成立，到解除戒嚴前共有七個，分別是：1984年成立的婦女展業中心（主要幫助婦女解決就業問題，簡稱「婦展」）和拉一把協會（主要協助婦女解決婚姻中的各種困擾，1986年改名為「晚晴知性協會」，簡稱「晚晴」），1985年成立的臺灣大學人口研究中心婦女研究室（1999年改名為「臺灣人口與性別研究中心婦女與性別研究組」，簡稱「臺大婦研」）和彩虹婦女事工中心（為淪落色情地獄的臺灣少數民族或鄉村少女提供幫助，簡稱「彩虹專案」），1987年新環境主婦聯盟和進步主婦聯盟（都以家庭婦女為活動對象），現代婦女基金會（以性侵害婦女為工作對象）。

總體上，這段時期的婦女運動仍以婦女新知為活動主體，幾乎所有婦女團體的成立，都直接或間接與婦女新知有關。這些婦女團體的成立，其創辦人或主要幹部，或和婦女新知有密切的關係或有些原來就是婦女新知的成員，而活動組織上幾乎都參考了婦女新知的活動模式，只是活動主題相對比較單一，或協助婦女就業，或幫助婦女處理婚姻問題，或救援雛妓，或保護環境，幫助婦女成長，等等。一般情況下，這些婦女團體仍遵循婦女自我發展的道路，透過成員之間相互溝通，獲得精神支持，在進行心理輔導與技能訓練的同時，開設了許多知識性課程或演講，為婦女充實自己提供機會。同時，她們也關注不同階層婦女的具體需求，針對她們的切身問題展開活動，並因活動需要而相互聲援或共同行動。在這些婦女組織中，婦女新知因其規模、組織與主題的相對多元居於這一時期臺灣婦女運動的領導地位，正如王雅各所言，「婦女新知幾乎成為臺灣戒嚴時期民間婦女運動的唯一品牌」[115]。

婦女新知在解嚴前的活動較為低調，主要是吸收新成員以強化組織和出版刊物，其活動主要包括以下幾個方面[116]：（一）譯介西方女性主義經典著作和重要討論，如約翰‧密爾（John S.Mill）《論女人的附屬地位》，瑪麗‧沃爾斯登考萊夫特（Mary Wollstonecraft）《女權的辯護》，伍爾芙（Vir-ginia Woolf）《論女性的發展機會》，珍‧密勒（Jean B. Miller）《女性新心理學》，愛麗絲‧史卡瓦茲（Alice Schwarzer）的西蒙‧波伏娃訪問記《拒絕做第二性的女

人》，等等。（二）發表文章以女性主義觀點討論中外文學和電影作品，也討論相關法律的修改，如「優生保健法」、「民法親屬篇」和「男女工作平等法」等。（三）報導臺灣外婦女新聞、婦女運動的動態。（四）由新知成員組成的成長團體，探討其他與性別有關的社會議題，如托兒、就業、家務分工、健康、老年等等，並於每年的3月8日，以婦女節名義舉辦年度主題活動和舉行相關討論。考慮到社會的接受程度，「婦女新知」在議題選擇上十分謹慎，活動主題從早期溫和中性的自我成長、婦女保護和兩性對話，漸進到挑戰性別歧視，積極爭取女性的工作權。隨著婦女運動的開展，策略選擇上也開始由個人成長面逐漸轉向體制內的制度改革、進而發起零星的街頭運動，希望由此影響噹局政策或法律制定的方向，成為婦女團體在政治參與上的啼聲初試。1984年6月20日，「優生保健法」在立法院討論期間，「婦女新知」發動了七個婦女團體聯合簽署墮胎合法化的「婦女意見書」送進立法院[117]；1985年提出「民法親屬編」修正草案。1987年1月婦女新知與彩虹專案聯合31個婦女、臺灣少數民族、人權、教會等團體，在臺北市舉行聲勢浩大的「反對販賣人口——關懷雛妓」示威遊行。隨後，婦女新知和彩虹持續發起一系列活動，包括舉辦座談會、組織萬人簽名運動、到政府部門陳情等。持續而密集的行動終於促使臺灣「警正署」成立「正風專案」，嚴格命令各縣市警察局加強檢肅販賣人口活動，取締不法色情行業，若有警察包庇色情，將予以記過免職，主管並受嚴重連帶處分。總體上，80年代的婦女運動仍然遵循溫和的策略，但無論是體制內還是體制外，都已經開始小心謹慎地進行一些試探性的政治參與。

2.值得關注的幾個特徵：

延續新女性主義的溫和路線，保持策略性的低姿態，並加以發揮，以退為進，是這一時期婦女運動的最明顯之處。相較於當時其他具有一定規模的社會運動，如消費者運動、環保運動以及黨外反對運動等，婦女運動幾乎談不上什麼規模，甚至根本還處於爭取社會認同的階段。在這種情況下，婦女運動必須繼續以其策略性的低姿態和妥協溫和的性格來維持婦女運動在某種程度上的彈性空間，「面臨強勢文化的高壓時，認同強勢文化的價值，隱沒自己的文化，以主流的『語言』，即強勢者的遊戲規則，進入強勢文化主導下的歷史舞臺」[118]。

活動方式上，她們透過合法雜誌社來推行活動，並以各種「開發婦女人力資源」、「激發婦女潛能」等較平和中性的詞語來避免社會的負面評價，吸引更多的婦女來參加。甚至，她們採取以退為進的策略，將女性塑造成特別需要同情和幫助的對象，以爭取女性權益相關法案的通過。如，在「優生保健法」在立法院討論期間，婦女新知一方面發動婦女團體聯合簽署墮胎合法化的「婦女意見書」送進立法院。另一方面透過媒體製造輿論，將女性描述成「被迫的」、「不幸的」、「可憐的」「無知少女」，刻意強調她們年輕、純潔無知和易受傷害的一面，爭取社會的同情[119]；同時，一一列舉非法人工流產引起的疾病和傷害，以及由此造成的個人不幸和單親家庭、貧窮、少年犯罪、低生活品質等潛在的社會問題，從而導出「需要我們伸出溫暖的雙手」予以救助保護的結論。自然，這其中的「我們」既指具有保護弱者的能力與權力的國民黨當局，也指立法院裡握有「立法」大權的袞袞諸公。甚至，婦女團體刻意避而不談婦女的身心健康，而肯定優生保健的意義在於控制人口增長，以及減少因人口品質不佳而帶來的社會成本，以迎合執政當局的人口政策。雖然臺灣墮胎合法化根本原因在於當局為經濟發展而節制人口的需要，但婦女團體巧妙運用心理戰術成功推動婦女權益法案，這表明她們在掌握議題爭取權益上較之新女性主義運動前進了一大步。

　　與政治保持一定的距離，但又嘗試與政治體制對話以改善女性的集體處境，這種與政治的微妙關係是這一時期婦女運動的又一特徵。1979年，「美麗島事件」發生，呂秀蓮被捕入獄，新女性主義運動遭受重大挫折。這一事件使婦女新知的成員引以為戒。為了在威權體制的控制下保持婦女運動的生存空間，婦女團體決定強化婦女運動的「非政治」色彩。在婦女新知的各項活動中，婦女新知一再強調「性別議題超越政治」，聲稱「與所有政黨保持等距」，儘量不捲入政治運動中。在婦女新知成立後的五年間，除了與法律有關的活動必須牽涉到立法院之外，大部分的活動都不會將選舉（如1985年臺北市議員選舉）和政治抗議事件列入相關的合作範圍。但是，另一方面，婦女團體的社會關懷本身注定了她們的活動無法與政治絕緣，各項與婦女權益相關的法案的修改，需要執政的國民黨首肯，還需要立法院的立案審議。因此，如上所述，我們看到，婦女團體對執政黨婦女政策的迎合，以及「無知少女」的女性形象塑造，所有這一切，都是為了

淡化婦女團體推動「優生保健法」這一活動過程的政治對抗色彩，順利達成婦女團體的目標。這既是婦女團體的策略性低姿態，也是婦女團體面對強權政治不得已而為之的權宜之計。1985年婦女團體呼籲社會關心雛妓問題、1987年「反對販賣人口」行動促成當局設立「正風專案」，都沿用了這一策略。可以說，從1979年「美麗島事件」到1987年解除戒嚴期間，婦女運動一方面強調自己的「非政治」色彩，一方面小心翼翼地進行了一些試探性的政治參與，並取得了與體制對話的初步成效。一些符合主流社會價值觀的議題，如雛妓問題和色情問題，或順應執政當局政策走向的訴求，如「優生保健法」的推動等，都得到了國民黨當局選擇性的積極回應。而這也使婦女團體看到體制內力量的重要，轉而鼓勵更多的女性透過公職人員選舉進入政治體制。

此外，婦女研究開始出現，並以另一種方式參與和推動婦女運動，成為這個時期婦女運動發展的一個新動向。80年代臺灣的高等院校開始出現以婦女為主體的女性研究機構，1985年9月1日成立的臺灣大學人口研究中心婦女研究室（1999年改名為「臺灣人口與性別研究中心婦女與性別研究組」，簡稱「臺大婦研」）代表了這種發展方向。它主要透過廣泛收集和整理資料，加強同國外學者的合作與交流，對婦女問題進行系統研究；透過舉辦學術研討會，邀請不同學科的專家學者就婦女面臨的問題如「婦女在國家發展過程中的角色」、「變遷中的性別角色」等進行探討[120]。透過對女性議題的討論，喚起社會對婦女問題的重視，並針對婦女面臨的具體困境，提出各種解決方案，以達到提升婦女地位與保障婦女權益的目的。傳統學科中的心理學、社會學、生理學等學者，也開始以女性主義的視角，從事跨越傳統學科領域的婦女研究工作、出版著作、編輯目錄、舉辦相關研討會等。此外，婦女研究學者還進一步反省臺灣婦女運動的經驗，探索婦女運動未來的發展模式，以及女性價值對社會產生的影響，並以她們所具有的知識，對婦女運動給予指導和推動。這樣一來，代表「運動型」婦女運動路線的婦女新知，以及代表學院派婦女運動路線的臺大婦女研究室，開拓了臺灣婦女運動朝向「運動翼」與「學院翼」的雙向發展[121]。至此，社會實踐層面的婦女運動和理論研究層面的女性研究共同構成了臺灣女性主義運動的規模隊伍。而這兩種不同方向的婦女運動路線之間不可避免地存在一些路線之爭和觀念

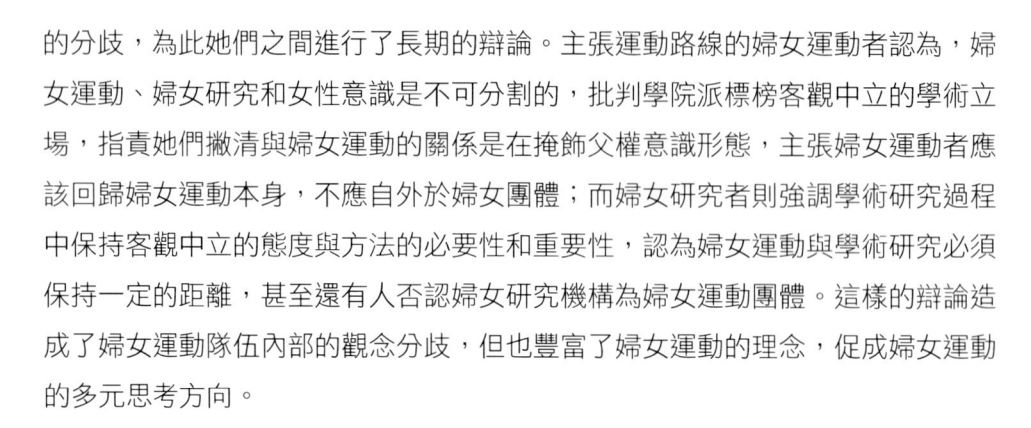

的分歧，為此她們之間進行了長期的辯論。主張運動路線的婦女運動者認為，婦女運動、婦女研究和女性意識是不可分割的，批判學院派標榜客觀中立的學術立場，指責她們撇清與婦女運動的關係是在掩飾父權意識形態，主張婦女運動者應該回歸婦女運動本身，不應自外於婦女團體；而婦女研究者則強調學術研究過程中保持客觀中立的態度與方法的必要性和重要性，認為婦女運動與學術研究必須保持一定的距離，甚至還有人否認婦女研究機構為婦女運動團體。這樣的辯論造成了婦女運動隊伍內部的觀念分歧，但也豐富了婦女運動的理念，促成婦女運動的多元思考方向。

3.運動成果與社會影響

這一時期的婦女運動，較之70年代的新女性主義運動，在運動規模和社會影響方面，都取得了很大的進展，得益於社會環境的改善。這一時期的婦女運動團體數目增多，婦女隊伍組織擴大，運動議題逐漸多元，婦女運動的理唸得到進一步充實和豐富。除了婦女新知，其他團體相繼成立，婦女運動的自主性力量增強。但是，婦女運動仍不敢急躁冒進，仍遵循了70年代的溫和策略，運動議題在小心謹慎的選擇中逐漸多元化，主要圍繞溫和中性的自我成長、婦女保護和兩性對話來展開，後期緩慢漸進到挑戰性別歧視，爭取女性的工作權，但仍著重於抽象的社會公平，不敢有過分挑戰傳統價值觀的言辭與舉動。策略選擇上也開始由個人成長逐漸轉向體制內的制度改革，並透過街頭運動和「立院」陳情以及塑造女性的弱者形象等策略性手段，進行一些試探性的政治參與。事實證明，只要議題的選擇和推動方式順應當局的政策走向，或符合主流社會的價值，婦女團體的訴求就可能得到執政當局的積極回應。同時，女性主義研究的出現，從另一側面推動了臺灣女性主義運動的發展。如果説，婦女新知等團體以各種活動維護了婦女的切身利益，那麼，婦女研究的出現，則致力於從思想意識上扭轉人們對於性別的刻板印象。兩者相輔相成，共同豐富了臺灣女性主義運動的內涵。可以説，80年代前期為臺灣婦女運動的力量集結期，婦女新知等其他婦女團體在各種婦女運動中共同成長，為解除戒嚴以後婦女運動的蓬勃發展蓄積了必要的能量和豐富的經驗。

80年代的臺灣，政治氣氛相對寬鬆，政治體制的逐漸開放和經濟現代化使人們對威權的敬畏減輕，自主意識和批判意識逐漸增強，人們對不同價值的容忍程度有所提高。在這樣的社會土壤中，女性主義思潮順利扎根成長，含苞待放。人們對女性話題的態度有所調整，無論在家庭、學校或社會，兩性的話題都有了更廣闊的討論空間，儘管這未必代表人們對於女性主義思潮的全盤認可和接受。部分臺灣學者如姚李恕信於1979至1984年之間的實證調查研究顯示，即使在都市工作的中產階級婦女之間，女性主義仍深受懷疑，受訪的「高成就職業婦女」們就告訴她，女性應以無懈可擊的工作成績來爭取平等，而不是口頭的抗爭，她們以為女性有卓越的表現便可以贏得尊重和平等地位，卻並未在意大部分女性在工作上所遭受的性別歧視和工作與家務的雙重負擔[122]。顯然，女性主義雖然廣為人知但並未為人們，尤其廣大女性所理解和接受，性別批判意識的喚起與普及仍是婦女團體面前的漫漫長路。同時，國民黨當局的政策制定仍是以「國家」為思考的中心，比如「優生保健法」的討論過程中關注的是生育與經濟的關係而非婦女的健康問題，與五十年代關於人口政策的辯論如出一轍。國民黨當局在政策思考過程中仍會忽略女性的主體性，婦女問題仍是個人問題而未能成為當局思考範圍內的社會問題。但有所不同的是，婦女團體不再沉默，她們以較之新女性主義更加策略的手段為女性的處境發聲並爭取到一些切實的利益，開創了女性走進體制參與政治過程的先河，更以此激勵了部分女性走出家庭進入正在開放的政治體制。而政治體制的日漸開放，其他社會運動的蓬勃興起並和女性主義運動互相支援滋養，諸多因素交互作用，為婦女運動推動下婦女個人的自主性參政營造了適當的空間。

第三節　非國民黨籍婦女主動參政的初步嘗試

70年代的「外交危機」促成了蔣經國進行的政策調整，他開始實施「革新保臺」路線，大力提拔「青年才俊」和推行「本土化」政策，促成了以大陸籍傳統官僚勢力為主的國民黨政權同親國民黨臺灣地方勢力的結合，擴大了國民黨在

臺灣的統治基礎，部分化解了人們對於其統治正當性的質疑。另一個客觀上的積極意義，就是給包括婦女在內的廣大民眾提供了參與政治的多種有效渠道。

一、威權鬆動與政治空間增長

提拔「青年才俊」並非蔣經國的發明，而是國民黨的一貫主張。早在60年代初，蔣介石就不斷強調「中興以人才為本」，明確提出「今後黨從小組起，一直到中央委員、中央常務委員，以及中央各處、組、會主管同志，都要……隨時發現人才、考核人才、培植人才，至少每一年應舉薦一人，其他軍政主管同志，亦皆望共體此意，切實注重」[123]，要求各級組織注意培養和舉薦年輕人以給國民黨充實新鮮血液。但總體上，當時的提拔「青年才俊」仍停留在政策宣示層面，那段時間內黨政系統裡青年人嶄露頭角的例子屈指可數。直到蔣經國擔任「行政院長」之後，這項工作才有了真正意義上的突破，從而實現政治權力的逐步開放和國民黨政權的「本土化」。

1.提拔「青年才俊」與「本土化」

1972年，蔣經國出任「行政院長」後並迅速掌握實權，臺灣進入蔣經國時代。蔣經國出任「閣揆」後，面對臺灣社會矛盾發展、國民黨出現政治危機的局面。為了應變求存，他開始調整權力結構，實行「革新保臺」路線，推行年輕化、本土化政策，大量起用和提拔臺籍青年才俊和有「地方基礎」的臺籍官僚，擴大國民黨的統治基礎，以部分化解因「外交危機」而帶來的對國民黨統治正當性的質疑，也有效地疏解了臺灣民眾要求參政的壓力。

初任「閣揆」的蔣經國，為顯現出新人新政，首先在「組閣」時進行大膽改組，起用了不少臺籍新人，其中，有「行政院副院長」徐慶鐘、「內政部長」林金生、「交通部長」高玉樹和七名「政務委員」中的三名臺籍人士：李登輝、連震東、李連春。同年，臺籍人士劉闊才被國民黨推選為「立法院副院長」，戴炎輝被推為「司法院副院長」，謝東閔被任命為臺灣省省主席。無疑，這一人事上的大調整，獲得了臺灣民眾的交口稱讚。當時的《聯合報》評論道：

「第一是如我們所期望的，這次的人事調整幅度較大，而同時及於臺灣省政府及臺北市政府，有力地象徵了我們所說的新階段的行政院的意義；第二是進一步起

用與徵召了本省籍俊彥，擔任國家重要政務。如副院長、內政部長、交通部長、臺灣省主席、臺北市政府，都是當前國家行政的重要據點。現概由本省籍人士出任，固是恢弘地方志士之氣，共赴國難之道⋯⋯臺灣省政府由省籍人士首任主席，尤可激發本省同胞為桑梓服務，提供貢獻；第三是新閣人士不少由地方出任中央要職者，如高玉樹、林金生、李登輝、張豐緒氏都是政府拔擢長才的行動。尤其張豐緒氏由一縣之長而躍任臺北市市長，更見政府破格起用人才的至意，也反映了蔣院長的求新求行決心與魄力。」[124]

1973年，臺籍人士周百鍊又被國民黨推選為「監察院副院長」。這樣，在一年多的時間裡，國民黨的「中央」政權向臺籍人士敞開了大門，「行政」、「立法」、「司法」、「監察」四院的「副院長」，和「內政部長」、「交通部長」以及將近一半名額的「政務委員」，還有臺灣地方最高行政長官臺灣省省長的職務，都由臺籍人士出任。此後，在蔣經國的主導下，這一政策繼續暢行無阻。1978年，蔣經國提名謝東閔為「副總統」，1984年，臺籍人士施啟揚出任「法務部長」，1987年，臺灣人黃尊秋和林洋港分別出任「監察院長」和「司法院長」，原來由臺籍人士出任的兩院「副院長」仍然由臺籍人士擔任。至此，國民黨的政務系統基本實現本土化，高層職位基本上全部向臺灣地方人士開放。

在黨務系統方面，蔣經國於1975年當上黨主席後，加快了提拔臺籍人士進入國民黨決策中樞的中央常務委員會的節奏。1976年11月，國民黨十一屆一中全會增選林金生、蔡鴻文（臺灣省議會議長）為中央常委，臺灣籍中常委名額增至5名。1979年12月，十一屆四中全會又增選林洋港、李登輝、邱創煥和洪壽南為中央常委，臺籍名額達到9名。1984年，國民黨召開十二屆二中全會，又增加許水德、高育仁、張建邦、連戰、黃尊秋等5人為中央常委（林金生、蔡鴻文退出，徐慶鐘退休，空缺名額由辜振甫擔任），使臺籍中常委名額上升為12名。1986年，國民黨十二屆三中全會又選出吳伯雄（前桃園縣長吳鴻麟之子）、施啟揚為中央常委，臺籍名額增至14名，占中央常委總數31名的46%[125]。除了國民黨決策中樞中央常委外，臺北市、高雄市的黨部主任及絕大多數地方縣市的黨工負責人，都陸續由臺籍的「青年才俊」出任。至此，「本土化」完成了初期象徵性到後期實質性的飛躍，國民黨政權開始由大陸籍官僚資產階級為主轉為同臺

灣地方實力人物的聯合政權。

　　權力的開放與共享，使國民黨贏得了一批臺籍政治精英的合作，也使大批臺籍青年看到了前程和希望——雖然真正能在政壇平步青雲者畢竟少數，但因此激勵而躍躍欲試者卻不乏其人，無形中也鞏固了國民黨的統治基礎。這批有幸獲得蔣經國垂青的臺籍政治新秀，根據他們攀升的途徑和資歷，大致可做如下分類：

　　一類是具備高學歷和技術專長，從黨政基層做起，憑著工作中的出色表現，依循技術官僚系統的臺階攀升，如李登輝（美國康乃爾大學農學博士，在「農復會」工作出色引起蔣經國注意）、邱創煥（臺灣政治大學碩士，從臺灣省政府的「社會處長」做起）、許水德（臺灣政治大學教育碩士，先後任職於高雄市教育局、省政府和臺北市等）。

　　另一類是具有顯赫的家世背景和傲人的高學歷，他們最容易成為「空降部隊」，如連戰（黨內臺籍元老連震東的兒子，一代大儒連橫的孫子，美國芝加哥大學政治學博士，一踏入政壇就出任臺灣當局駐「聯大代表團顧問」）。

　　還有一類是純粹的學者型政治人物，如施啟揚（西德海德堡大學法學博士）、林清江（留英博士）等，他們與國民黨沒有任何淵源，也沒有什麼顯赫背景，但有過人的學識，在承認國民黨統治合法性的前提下，辛辣尖銳地抨擊時弊，多因其改革的理念被國民黨延攬提拔。

　　最後一類是透過「民選」渠道參政，競選上縣市長、省議員之後，因擁有民意基礎和政績，受到國民黨當局賞識而得以提拔。如林洋港（1967年當選「十大傑出青年」，後被國民黨徵召參選南投縣長成功，成績突出，後歷任臺灣省建設廳長、臺北市市長、臺灣省主席、「行政院副院長」、「司法院長」等職）、高育仁（1973年代表國民黨參選臺南縣長成功，1979年升任國民黨中央祕書處主任，1982年當選省議長，1984年當選國民黨中常委）、吳伯雄（1968年作為國民黨候選人當選臺灣省議員，時年29歲，1972年代表國民黨競選桃園縣長成功，1982年出任國民黨中央祕書處主任，1984年當上「內政部長」，1986年當選國民黨中常委員）、張豐緒（1964年代表國民黨競選屏東縣長成功，1972年被蔣經國提拔為臺北市長，後任「內政部長」、「行政院政務委員」等職）等，

這批人學歷一般是大學畢業，地方上或許有些微的人脈資源，但紮實的群眾基礎和基層經驗是他們仕途暢通的資本，他們最容易成為有志於從政的臺籍青年的模仿對象。

不可否認，這批政壇新秀的崛起，對國民黨和臺灣政治的民主化造成了深遠的影響作用。輿論界普遍認為蔣經國提拔「青年才俊」的做法是其政治革新的主要成就，蔣經國本人則表示他在臺灣的所作所為，有兩件事「略可安慰」，「一是和一般民眾建立了深厚的、誠摯的感情，互相理解，互相體會；二是培養了很多優秀青年」[126]。

2.「法統」紛擾與「國會」輸血工程

蔣經國主導的「本土化」方針在國民黨的黨、政系統都得到了順利地進行，軍隊系統也在大量吸納外省籍第二代中逐漸向本省籍人才開放，但有一個問題——「中央民意代表」的選舉問題，也就是國民黨政權的「法統」問題，卻無法解決，它成了「本土化」無法踰越的鴻溝。

國民黨制定「法統」時的社會環境注定了「法統」日後面臨的各種問題。從「法統」的內容來看，國民黨視為神聖的「法統」的主要構件為《中華民國憲法》和《動員戡亂時期臨時條款》。《中華民國憲法》體現了孫中山「權能區分」、「五權分立」的思想，並以此確立了包括最高政權機關「國民代表大會」和行使治權的五院（「行政院」、立法院、「監察院」、「司法院」和「考試院」）在內的「中央政府體制」，也就是日後國民黨據以統治臺灣的「憲政體制」。根據頒布《中華民國憲法》時的規定，「憲法」自1947年12月25日正式實施，也就是說，開始正式進入「行憲」時期。適逢國內戰爭中國民黨軍隊節節敗退之時，於是，「國民政府」以「行憲和戡亂並行不悖」為由提請「國民大會」制定《動員戡亂時期臨時條款》並於1948年4月18日通過。

1949年，國民黨政權匆匆遷移臺灣，以「中國唯一合法政府」的名義統治臺灣。其政權傳承合法性的法律依據（也就是「法統」）則是《中華民國憲法》和凌駕其上的《動員戡亂時期臨時條款》，以及作為「法統」象徵的三個由大陸去臺的「中央民意代表機構」即「國民代表大會」、立法院和「監察院」。但

是，僅從一般的憲法學概念來理解這個問題是不夠的，臺灣的「法統」自有其特殊性所在。國民黨政權從到臺那天起其統治臺灣的「合法性」就一直受到國人包括臺灣民眾的質疑。事實上，「中華民國憲法」以包括大陸、臺灣在內的整個「中華民國」為法域，而敗退臺灣的國民黨政權，其實際統治權僅及於占全國領土面積1/267、人口1/55的臺、澎、金、馬地區。以「中華民國」之名行使對其中一省臺灣的統治，自始就缺乏法理依據，造成「法統」的社會基礎與現實嚴重不符。而國民黨歷來把臺灣的「憲政體制」視為其作為「中國政府」對臺灣行使統治權的正統法理傳承，藉以證實其統治的「合法性」。因此，「臺灣的『憲政體制』極為特殊，包含有『象徵性』和『實用性』兩個方面，而且前者重於後者」[127]。而「法統」的象徵性正是影響臺灣民眾認同「中華民國」的重要因素，因此成了國民黨當局不可碰觸的禁忌。延續「法統」的需要要求確保「中央民意代表機構」中大陸各地代表的絕對多數，而「本土化」的方向則與此相反，由此埋下了「法統」和「本土化」之間不可調和的矛盾種子。

「法統」的象徵機構，三個由大陸去臺的「中央民意代表機構」即「國民代表大會」、立法院、「監察院」，是帶來「法統」困擾的直接根源。所謂的「中央民意代表」，去臺人數嚴重不足，據統計，「國大代表」法定名額為3045人，1947年實際選出2953人，1950年到臺的「國民代表」共1090名，僅占法定名額3045人的35.8%，「立法委員」479名，占總額773名的61.9%[128]，到1952年，去臺「監察委員」共158人，占全部223名的70.8%[129]，「法統」殘缺不全，根本不具有「全民」的代表性。按照「國民大會組織法」第8條規定，「國民大會」需要過半數的代表出席才能開會，並有過半數的同意才能通過決議，這樣，去臺代表人數根本達不到開會人數要求。為了湊足開會人數，立法院在1953年9月緊急制定「第一屆國民大會代表出缺遞補補充條例」，陸續將各省原本落選或經政黨協調而退出者予以遞補，在1954年第一屆「國大」第二次會議召開（選舉第二屆「總統」）時，湊夠出席人數1578人。但出缺遞補有時仍不足以解決人數名額不足問題，後來，立法院在1953年將這條款修正為「國民大會非有代表三分之一以上人數之出席不得開議」[130]，直接將議事人數門檻由二分之一改為三分之一。

與此同時，因國民黨當局偏安臺灣，造成「中央民意代表」無法進行定期改選，「法統」危機之一由此而生。按1947年「憲法」規定，「國大代表」、「立法委員」和「監察委員」的任期分別是6年、3年、6年。1951年，第一屆「立法委員」任期屆滿，卻無法進行改選。國民黨當局採取「行政院」會議通過、提請「總統」核可，使第一屆立委得以暫行「立法權」一年，第二、第三年如法炮製，補救了立委任期危機。1954年，「監察委員」任期屆滿，為避免年年延長、年年補救的窘況，國民黨當局搬出具有「憲法」解釋權的「司法院大法官會議」，以「釋字第三十一號解釋」稱：「國家發生重大變故，事實上不能依法辦理次屆選舉時，若聽任立法、監察兩院職權之行使陷於停頓，則顯得與憲法樹立五院制度之本旨相違，故在第二屆委員未能依法選出、集會與召集以前，自應仍由第一屆立法委員和監察委員繼續行使職權」[131]，「國大代表」問題已在此前依此思路予以實際操作。經過這一曲解，「中央民意代表」成為終身職務，這就是臺灣「萬年國會」和「資深代表」的由來。國民黨當局透過賦予「萬年國會」以法源及降低「國會」議事人數門檻等手段，一勞永逸地解決了「法統」人數不足、無法改選的難題。而臺灣的「萬年國會」也因此成了創世界紀錄的「憲政怪獸」，「臺灣的『憲政』不僅患有先天性的發育不良——制憲和行憲的『國代』都由國民黨包選產生，不僅受制於『臨時條款』而『高位截癱』，而且還患有致命的『血癌』——無法進行『中央民意代表』的新陳代謝」[132]。

　　隨著時間的流逝，臺灣的「萬年國代」日漸老邁凋零，「國會」減員不斷，後繼乏人，實際議事功能嚴重下降。在不觸動「法統」的前提下，國民黨當局開始在「憲政」框架之內有限度地充實「中央民意代表」，這就是「國會」輸血工程，即透過「補選」或「增選」的辦法充實「國會」成員。1969年國民黨當局制定了「中央民意代表」的增補選辦法，當年從臺灣補選出顏欽賢等15名「國大代表」，黃信介、劉闊才、郭國基等11名增額「立法委員」，周百煉、蔡章麟兩名「監察委員」。他們和1947年選出的「中央民意代表」一樣不必改選，而被融入「法統」成為「萬年國會」的一員。但少量增補的修補措施，不能令臺灣民眾滿意。因此，當國民黨政權在70年代遇到「外交」危機需要臺灣民眾支持時，封閉的「國會」體制被迫再繼續開放。1972年蔣經國任「行政院院長」

後，制定「增額中央民意代表」選舉辦法，並將這一定期改選制度化、固定化，既暫時緩解「法統」危機，也為其新政增色不少。從1972年到1986年，逐次擴大「增額代表」的選舉名額，「增額代表」選舉名額為「國代」由53人擴至84人，立委由36人擴至100人，「監委」名額由15人增至32人[133]。「萬年國會」的逐漸開放，雖然也在同時侵蝕「法統」體制根基，但顯然有助於平息批評並提高臺灣的政治和諧度，減輕來自臺灣社會的壓力。「國會」輸血工程使一向為大陸籍官僚集團所把持的「中央」政權機構有了些微的鬆動，加上臺北市和高雄市分別於1967年和1979年升格為「直轄市」後舉行的市議員選舉，共同為臺籍人士開闢了更為廣闊的參政渠道。在日益增長的政治空間裡，各種黨外勢力開始活躍於種類增多級別漸高的選舉中。在婦女運動推動下和黨外反對勢力的帶動下，一部分女性開始走向社會，登上政治舞臺，女性在政治參與上開始邁向主動參政時期。

　　二、各級公職人員選舉和婦女參政情況

　　70、80年代的內外社會變遷使臺灣封閉的政治體制開始鬆動，國民黨當局的威權性格逐漸削弱，相應地，這段時間成了臺灣民眾社會力快速積聚的時期。從1969年開放「中央民意代表」增、補選舉開始，期間臺北市和高雄市相繼升格後舉行市議員選舉，到1987年解除戒嚴，徹底解除黨禁、報禁，這段時間內大量增加的各種公職人員選舉成為臺灣民眾試探性挑戰威權體制的競技場。女性參政在數量上有所增加，級別上有所提升，開始由早期的消極被動轉向主動參政。

　　1.「中央民意代表」選舉女性參選情況

　　從表2-1和2-2可以看出，無論是「國大代表」選舉還是「立法委員」選舉，婦女的參與人數、當選人數都在逐漸增多，尤其值得關注的是超過婦女保障名額的數目在增多，顯示開始有婦女具備了與男性同等競爭的實力，雖然這樣的女性人數仍然極少。

　　表2-1　增額「國大」代表選舉女性參選概況（1969-1987）

年別	候選人數 總數	候選人數 女	候選人數 %	婦女保障名額	當選人數 總數	當選人數 女	當選人數 %
1969年	29	2	6.9	2	15	2	13.3
1972年	78	10	12.8	5	53	8	15.1
1980年	185	17	9.2	7	76	12	15.8
1986年	169	25	14.8	8	84	16	19.0

資料來源：1.「中央選舉委員會」編印《「中華民國」選舉簡介》，1990年；2.《「中華民國」統計年鑒》「中華民國」七十四年，「行政院」主計處編印，1986年；3.「中央選舉委員會」編印《增額中央民意代表選舉紀要》第四輯，1990年；4.黃秀政《戰後臺灣婦女參政問題的檢討——以婦女保障名額制度為例》，《臺灣文獻》第56卷第1期，2005年6月。關於選舉的補充說明，見註釋134。

表2-2　增額「立法委員」選舉女性參選概況（1969-1987）

年別	候選人數 總數	候選人數 女	候選人數 %	婦女保障名額	當選人數 總數	當選人數 女	當選人數 %
1969年	25	4	16	0	11	0	
1972年	55	6	10.9	3	36	4	11.1
1975年	61	4	6.6	3	37	4	10.8
1980年	218	17	7.8	5	70	7	10
1983年	171	22	12.9	5	71	8	11.3
1986年	137	12	8.8	6	73	7	9.6

資料來源：同上。

1969年10月，臺灣當局宣布補選「國大代表」15名，增選「立法委員」11名，共26名。當年只有「國大代表」人數達到設立婦女保障名額，故「國代」當選人數中有2名女性，11名增額「立法委員」全是男性，直接選舉出來的增額26名「中央民意代表」新成員中也就只有2名女性，婦女在「中央民意代表機構」的參與還沒擺脫依賴保障名額而得以提名當選的情況。

1972年，這種情況有所改變。在1972年的增額選舉中，選舉名額大幅度增長，許多在地方基層已經培植實力的地方政治人物得以向「中央」機構進軍，婦女在「中央民意代表」的參選與當選人數都呈現逐屆提高，「國大代表」選舉尤其明顯，這應該與當時的「憲政」設計中「國大」地位居三個「中央民意代表機

構」之首有關。而無論是「國大代表」還是「立法委員」，這一年的女性當選人數都超過了婦女保障名額，具有重要的指標意義。這一年的總當選名額為119人，扣除國民黨遴選名額如僑選代表等21名，只剩下98名由國民黨和黨外人士競爭，結果婦女當選13人，保障名額總數為8名，顯示婦女初步具備和男性平等競爭的實力。臺灣學者劉鐵錚的研究表明，自1972年至1986年這段時間內的增額選舉，「所有當選之女性立法委員均系依賴自身實力，與男性候選人立於平等之基礎上，以較多數之票數，擊敗眾多之男性候選人，且當選之人數更超越保障名額之人數」[135]。如1972年當選的增額女性立委有張淑貞、許世賢、張瑞研、周文璣4人，不僅比保障名額多1人，其中張瑞研獲得所在選區第一高票，而許世賢則以全臺第一高票當選；三年後這四人繼續參選成功[136]。原為嘉義市長、素有嘉義「媽祖婆」之稱的許世賢，以65歲高齡轉戰增額「立法委員」選舉而以全臺灣第一高票當選，成為基層民選首長進軍「中央民意代表機構」的成功例子，其耕耘多年的嘉義市政後為其女張博雅順利接手，而嘉義「許家班」也從此成為臺灣政壇上舉足輕重的地方派系。

　　1980年的增額「立法委員」選舉中，婦女保障名額5名，實際上則有7名女性當選，分別為溫錦蘭、古胡玉美、許張愛簾、許榮淑、黃余秀鴛、紀政和於樹潔，其中紀政和於樹潔分別獲得臺北市和高雄市最高票數，而溫錦蘭、古胡玉美及許張愛簾、許榮淑則都是同一選區雙雙當選[137]，表明部分女性的競選實力，已足可與男性比肩。而這一年的選舉中，「立法委員」的遴選名額為20名[138]，在20名的遴選名額中竟然沒有一名女性獲得國民黨提名，顯見，執政的國民黨在提名遴選人時基本上沒有考慮女性代表的問題。當然，這些當選的女性「立法委員」並非從天而降，她們或是憑著自己在基層多年經營的政績，如前述許世賢；或依靠國民黨提名助選，如溫錦蘭；或出身地方派系，得到派系的支持而當選，如彰化紅派的許張愛簾；還有因運動業績而成名的，如紀政，因短跑打破世界紀錄而成為70年代的臺灣名人。她們的積極參選與獲得提名應該得益於當時日見開放的社會風氣下女性日漸增長的參政意識與社會對女性參政的認可，而這則應歸功於婦女運動多年的工作。

　　同時，值得注意的是，70年代逐漸成形的政治反對勢力也在選舉中得到反

映，成為這一時期影響選舉的又一個重要因素。1979年「高雄事件」爆發，次年的「軍法大審」全島矚目，造就一批「民主英雄」，促成此後的各項公職人員選舉中，非國民黨籍勢力的競選成績有所突破，這一現象同樣體現在女性參選中。如托庇於政治反對運動而當選「立法委員」的許榮淑和黃余秀鸞，以及當選「國大代表」的周清玉。許榮淑於70年代起協助其原夫張俊宏從事政治反對運動，1979年張俊宏因「高雄事件」被捕而成「民主英雄」，隨後許榮淑轉接了張俊宏的政治資源，以「美麗島受刑人家屬」身分參選「立法委員」增選成功。黃余秀鸞是臺灣地方知名人士余登發的女兒，余登發因「匪諜罪」於1979年初被捕入獄，黃余秀鸞「代父出征」參選「立法委員」成功，其長媳余陳月瑛也在其它的地方公職中競選成功。周清玉為前民進黨主席姚嘉文之妻，1979年「高雄事件」後開始參與政治活動，1980年以「美麗島受刑人家屬」身分參選「國大代表」增選成功。此後的1986年，坐在輪椅上的吳淑珍代替獄中的陳水扁參選增額「立法委員」選舉成功。基本上，這一時期「政治事件受刑人」家屬的悲情訴求幾乎無一例外地得到了民眾的支持，「代夫出征」或「代父出征」成為這一時期臺灣女性參政的一個顯著特點。

2.地方選舉女性參選情況

首先需要說明的是，這一時期，由於「中央民意代表機構」的逐步開放和臺北、高雄市升格後舉辦的市議員選舉，女性在公職人員選舉上的參與機會大為增多，地方選舉方面女性參政的級別增多，層級也在提高。為了便於論述，對於這一時期女性參與地方公職人員選舉的描述，將集中在省、市議員以及縣市議員這一層級，對於鄉鎮層級的民意代表選舉將不再關注。

在地方各級民意代表的選舉中，從表2-3到表2-6的統計資料顯示，女性參選與當選的情況都有所改變。1972年舉行的第五屆省議員選舉中，依法應選出女性省議員10名，結果卻產生12名，其中僅有4人依靠保障名額當選[139]，其餘8位都依靠自身實力競選成功。1977年第六屆省議員選舉，女性當選13名，超出婦女保障名額3名，其中托庇於婦女保障名額的仍只有4名[140]，依靠自身力量競選成功的有9位女性候選人。在婦女保障名額（5名）不變的前提下，在1981年的

選舉中女性當選人為7名,比前一屆少了一名,到1985年又有所突破,當選9名,女性省議員所占比率達到17.9%。

表2-3 歷屆臺灣省議會議員選舉女性參選概況(1969-1987)

屆別	候選人數 總數	女	%	婦女保障名額	當選人數 總數	女	%
(1972年)第五屆省議員	121	21	17.4	10	73	12	16.4
(1977年)第六屆省議員	125	23	18.4	10	77	13	16.9
(1981年)第七屆省議員	199	34	17.1	9	77	10	13.0
(1985年)第八屆省議員	158	28	17.7	9	77	13	16.9

資料來源:同上。

表2-4 歷屆臺北市議會議員選舉女性參選情況(1969-1987)

屆別	候選人數 總數	女	%	婦女保障名額	當選人數 總數	女	%
(1969年)第一屆	77	8	10.4	4	48	6	12.5
(1973年)第二屆	63	8	12.7	5	49	6	12.24
(1977年)第三屆	61	8	13.1	5	51	8	15.7
(1981年)第四屆	83	11	13.3	5	51	7	13.7
(1985年)第五屆	74	10	13.5	5	51	9	17.6

資料來源:同上。

表2-5 第一、二屆高雄市議會議員選舉女性參選概況

屆別	候選人數 總數	女	%	婦女保障名額	當選人數 總數	女	%
(1981年)第一屆	81	15	18.5	5	42	6	14.3
(1985年)第二屆	71	13	18.3	5	42	6	14.3

資料來源:同上。

表2-6 臺灣省歷屆縣市議員選舉概況(1969-1987)

屆別	候選人數 總數	女	%	婦女保障名額	當選人數 總數	女	%
（1973年）第八屆	1480	206	13.91	99	850	119	14
（1977年）第九屆	1271	190	14.94	93	857	121	14.11
（1982年）第十屆	1714	229	13.36	89	799	115	14.39
（1986年）第十一屆	1918	268	13.97	97	837	127	15.17

資料來源：同上。

臺北市和高雄市的議員選舉中，當選女性所占的比例一直在13%到18%之間徘徊。高雄市議員選舉進行了兩次，在42個席位中，女性穩定地占有6個名額，比保障名額多1名。臺北市共進行了五屆市議員的選舉，從1969年第一屆到1985年第五屆，各屆女性當選人數都略高於婦女保障名額1到4名不等。顯而易見，這些女性市議員中不乏確有實力競選成功者。限於資料，本文尚無法詳細列出所有當選女性代表中享受保障名額優惠的人數，而臺灣學者的研究表明，這些當選的女性市議員中，同樣不乏依靠自身的能力競選上任者：「臺北市改制後民國六十二年之第二屆市議員選舉時，當選之女性市議員仍較婦女保障名額（5人）多一人，其中半數系『自食其力』；民國六十六年之第三屆市議員選舉時，競選出八位女性市議員，其中仍僅有三人系保障名額之受惠者」[141]。這一現象在基層的縣市議員選舉方面同樣得到體現。同一時期的縣市議員選舉共進行了四次，當選的女性議員所占比例已經穩定在14%以上，且當選人數較之保障名額分別多出20、28、26和30名，顯示出依靠自身能力競選成功者在增多。雖然更詳細確切的依靠保障名額當選的人數尚待資料的進一步印證，但這並不影響此處得出女性參選意願與參選能力同步提高的結論，這較之前期也是一個明顯的進步。

3.同期女性參政述評

1970、80年代的臺灣社會，正處於農業社會向都市化發展的過程中，連帶地促成政治生態的若干改變。由於都市經濟的迅速發展，外來人口急速膨脹，大都會郊區快速發展，大都市邊緣的傳統家族或派系，也因房地產與建築業的發展而更為擴張，與新興財團相互扶持，政商勾結更加緊密。選舉變得更商業化，大量金錢投入競選中，造成買票政治，使賄選問題更為普遍化、大量化。在這一階

段中，地方家族和派系在經濟利益擴張與當局特權支持下，仍然把持地方政治，但因新興財團及黑道勢力的介入，使得原來以情感、個別單純利益與社會關係為取向的地方派系與家族、山頭政治面臨轉型與重組壓力。另一方面，隨著經濟的發展和教育的普及，社會逐漸多元化，中產階級興起，社會結構和選民結構發生變化，獨立選民快速增加；加之包括婦女運動在內的社會運動出現，黨外勢力在聚集，這些都共同營造了一個關心政治、批判政治與參與政治的社會環境。臺灣學者趙永茂將這一時期的政治文化特徵稱為「一個由臣屬型政治文化（subjective political culture）轉向參與型政治文化（participant political culture）的重疊文化性格」，並認為因職業技術精英如律師、會計師等投入地方選舉中而開啟了多元精英政治的時代[142]。

　　女性在政治上的參與情況與社會政治經濟發展變遷有大體一致的表現。民間婦女運動的出現，結束了國民黨主導婦女工作時期女性在社會生活中集體失語的狀況，歷時不長的新女性主義運動開啟了臺灣現代婦女運動的新時代，婦女新知及其他婦女團體的活動以新的技巧策略出發，使源於歐美因應臺灣社會實際而加以剪裁的女性主義思想得以在臺島傳播開來。以上婦女團體共同為改善臺灣女性的集體處境開始與政治體制對話，試圖影響噹局的政策制定，並取得一些實質性的成果。雖然影響仍然極其有限，但婦女已經不再是政治生活中疏離的「他者」，婦女團體成為社會運動中一支活躍的隊伍。同時，隨著經濟發展和教育普及，女性獨立自主意識增強，社會參與程度有所提高。影響所及，部分婦女開始關心政治，轉而主動參與政治。

　　這一時期的各項公職選舉中，女性參選人數與當選人數同步增長，顯示在婦女運動推動社會風氣開放以及教育普及之下女性的參政意願與參政能力有所提高。女性參政由前期消極被動轉向這一時期的主動，也在很大程度上得益於政治體制的逐步開放。在「革新保臺」方針下國民黨當局的部分開放，給包括婦女在內的廣大民眾提供了更廣闊的參政渠道。除了原有的地方選舉，這一時期增加了「中央民意代表」的增額選舉和臺北、高雄市民意代表的選舉，非國民黨的黨外人士活躍於各種公職選舉中，婦女參選與當選人數也在逐漸增多。除了原有的地方派系或家族的代言人，各種新興的社會運動也在其中得到折射，如托庇於政治

反對運動的許榮淑、周清玉、方素敏和吳淑珍等的「代夫出征」都具有鮮明的政治受難者色彩，也有先參與社會民主運動而累積了政治資源的女性如陳婉真、陳菊和範異綠等，也有因體育運動出名轉而投身社會運動和政治運動者如紀政，更不乏先參加女性運動轉而投身政治者如呂秀蓮、彭婉如等。但總體上，與前期相比，這時期的女性參政，只能說得益於女性主義運動和社會發展變遷下的婦女參政意願與參政能力有所提高，但這些女性代表在真正的政治生活中的影響作用尚遠遠不及婦女運動的影響來得實際和有效，嚴格意義上，婦女參政只能說還處於起步階段。

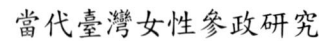

第四章　解除戒嚴以來婦女積極參政（1987-2008）

　　1980年代中期之後，國際潮流發生重大變化，和平與發展、民主與改革成為國際政治發展的主流，專制獨裁政治日益不得人心。國民黨「一黨專政」的政治體制卻與國際潮流的這種發展趨勢背道而馳，顯然不能適應國際形勢發展的新趨勢，也越來越難以得到國際社會包括美國的認同與支持。同時，大陸的發展和中共調整對臺工作方針也造成了國民黨的外在壓力。1980年代以來，大陸在改革開放的政策下，經濟建設取得驚人進展，黨和國家領導人相繼提出了和平解決兩岸問題的設想，以「和平統一」取代武力解放，並主動採取降低敵意、緩和對峙的措施，使海峽兩岸緊張情勢逐漸趨於緩和。「這些中共的改變，也要求國民黨在專注於軍事防衛之外，必須思慮政治上、經濟上可能受到的衝擊」[143]，兩岸關係的新變化給國民黨當局造成了強大的壓力，導致臺灣當局藉口非常時期而制定實施的「戒嚴法」、「動員戡亂時期臨時條款」等眾多法規的根基發生動搖，迫使國民黨當局在無意談判統一卻又無能反攻大陸的情況下，尋求新的對策以擺脫被動地位。為此，它必須改變其一黨集權的專制統治，實行以多黨競爭和制衡為主要內容的民主型政黨政治，以強化國民黨政權的正當性和合法性。

　　臺灣民眾要求民主反對專制的呼聲形成國民黨當局的另一股壓力。1987年，蔣經國宣布解除「戒嚴」，打破了統治臺灣長達38年之久的「戒嚴體制」。隨著黨禁報禁的解除和各種限制人民基本言論集會權利法令的修改，國民黨的控制系統鬆動，政治活動空間急劇擴大，社會中因戒嚴體制而被高度壓抑的各種不滿情緒如山洪般爆發，社會團體大量湧現，各種社會運動頻發，群眾動輒上街遊行、示威抗議，造成「社會運動在80年代中後期後，已是日常生活中常見之事」[144]，使國民黨意識到，透過「一黨專政」操控一切的舊統治方式難以奏效，「勢必要和這些力量妥協，也就是必須不斷調整自己，慢慢變成一個比較

民主的政黨」[145]。1988年，蔣經國逝世後，李登輝接任「總統」，經過一番權力角逐之後當選為國民黨黨主席，進一步掌握了黨政大權，臺灣進入李登輝時代。90年代，在國民黨主導下，「法統」不可碰觸的禁忌打破，「國會」全面改革，政權全部開放，「本土化」方針得到質的飛躍。早在1986年搶灘成立的民進黨，在解除黨禁後，其政治反對運動得以公開化、合法化，更在「國會」改選等各項選舉中積極布局與國民黨爭奪政治資源，政黨政治初步形成。在2000年的領導人選舉中，民進黨因國民黨的分裂而漁翁得利，取得政權，實現了第一次政黨輪替，始於蔣經國時期的本土化經過李登輝的刻意操弄到了民進黨時期成了「去中國化」，省籍、族群成為這個時期政治爭鬥中可資利用的口號並延伸到社會生活的各個角落。1970、80年代的經濟政策調整和此前的經濟建設已經結下碩果，臺灣成為「亞洲四小龍」之一。90年代以來的臺灣經濟仍在調整發展中，但對前期成果的安享使這一時期經濟的發展成為社會生活中的次要話題，讓位於諸如「國會」改選等重大政治議題。

　　與此同時，世界範圍內的第三波女性主義思潮席捲全球，共同催生了將引領21世紀人類文化風向的社會性別主流化世界潮流。在這一世界潮流推動下，搭乘臺灣政治大解禁的順風車，90年代臺灣的女性主義運動獲得了蓬勃發展，「政治機會的增加與動員能力的提升使得婦女運動更具發展的條件和基礎，一改之前的溫和、妥協與小心翼翼。臺灣的婦女運動隨著國家統治體制的轉型而變得較為自信與勇敢，也愈顯強悍與理直氣壯」。[146]與西方女性主義運動曾經和種族運動等弱勢族群結合一樣，臺灣婦女運動的發展也藉助了與其它社會運動如環保、人權等社會運動尤其政治反對運動的結合，既能在彼此的滋養中壯大能量，更以此獲得道德訴求上的正當性，而由此衍生的問題也一一顯現。正如事物在不同的發展階段有不同的特徵，社會運動在不同的歷史時代也各有其鮮明的時代特色。第三波女性主義思潮中，後結構主義的影響成為嵌入式存在，差異與多元成為主要的理論關注點。相應地，90年代臺灣的女性主義運動則出現了政治認同、性別認同等新元素的糾葛，呈現更加豐富多元的面貌。影響所及，女性參政在政治解禁環境下取得大突破的同時，意識形態之爭等問題也如影隨形，大批參政的女性面臨身分與主體認同的迷思，女性參政甚至有淪為政黨鬥爭工具之虞。

第一節　解除戒嚴以來的社會轉型

　　1986年3月，國民黨召開十二屆三中全會，在蔣經國的強力主導下，國民黨提出「政治革新」的設想，並成立「政治革新12人小組」，負責制定具體的內容。6月，「政治革新小組」提出「政治革新六項議題」：第一，充實「中央民意機構」；第二，地方自治法制化；第三，制定「國家安全法」；第四，制定民間團體組織法；第五，強化社會治安；第六，黨務革新。10月，國民黨中常會確定了「政治革新」將立刻實施的兩項方案：停止「戒嚴令」；修改「人民團體組織法」，解除黨禁。「政治革新」的實施，使臺灣的政治體系和政治結構發生了明顯而深刻的變化，大陸學者劉國深認為，「政治革新是戰後臺灣政治發展的歷史性轉折點……具有劃時代的意義」[147]。另一大陸學者金泓汎則將80年代中期稱為臺灣政治轉型期，認為「這是在10餘年醞釀政治轉型的基礎上出現的實質性轉型階段……在轉型期的實施階段，臺灣的政治將從『極權型』專制政治變為『開明型』專制政治」[148]。無論何種表述，可以肯定的是，此後國民黨的一些將從根本上改變臺灣政治生活的一系列重大決策，都肇始於其「政治革新」設想。「政治革新」不僅改變了政治生活的風向，其影響深深滲透到社會生活的各個領域、各個方面，包括民眾的文化性格等等，它成為80年代末以來推動臺灣威權體制瓦解和社會整體轉型的主要動力。

　　一、威權瓦解與政權本土化

　　國民黨實施「政治革新」，臺灣的政治轉型在一些重要方面開始見諸行動。1987年7月15日，蔣經國宣布取消「戒嚴令」，意味著國民黨當局終於正面兩岸關係發展改變的現實，不再以具有濃厚軍事意味的「戡亂復國」為目標。雖然威權體制的真正終結仍需等到「動員戡亂時期臨時條款」的結束，但「戒嚴令」的取消猶如一把鑰匙，把專制體制多年禁閉的大門打開了，展現在人們面前的是一片廣闊的政治參與新空間。隨後，國民黨修改「人民團體組織法」，解除黨禁，默認了民進黨的成立。在此之前，國民黨的「一黨專政」是臺灣專制統治的核心，蔣家父子藉此維持了幾十年的專制統治。在國民黨的「一黨專政」下，臺灣

的政治體系均在國民黨的控制下運轉：各級政權組織在國民黨的施政方針和直接控制下運行，軍隊在國民黨的領導下執行戒嚴及鎮壓任務，其他政黨如青年黨和民社黨則是粉飾民主的「花瓶黨」。黨禁的解除使國民黨一黨專權的盛況不再，其黨政不分、以黨領政的政治體制將面臨反對黨的挑戰。而長期以來國民黨壟斷臺灣政治資源的局面也將宣告結束，臺灣的政治參與因民進黨的加入將轉變為競爭型的政治參與。另外一項同樣具有重要意義的「革新」措施是1988年的開放報禁。大眾傳播媒介強大的政治社會化功能使國民黨長期禁止言論和出版自由，有限的幾份黨外人士主辦的政論性雜誌常遭受停刊或查辦的命運。70年代起，《大學雜誌》、《夏潮》、《美麗島》和《八十年代》等黨外雜誌在逐漸鬆動的體制下不斷衝破國民黨的禁令，批評國民黨的「一黨專政」，鼓動民眾要求民主、反對國民黨專政，對國民黨形成極大的壓力。解除報禁為臺灣的民主進程注入了「催化劑」，新聞自由度驟然提升，媒體生態截然改觀，各種本土色彩濃厚的報紙紛紛成立。如何應對人們思想意識形態方面的多元聲音及夾雜其中的「臺獨」論調，成為解除報禁帶給國民黨的一大挑戰。

除瞭解開威權體制加之於公眾身上的層層束縛之外，「政治革新」還帶來了國民黨高層權力結構的重新組合。1988年1月13日，蔣經國病逝，給變化中的臺灣政壇留下了最高權力空白，「副總統」李登輝依法繼任。經過一番明爭暗鬥，李登輝在新一輪的權力角逐中取得勝利，在同年召開的國民黨十三大及其中央全會上，當選為國民黨主席，完成了臺灣最高領導人的接班工作，這一結果表明：「以蔣家父子的專制統治為代表的臺灣『強人政治』宣告結束，逐步轉向『精英政治』」[149]。成為名實相符的臺灣最高領導人之後，李登輝逐步清除國民黨內代表大陸籍官僚集團利益的元老派勢力。黨內，李登輝領導的「主流派」與郝伯村為首的「非主流派」之間的政治鬥爭一度白熱化，更在國民黨十三屆三中全會上圍繞「總統」選舉方式公開劇烈衝突，使三中全會成為「國民黨遷臺以來鬥爭最激烈的一次」[150]。「非主流派」主張「總統選舉」應委託給「法統」的象徵機構之一「國民大會」進行，以示「中華民國總統」的「全國」代表性，「主流派」則力主「總統」由臺灣公民直接選舉，稱既符合民意又簡便可行。一番政治角力之後，「非主流派」最終不敵，1993年郝伯村辭去「行政院長」職務，黯

然下臺，這場政治較量以「主流派」大獲全勝告終。本質上，「主流派」和「非主流派」的鬥爭是權力和利益之爭，但其中也摻雜了微妙的意識形態分歧，「主流派」的勝利預示了李登輝時代本土勢力的高漲和本土意識的張揚。除去「非主流派」的諸多掣肘後，李登輝得以放開手腳大力提拔臺籍青年進入高層領導機構：到十三屆四中全會時，國民黨180名中央委員中，臺籍人士多達70多人，占40%以上；31名中央常務委員中有16名臺籍人士，占52%，首次超過半數[151]。始於蔣經國時期的「本土化」政策至此有了質的飛躍，臺灣的高層權力機構格局由以大陸籍政要為主轉向以臺籍精英為主，並成為主導90年代「憲政改革」走向的領導核心。

在新舊體制交替和權力重新分配的過程中，族群矛盾不可避免地被政治化。1986年成立的民進黨，在1987年「解嚴」後國民黨的一系列「還政與民」的政治民主化進程中，挾「臺灣人出頭天」的民意支持，刻意製造出「中國人-臺灣人」的省籍對立，以撕裂族群的意識形態動員民眾製造衝突謀求政治利益。臺灣學者王昌甫運用政治學上「共識動員」的概念來比較臺灣政治反對運動在1979年和1986年之後形成的兩波反對運動，認為第一波挑戰風潮中，反對運動僅以民主化作為主要訴求，是因為在當時的環境下，「本土化」很容易就被國民黨以民族主義式的意識形態有效地加以反制，因而當時的政治反對運動並未挑戰國民黨意識形態的根本元素——「動員戡亂時期的中國法統」；一直到1986年以後的第二波挑戰風潮中，反對運動的主要訴求轉向較激進的「本土化」，訴諸臺灣民眾的集體經驗，使反對運動更具有道德上的正當性，也更能引起群眾的共鳴[152]。1989年的選舉成功證實了這一動員方式的能量。此後，這一撕裂族群製造對立的動員方式在歷次選舉中一一奏效，使民進黨政治版圖逐步擴大，逐漸累積執政資源。2000年的臺灣領導人選舉中，國民黨分裂，民進黨漁翁得利，取得執政權，實現了第一輪政黨輪替。執政後的民進黨，為了遂行其各項「去中國化」政策，更把這一撕裂族群動員方式的功能發揮到極致，製造了臺灣政治生活中的藍綠對立，形成臺灣獨有的「只問藍綠，不問是非」的惡質政治文化，婦女參政也概莫能外，政黨認同與意識形態之爭進入到90年代以來的女性參政話題中來。

二、現代化完成與經濟停滯

　　80年代中期，在美國的貿易保護主義壓力下，臺灣新臺幣開始被迫大幅升值，接著，工資迅速上漲，土地價格飆升，臺灣經濟發展環境發生重要變化。在這種背景下，臺灣開始尋求新的經濟發展模式與道路。1986年3月，國民黨十二屆三中全會正式透過「自由化、國際化與制度化」的經濟發展戰略，其核心是開放市場，減少干預，實現經濟自由化，從此臺灣經濟開始走向更加開放的自由經濟體系。隨後，臺灣當局又進了一系列的經濟改革，包括解除外匯管制，逐漸實行利率自由化，逐步開放內部市場，大幅降低進口關稅與減少非關稅壁壘，推動公營企業民營化，開放民營銀行的設立，等等。這些措施減少了經濟運行中不必要的行政干預，對於健全市場調節機制、合理配置經濟資源、提高經濟效益和競爭力造成了積極的作用。但是，變動的經濟環境繼續給臺灣經濟發展帶來挑戰，夕陽產業或傳統產業在新臺幣大幅升值、工資與土地等生產成本迅速上升的情況下，面臨生存困難。於是，從80年代後期起，臺灣傳統產業迅速向大陸、東南亞轉移，對外投資成為臺灣經濟發展的一大趨勢與特徵。經濟的自由化與國際化，傳統產業的外移，都為臺灣高科技產業的發展提供了空間，產業升級速度加快，第三產業發展迅速，臺灣經濟也得以迅速轉型。到2000年，第三產業產值已占到GDP的65%以上，成為臺灣經濟的主體。在製造業內部，以訊息半導體產業為主的高科技產業則成為臺灣支柱性產業，技術密集性產品也成為新的出口主力。

　　90年代以後，臺灣當局在經濟發展上先後提出許多重大發展計劃，主要包括了「六年建設計劃」、「亞太營運中心計劃」、「全球運籌中心計劃」與「六年發展重點計劃」等。其中，最早實施的「六年建設計劃」（1991—1996）推動了臺灣經濟的繼續增長，但在實施後期卻因為臺灣的政治鬥爭而半途而廢。隨後實施的以大陸為腹地的「亞太營運中心計劃」（1995—2005）執行不久就受到李登輝質疑，並以「戒急用忍，行穩致遠」政策予以阻撓。執政後的民進黨當局高層認為，「亞太營運中心」以大陸為腹地有很多盲點，限制影響臺灣成為「亞太營運中心」的優勢，因此主張應將其修正為把臺灣建成為「綠色矽島」與全球高科技製造及服務中心即所謂的「全球運籌中心」，這樣可以避免臺灣經濟

的「大陸化」，從而增強與歐美高科技國家的經濟聯繫。2000年10月，臺灣正式推動「全球運籌發展計劃」，到2001年底共完成包括電子商務、物流與基礎設施及法律修訂等32項具體措施的執行，其中包括了透過優惠稅收鼓勵設立營運總部與研發中心等，發揮了吸引臺灣外企業在臺設立物流中心或運籌中心的功效。2002年5月，臺灣當局提出並通過「挑戰2008——六年發展重點計劃」（2002—2007），再次強調加速發展臺灣成為「綠色矽島」建設遠景。

因意識形態歧異而導致政治對經濟的阻礙成為90年代後期以來臺灣經濟生活中的一大變數，但90年代的臺灣經濟在波折中仍保持了相對平穩的發展，現代化目標基本達成。1999年在李登輝「兩國論」衝擊兩岸經貿關係的情況下，臺灣經濟仍保持了5.48%的增長率[153]；2000年臺灣「國民生產總值」突破3000億美元，「人均國民生產總值」近14000美元，對外貿易進出口額雙雙突破1400億美元，總額達2800億美元，外匯儲備達1067億美元[154]。但這一發展態勢在政黨輪替後有所改變，而政治對經濟的阻礙作用也愈加明顯。民進黨執政之後，由於臺灣政壇的政治鬥爭激烈，主持經濟建設的官員變換頻繁，許多重大計劃未能真正推動或執行，甚至遭到放棄，影響了臺灣經濟的平穩發展。2001年，臺灣經濟甚至出現50年來的首次負增長，隨後進入3%的低增長期，居於「亞洲四小龍」之末。

三、文化領域的多元聲音

隨著臺灣經濟社會的變遷和本土化、自由化的發展，思想文化領域裡的多元聲音開始出現。早在解除戒嚴前的1983-1984年，臺灣知識界圍繞「臺灣意識」和「中國意識」問題曾發生過一場思想論戰，表明臺灣思想界在文化主體認知上存在著矛盾和對立[155]。1988年解除報禁之後，新聞和言論自由度驟然增加，一時間，報紙、雜誌、出版社紛紛開張，廣播、有線電視臺、無線電視臺也以驚人的速度增長，文化領域頓時熱鬧起來，進而百家爭鳴，乃至眾聲喧嘩。在傳媒帶動下，以商業為取向的大眾消費文化興起，各種口味的文化商品充斥市場，其通俗性和消費性滿足了現代生活節奏下人們的娛樂需求，但仿效美日以製造娛樂為目的的創作傾向又使其創造精神大大削弱，藝術價值大打折扣，助長了社會上享

樂主義、功利主義等價值混亂的作風，充分反映了後工業時代都市文化的窘礙。臺灣學者盧非易這樣評價當代都市青年的精神狀態：「那種從過去通往未來的傳承感，在新人類身上已經斷然崩裂，新的時間體驗只集中在『現時』上，除了『現時』之外，什麼也沒有……追隨自我感覺，沒有政治、社會、道德的窠臼包袱，他們拋棄懷舊情調，拒絕觀照歷史苦難，只注意現時的感覺」[156]。

在中西文化的激盪中，傳統與現代的對峙、本土化與國際化的折衝成為世紀之交臺灣文化界的關注點。其中，本土意識的上揚乃至異化，成為90年代以來政治生活中的意識形態之爭在文化領域的延伸。在蔣氏父子的威權統治時期，為了維護「法統」的正統性合法性，國民黨當局牢牢控制著「臺灣」及與之相關的各種政治符號，任何有關「臺灣」、「臺灣歷史」的言談都為當局所不容。90年代起，隨著「憲政改革」的進行，國民黨的「全面行憲」工作必須圍繞臺灣來展開，這一事實迫使國民黨當局放開了對「臺灣」政治符號的層層束縛，體現為公共政策方面，增設學校教育中的鄉土教育題材，推動社區重建工作以凝聚新的社區意識。對此，臺灣學者趙建民認為，「臺灣政經轉型所引起的本土化運動涉及層面廣泛，使得執政的國民黨不僅在權力結構方面與臺灣的人文發展密切結合，社會與政治的主流意識，也更能反映民間社會的脈動，對臺灣文化、歷史、文字、語言都有了新的肯定與詮釋，可以說一個以臺灣為主體的意識形態於焉形成」[157]。在執政當局的導引下，一股回歸本土的鄉土情懷開始上揚，曾經一度為國民黨當局禁談的「臺灣史」一時貴為顯學，閩南語也開始公然出現在立法院這一莊嚴的「廟堂」裡。民間，繼70年代的鄉土文學運動後，掀起了新一輪的「臺灣尋根熱」。應該說，上述現象，從國民黨對臺灣主體性的重視到民間的「臺灣尋根熱」，都有其合理性的一面。臺灣學者韋正通也認為，「回歸臺灣本土的感情，與大中華的民族意識是融會不分的。既是臺灣的，也是中國的，其間並無矛盾」[158]。但是，這一回歸鄉土的情懷同樣被泛政治化。在分離勢力的利用下，這一正當的鄉土情懷被上升到政治認同的高度，成為與「中國意識」相對立的「臺灣意識」，為「中國人—臺灣人」的族群對立添加新的註腳。

另外一個同樣值得注意的現象是社會上美式思想文化的泛濫。由於長期的東西方兩大陣營的對立，臺灣在政治上、經濟上、軍事上和文化上依附美國，造成

美國文化的大舉傳入，臺灣「崇美」成風，其中大批臺灣留美學生在這一過程中扮演了重要的傳播載體角色。臺灣前《中國論壇》編輯林端對這一現像有過深入的分析，他指出：「臺灣在政治、經濟等方面長期倚賴美、日等工業國家，連帶在學術上亦復如此，留學美國成了臺灣新興知識分子領袖群體必須經過的『通過儀式』」，「重要大學的教授，其碩士、博士階段主要是在美國所養成，更是不爭的事實，他們在許多看法及思考方式上，受美國的影響較深」，美式思想文化「對於戰後臺灣的支配，舉凡政治、軍事、文化、教育等，無不有深巨的宰制影響」[159]。而本文前述在蔣經國時期得到重用的政治人物如李登輝、連戰、宋楚瑜、馬英九等堪稱這批留美學生的代表。從80年代中後期開始，留美學成回臺人士基本掌控了臺灣政界、學界、輿論界，臺灣社會形成了唯美國是尊的氛圍，臺灣政治文化開始進入異化嬗變期，國民黨的威權文化體系開始無奈地接受西方政治文化的挑戰，政治文化結構出現多元化趨勢，儘管仍勉強地維持著國民黨傳統政治文化的特徵，但美國式自由、民主、公平、正義等價值體系逐漸占領了臺灣政治文化的制高點。[160]女性主義運動自然也不例外，運動領導者的學歷、女性主義的思潮與理念，無不帶著明顯的美國印記，所不同者是其因應臺灣的社會現實而對婦女運動的方法、策略、路線和目標做了一定的調適。

第二節　全球化時代的女性主義運動

　　1980年代晚期到90年代見證了一種新型的女性主義——第三波女性主義的出現。第三波女性主義的核心是解構前期建立的理論框架，其起點是差異性、身分認同和特殊性，主張用聯繫的方法最終溝通「此人」和「他者」。這一思潮激盪了整個西方文化領域，延伸到流行文化中，如「辣妹」女子偶像團體的興起，酷兒理論的出現，以及充斥於女性書寫和女性電影中顛覆傳統的解構手法，等等。「在音樂界，不論是主流還是非主流音樂，都充斥著年輕女性的歌曲……在新生代年輕女性歌唱家憤怒的、個性化的世界中，我們聽到追求擁有權力的聲音」[161]。但第三波女性主義更為人們所知的，是帶來了世界範圍內女性主義學

術研究的蓬勃發展，並催生了迄今仍在行進中的性別主流化國際潮流。1995年，在北京舉行的聯合國第四屆世界婦女問題國際會議中，聯合國正式確認性別主流化（gender mainstream-ing）為各國政府政策行動綱領，參與簽署的各國，有義務在一定的時間內，建立中國國內實現性別主流化的機制；而聯合國本身，也必須在其行政組織系統中建立相應機制，將所有的政策和計劃納入性別思考。至此，「性別主流化」成為各國政府組織改造的一項重要原則。很明顯，性別平等是一種攸關全社會、全人類幸福的價值，而不是特定人口的福利，更不只是婦女福利。作為一種策略方法，它要求政府全盤檢討當前勞動、福利、教育、環保、醫療、經濟等所有領域的政策裡，隱含的性別不平等，進而修改相關法律政策，以最終打造一個符合性別正義原則的社會。

在這一世界潮流下，女性主義作為一門專門的學科建設正逐步進入歐美高校教育體系的主流：到2000年美國已有250多個婦女和社會性別研究中心，700所大學建立了婦女學系，每年設3萬多門課程，1995年授予10786人次婦女學博士學位；歐盟在1995年有1500所大學開設600多門婦女學課程[162]，原來只在婦女運動者和研究者之間流傳的女性主義觀點，經過教育體系的課程規劃，進入高校課堂傳播給年輕一代。作為第三波女性主義標誌性的概念，差異性也在女性研究和教學中得到體現：90年代美國婦女學的課程設計、教材選用及教育人員的聘用都以兼容並蓄和多樣化為原則，性別研究也朝向具體、多元發展，不再以白人婦女的標準作為衡量標準，而是強調婦女的多重身分，並探討不同種族、階級、文化婦女的差異，以尋求不同背景出身婦女的合作。

同時，作為全球化時代全球女性主義運動的重要一環，每三年一次、在世界五大洲輪流舉辦、素有「婦女學的奧林匹克」之稱的世界跨學科婦女大會，既強化了婦女運動的跨國網絡聯繫，又在各國婦女學者的成果分享和經驗交流中共同豐富了全球女性主義運動的內容，壯大了女性主義的力量。在全球女性主義運動的跨國對話與串聯中，有色人種踴躍參與，亞洲婦女異軍突起，打破了婦女界中白人婦女獨領風騷的局面。1995年亞洲婦女學中心成立，並創辦了相應期刊「亞洲婦女學」，從2004年起每年一屆的亞洲女性論壇在北京、香港等地輪流召開，2005年6月第九屆全球跨學科婦女大會（簡稱「WW05」）第一次在亞洲

（韓國）舉行，並發行「亞洲婦女學系列叢書」，2005年底「近二十年華人社會之性別研究：回顧與前瞻」國際學術研討會在香港舉行，婦女與性別學者共聚一堂，交流經驗，並探討未來研究路徑及學術上、策略上的合作計劃等。在這樣的時代背景下，作為全球女性主義運動的一環，臺灣的女性主義運動也進入了一個新的發展里程，表現為婦女隊伍力量的壯大，團體數量增多，議題更加豐富，並開始主動出擊，社會公共政策的討論過程中開始傳出女性的聲音，父權思想下的各種法律受到女性主義的質疑與挑戰，女性主義開始以平等主體的身分追求女性處境的改善和女性地位的提升。但同時婦女運動的路線歧異、理念之爭更加明顯，差異與多元並存，並隨著政治民主化的進程與政治認同結下剪不斷理還亂的關係。

一、女性主義運動概述：團體、活動、議題、成果

解除戒嚴給婦女運動提供了更寬廣的活動空間，而第三波全球女性主義運動則成為全球化時代推動各國女性主義運動發展的強大動力，兩者共同作用，使這一時期臺灣的女性主義運動進入一個新的發展階段。

解除戒嚴後的婦女運動，因政治轉型所帶來的政治機會而獲得了更大的活動空間；同時，民間財富的積累、教育及就業能力的普遍提高，使女性的經濟狀況有所改善，獨立自主意識有所增加，加上美國人權思想的盛行和國際女性主義思潮的激盪，都大大強化了婦女運動的能量，婦女團體的數量大幅增長，功能也跟著多樣化。除了原有的婦女新知等組織外，各種單一議題維護婦女各種權益的婦女團體相繼成立，如1987年的臺北市婦女救援基金會（關心雛妓和少女權益）和女性主義研究社（輔導女學生批判實際社會中的父權思想）；1988年的臺北市勵馨基金會（輔導性侵害受害者）以及女性工會（為女性勞工代言）等。90年代是臺灣婦女運動蓬勃發展的時期，各種單一議題或專業性婦女團體數量繼續增多，先後成立了臺北市新女性聯合會、終止童妓運動協會、女工團結生產線、女性權益促進會、社區婦女才能發展協會、上班族協會、粉絲聯盟，還有參與社區推動婦女二度就業的彭婉如文教基金會，為保護妓女權益而成立的日日春協會，關懷同志權益的性別人權協會，另外還有北高兩市的婦女新知協會、北中南

的晚情協會、臺灣女人連線、臺灣婦女團體全臺聯合會、性別平等教育協會，以及正在聚集中的臺灣少數民族婦女會等。

在婦女研究機構方面，繼1985年臺灣大學成立「臺大婦女研究室」之後，1989年臺灣清華大學人文社會學院成立「兩性與社會研究室」，1992年，高雄醫學院兩性研究中心成立，1995年臺灣大學成立性別與空間研究室（隸屬於城鄉與建築研究所），2000年高雄師範大學成立性別教育研究所，顯示婦女研究已成趨勢。這些婦女或兩性研究機構在對女性議題的研究和討論中，側重從性別角度切入，即在女性共同利益的基礎上，以男性作為參照，敦促政府和社會全體成員改變不利於女性發展的思想文化觀念和社會環境，以最終達到提升婦女地位與保障婦女權益的目的。

學校社團方面，臺灣大學於1987年組織「女性主義研究室」（以下簡稱「女研社」），以舉辦活動及出版《新女聲》雜誌的方式，針對女學生日常面臨的父權文化提出尖銳批判並進行一些實際挑戰，成為婦女團體內部的新生力量。臺灣大學女研社的成立，代表新一代女性主義者的出現。女研社的成員多為年輕的女大學生，受到解嚴後資訊多元化、言論自由化的影響，思想比較開放，對於1970至80年代的婦女運動者經過發行刊物喚醒女性意識的溫和做法不以為然，甚至提出批判，促使婦女團體開始對之前一連串的婦女運動進行反思，進而不斷修正往後婦女運動努力的目標，也使婦女團體因新生力量的加入而更充滿生機與活力。1993年9月，以全臺大專院校女教授為主要成員的女性學學會成立。女學會的前身是婦女新知「女性學研究中心」每月舉辦的書報討論會，與婦女新知關係密切，也是1994年成立的以出版女性研究相關出版物為宗旨的女書店的基本支持者。女學會的活動宗旨為：建立女性學研究者之間情感與資訊的支援網絡；發展校園婦女運動，使女性意識在校園扎根。透過積極參與，針對社會議題發言並積極尋求婦女權益的保障。作為一個聯結學術研究與婦女運動的跨校組織，女學會匯聚了全臺高校各個學科領域的女性高級知識分子，並因其學術能力為當時的婦女運動提供了最新的研究發展成果與理論支持，同時也引介了不少新回臺的年輕女性主義者進入婦女運動界，很快成為「婦運團體裡面最精英的婦女團體」[163]。學生社團性質的女研社和女教授組成的女學會，表明女性主義已經走

進校園，預示了學術領域與校園將成為女性主義的重要戰場。在許多女學生組成女性主義研究社後，女學者與大學女教授更進一步地組成了全臺性的女性學研究團體，假以時日，臺灣的女性主義將擁有一支強大的生力軍。

這些新興的婦女團體，有少部分和早期的婦女新知有著人脈上的重疊關係，但大部分的新興團體彼此之間並沒有任何的層級關係。「這些新興的婦女團體有各自的功能及訴求領域，因而在女性的人身安全、雛妓問題、女性歷史與文化的創造與維護、女性的社會參與、女性在婚姻與財產的權益、女性及兩性問題的學術研究、女性的工作輔導與工作權益的維護、兩性教育、女性自覺或女性意識的推廣、女性的健康與身體、女性的性與情慾等方面都有所行動及推展。這些新興婦女團體的共同特點是具有兩性平權意識，活動力強，並善用媒體」[164]。90年代的婦女團體有清晰的自我定位，各有明確的運動目標、策略、行動方針，各個婦女團體也透過充分展示自己的特色、運動理念來吸引會員，先後針對雛妓問題、婦女工作、選美及色情、政治改革與家內平權等提出訴求，有的婦女團體甚至還企圖將情慾一類的私人問題轉化為公共政治論述。在政治解壓的大環境下，婦女運動與政治反對運動、環保運動、學生運動等民間社會運動一起蓬勃發展，既在其中吸取養分，更藉此與其它社運團體結成同盟關係以開拓資源，為後期的婦女團體聯合作戰累積實力。因此，「混合了世代、政黨、性偏好、國家認同與運動理念差異的意識形態，就交織成了分辨不同婦女團體的一個重要因素，並使臺灣的婦女運動展現出前所未有的、豐富且異質的多元性風貌」[165]。同時，隨著婦女團體的增多，婦女運動的戰線逐漸拉長，婦女新知協會、主婦聯盟、女工團結生產線、女性權益促進會等團體紛紛在臺北以外的縣市設立據點，中南部的婦女組織漸次成立，少數婦女團體的骨幹穿梭其間，各地婦女團體之間聯繫日益密切，逐漸形成以臺北為中心向周邊地區輻射並延伸至全臺的婦運網絡。各個婦女團體視議題需要，或單獨作戰，或聯合出擊，在相互支援合作中共同壯大了婦女運動的力量。隨著女性主義整體實力的增強，婦女運動呈現出專業化趨勢，「雖然維持聯合婦女團體的傳統，卻不再與非女性團體聯合行動，換言之，以女性作為性別政治的主要和唯一合法發言人和行動者，並透過與媒體密切互動以發揮以小博大的效力，透過各種座談會和法案的草案主導性別政治與女性公民身分

的論述」[166]。

　　眾多婦女團體的成立,使婦女議題更加多樣化、激進化的同時,也蓄積了更多的主體性和能動力,連帶地使婦女運動過程中的方法技巧發生相應變化。1982年到1986年間,婦女新知透過溫和漸進的演講、座談和調查報告提出婦女共同的議題。1987年1月,雖然臺灣還處於戒嚴狀態中,但威權體制的鬆動已然在進行,政府機制的轉化也成為必然。在整體環境鬆綁的條件下,臺灣的婦女運動邁出了重要的一大步,即前述1987年初「關懷雛妓」的街頭聯合大遊行,並成功引起社會輿論及當局的重視,使這一動員方式成為解嚴後婦女運動的常規動員模式。例如,1987年8月,新知聲援「國父紀念館」女性員工抗議該館年滿三十歲或懷孕就必須辭職之規定;1988年和婦女救援基金會發起「救援雛妓」華西街千人大遊行。

　　除了街頭遊行請願,婦女團體的活動方式逐漸多樣化,並因年輕一代女性主義者的加入而更加異質多元。1988年,婦女新知評析中小學教科書中性別刻板角色,呼籲修訂教科書內容,建立兩性平等教育。1989年,婦女新知完成「男女工作平等法」草案,選舉期間聯合其他婦女團體發表「十大婦女聯合政見」,推動四分之一婦女保障名額落實,積極開拓婦女參政空間。1994年新知和晚晴協會推出了「民法親屬編」的修訂版,對女性集體在父權家庭中的共同劣勢的討論喚起了婦女的憂患意識,而一些突發事件則成了導火線,使這一年的婦女運動更加激進化。同年,美國爆發了舉世震驚的性騷擾案「希爾教授指控湯馬士大法官提名人」,臺灣臺灣,則陸續傳出航空醫科大學、臺灣師範大學等校園性騷擾案,更有因不堪忍受暴力虐待憤而殺夫的「鄧如雯殺夫案」。婦女新知和女學會共同發起了聲勢浩大的女人連線反性騷擾大遊行,聲援鄧如雯(後鄧如雯得以減刑),將過去被視為個人隱私的問題推入公共政治論述,當做社會問題來謀求解決之道。1995年,臺灣大學女生看A片事件在社會上引起軒然大波,而女研社學生當上學生會會長後,以校園為基地發展「同志人權歡樂日」,加上女學會多場相關學術討論會引發的熱烈討論,使同志議題成為新時期婦女運動不可避免的話題。1996年,婦女新知和其它婦女團體共同發起「女人一百」大遊行,遊說立法院三讀通過「民法親屬編」部分條文修正案,12月21日為遇難的彭婉如舉行

「女權火照夜路」夜間大遊行。1997—1998年的「公娼存廢」爭議使婦女運動內部的路線之爭表面化、公開化，先後造成了婦女新知和女學會內部的人事變動，再次給婦女運動增添了新的不穩定因素。1999年婦女新知出版「男女工作平等法催生手冊」，並發起萬人連署「男女工作平等法」街頭活動。2000年，婦女新知成立臺灣少數民族婦女組，訂定年度主題為臺灣少數民族婦運，組織臺灣少數民族婦女讀書會，出版「工作場所性騷擾完全杜絕手冊」，籌拍反性騷擾紀錄片——《玫瑰的戰爭》。2002年，婦女團體將年度活動主題定為「落實兩性工作平等法年」，並相繼展開對選舉制度改革的一系列討論。2003年，婦女新知聯合勞動人權協會、學生反帝組織等38個社團舉行反戰遊行，發起「女人反戰，女人要和平」行動，抗議美國對伊拉克動武的霸權行為；在臺灣藍綠對決的政治惡鬥中發起加入公平正義（泛紫）聯盟的活動[167]，與政黨保持距離並堅守了民間婦女團體對體制的監督功能。同一年，女學會在「非典」風暴中為醫療系統的護士維權，成功為她們爭取到了和男性醫護人員同等的待遇。2004年，婦女新知的活動年度主題為「推動成立行政院性別平等委員會」，持續關注工作場所中性別歧視現象、提出具體改進辦法，並舉辦了「全球年代中的在地婦運／性別爭議」系列講座。2006年母親節前後，婦女新知基金會回顧了「兩性工作平等法」實施四週年的情形並提出相關建議。

總體上，這一時期的婦女運動策略有所調整，議題更加多元，並且戰績斐然。在行動策略和手段方面，包括演講、座談會、簽名連署、請願、抗議遊行、陳情、記者會、對民意代表的問政觀察及評估、發表共同聲明、公布調查報告、提出婦女政見、舉辦文藝活動、拜訪政黨、公聽會、研擬法案、立法院旁聽及遊說監督、聲請「釋憲」等等，都成了婦女團體採取的方式，可謂「軟硬兼施」、「剛柔並濟」。從女性思想的推廣，到實際服務的提供，再到理論建構中的學術研究，溫和的文字呼籲與激情的街頭抗爭交互運用，婦女運動以更靈活多變的方式來追求現有性別體制的改造。在婦女團體的各種訴求中，爭取和保障婦女在就業市場、政治參與、婚姻財產、人身安全等方面的合法權益，都取得了豐碩的成果。

婦女運動的斐然戰績，既表現在政府新成立的專職機關增多，也表現為相關

法案的通過。如，1988年通過「婦女福利法草案」；1994年7月，臺灣當局通過「憲法增修條文」，保障婦女人身安全及人格尊嚴。1995年通過旨在保護雛妓的「兒童及少年性交易防治條例」。1996年，彭婉如遇害事件促成在立法院擱置多時的「性侵害犯罪防治法」獲得快速通過，婦女團體爭取修改卻多年未果的「刑法」妨害風化部分亦隨之修改，從此性侵害被視為是對被害人性自主權的侵犯，而非傳統觀念的侵犯貞操、妨害風化，女性的性自主權得到進一步保護。同時，與婦女婚姻家庭密切相關的「民法親屬編」部分條文在1996年被加以修正，透過分開財產制，給已婚女性在法律上獨立擁有和處分自己財產的權利；2002年，正式完成「修法」過程，落實了體現性別平等原則的婚姻權和親權，婦女在婚姻權益和子女親權的行使方面獲得了法律上的保障。期間，1997年5月「行政院」婦女權益促進會和「內政部」性侵害防治委員會成立，8月「教育部」兩性平等教育委員會成立。此外，「家庭暴力防治法」於1998年6月公布，1999年全面實施，而延宕多年的「兩性工作平等法」也終於在2001年獲得立法院正式通過。2002年12月，婦女新知、女學會和臺灣婦女團體全臺聯合會（簡稱「全婦會」）發動其他婦女團體[168]，共同要求在政府組織下成立性別平等專職專責一級機構，以落實性別平等主流化的價值。經過一番拜會遊說及公聽會之後，這一訴求在2003年得到回應，臺灣當局公開宣示將性別平等委員會納入「政府再造」的議案之中。2004年6月，「性別平等教育法」獲得通過，臺當局決定用立法手段強制推行中小學的性別平等教育和大學婦女學的學科發展，教育領域的性別主流化已然在實行。[169]2005年，「性騷擾防治法」在立法院三讀通過，並於2006年開始實施。

　　無疑，這一時期既是臺灣婦女運動的成長期，也是收穫期。無論是草根式的街頭遊行與請願或是體制內的「立法」遊說與監督，婦女運動的預期效果基本上都達到了，婦女在政治權、社會權（包括工作權、財產權與婚姻相關職權）和民權（以人身安全和性自主權為核心）方面的法律保障得到切實落實，臺灣社會在往兩性和諧平等發展方面邁出了一大步。同時，女性主義思想深入人心，並正透過教育體制中的課程規劃系統地傳播給下一代，多年的父權社會的基層將面臨逐步的瓦解。在戰果輝煌的同時，臺灣的女性主義運動也不可避免地要面對隨新時

代而來的各種考驗與挑戰。

　　二、90年代臺灣婦女運動的處境

　　與80年代相比，90年代的臺灣最明顯的社會特徵是緣於1987年解除戒嚴而來的政治生活大變動，由此帶來的政治機會惠及每一個社會運動組織，女性主義終於敢理直氣壯地喊出各種訴求，把一向婆婆媽媽的貓狗瑣事推動為公共政治論述中的焦點議題，新生代女性主義運動者更喊出性解放的口號，同志組織也開始質疑傳統婦女運動的路線，性別認同的差異和邊緣路線的抗爭都成為這一時期女性主義運動的張力。同時，在政治劇變中受益最大的政治反對運動從此合法化，標榜草根利益、打著所謂「民主先鋒」的旗號，民進黨在解嚴後的各項公職人員選舉中一路攻城略地，在1994年的臺北市長選舉中實現了政黨輪替，更在2000年的臺灣領導人選舉中坐收國民黨分裂的漁人之利取得執政權，實現臺灣的「藍天變綠地」。政治領域的意識形態之爭延伸到女性主義運動中，便成為婦女團體內部的顏色之爭。因此，90年代的婦女運動表面聲勢浩大戰果輝煌，但內部卻也面臨許多複雜的問題，世代之間的差異帶來婦女運動的多元與異質，對待政治的不同態度導致婦女組織隊伍內部一度齟齬不斷，主流與邊緣路線的抗爭直接造成婦女團體的分裂，世代、政黨、性偏好與運動理念差異等諸多因素相互糾結，共同作用，交織成90年代婦女運動紛繁複雜的畫面特徵。雖然這些新元素基本上是在交互作用中共同影響著90年代臺灣婦女運動的發展，但為了便於論述，本文試圖從以下幾個方面來描述這一時期臺灣婦女運動所面臨的處境與階段特徵。

　　1.代際差異與多元身分認同

　　80年代後期是臺灣婦女運動的重要轉折點，解嚴以後，勃興的民間社會自主力強化了婦女運動的動員能力，帶來了婦女議題的多元化，如雛妓問題、婦女工作權、選美及色情問題、教育改革及家內平權等，顯示婦女問題的複雜與多元。隨著婦女運動整體力量的壯大，在婦女團體數量增多的情況下，婦女組織隊伍內部的縫隙開始出現。根據臺灣學者張茂桂的研究，當政治壓力減輕之後，政治機會增加，動員成本降低，資源來源擴大，原來內部聯盟的細縫因此擴大，進

而發生社會運動組織異質化的現象,體現為:原有組織分裂或新的對抗組織出現;原有運動團體的分化,形成既聯盟又分工的關係;多元化,即不相關也不聯合的運動組織孤立出現[170]。解除戒嚴以前,因為人力單薄、資源有限,臺灣婦女運動以符合社會主流價值觀念的婦女議題如救援雛妓等為發展重點,較少注意內部差異。到90年代初,經過婦女新知及其他婦女團體10多年的打拚奠基,婦女運動的力量壯大,新生力量加入,隊伍日見龐大,聲音趨於多元,主流的婦女運動理念受到挑戰與質疑,各種激進議題漸漸抬頭,關於婦女身分認同的不同看法一度成為婦女團體內部辯論的焦點。

婦女隊伍內部對於身分認同的不同看法,很大程度上與婦女運動者成員結構變動有關。以90年代初為界,比較兩個時期婦女運動成員的組成特質,可以從中發現30多年來臺灣女性主義運動的變動軌跡。回顧臺灣婦女運動發展的歷史,不難發現,從70年代呂秀蓮新女性主義運動「撒播種子」,到80年代婦女新知依靠少數女性精英的堅持完成了婦女運動的薪火相傳,這一時期婦女運動處於起步階段,其成員結構相對單純,大部分是留學回臺的女性高級知識分子,職業包括律師、教授、經理或文化界的精英,屬於社會的中上階層,大多分布在都會區如臺北市等。這樣的背景決定她們沒有採取勞工、環保等社會運動常用的草根動員方式,而更注重於體制內的社會服務、文化宣傳與女性思潮的傳播、「立法」遊說與監督,將她們的精力、專業知識,與公眾教育相結合,同時採取黨派中立的政治策略,創造了一種新的壓力團體——她們親自草擬法案並到立法院遊說讓法案生效。

最能反映婦女運動成員結構特質的當為與之相應的運動組織模式,因為這既與婦女運動者的身分、背景和生活經歷相關,又體現了她們身上固有的文化基因。在運動的組織模式上,婦女新知雜誌社以及其他婦女團體選擇不需要群眾動員並與她們高等教育背景相諧的組織形式,如早期的雜誌社和解除戒嚴以後的基金會,而不是如同一時期的勞工及環保運動團體所採取的類似協會等會員制的草根組織模式。臺灣學者范雲在研究婦女新知由雜誌社轉型為基金會時指出,「基金會的組織模式在『文化角度』上最符合那些都會、上層階級、專業、具國際觀的運動者,她們偏好提倡文化及溫和理性的運動策略更甚於動員大眾的草根組織

方向」[171]。從成員來看,婦女新知的主辦者或擁護者普遍來自中上階層,生活經歷侷限在都市地區,在資源有限的情況下,雜誌社和基金會的模式可以最大限度地發揮少量人力和資金的價值來達成運動的目標,而這一特質也使80年代的婦女新知受到了「脫離社會、都市化、精英化」的質疑。到了90年代,隨著政治形勢的轉變,在婦女運動成員結構變動的情況下,基金會這一組織形式面臨新的困境。一位臺灣的婦女運動者在反省基金會組織模式的限制時說:

「一般團體十分困難立案的時候,改組成財團法人基金會是比較方便的方式。但是基金會的組織規模使得有志於參加婦運的新人沒有參與的管道,同時也使得決策的民主化不可能,基金會的組織形態讓婦運團體從文化宣傳走向社會的過程倍加艱辛,也讓婦運團體的動員力量十分薄弱」。[172]

可見,到了90年代以後,這個適合少數精英分子的基金會運作模式已不適應新人輩出的婦女運動新形勢。同時,基金會一貫溫和理性的漸進式體制內改革既受到新一代女性主義者的質疑,也面臨制度性的障礙,如生存募款的壓力和制度的各種規範。臺灣婦女運動者顧燕翎指出:

「以基金會的形態來推動婦運的確有其侷限性,因為運動的推展仰賴全體成員自動自發的熱忱奉獻,以及對社會情勢靈活機動的反應;然而基金會本身也有存活的基本需求,因此需要募款、承擔風險、留存歷史,這兩種不同的需求之間難免會有衝突,特別是當外在的環境複雜化,組織目標多元化之後,各目標之間以及個人的慾望之間如何協調,而不至於相互抵消,更有賴於成員之間充分溝通,而溝通除了需要大量時間和耐心,尚需要以互相信任和共同價值觀、以及對等的權利與義務關係為基礎……不論是新的基金會或協會,仍將是體制內的組織,受到現行的法律的規範,也仍然會有生存和募款的壓力,這是體制內團體從事體制改革無法逃脫的困境」[173]。

基金會的去留與其它婦女運動形式的可能性探討,成為臺灣婦女運動界面臨的新課題。然而,我們發現,傳統知識分子崇尚的溫和理性的社會改良態度已然發生改變,基金會一向秉持的體制內改革態度受到挑戰甚至發生變化,這突出地表現在1994年的反性騷擾大遊行中(後文將詳細分析),新生一代的大量加入

使得那次的街頭遊行充滿激情與活力，口號更加多元，甚至激進，新舊兩代女性主義者對女性諸多議題甚至包括女性自我身分認同的不同看法自此浮上臺面。早期的女性主義者宣揚女性主義思潮，致力於認清女性所面對的共同問題，拒絕傳統女性形象，在兩性平等基礎上為女性重新定位。但是這種簡單的認同政治在90年代以後受到挑戰。本來個人的社會身分就不單純限制於性別，90年代後，年齡、族群、階層、性傾向等因素都逐漸浮現，進一步分割女人的身分與處境，也建構起不同的人生經驗與價值觀，從而在不同的情境之中形成相異的社會身分，進而導致不同的發言立場。對於早期婦女運動先驅和新生代女性主義者之間的代際差異和身分認同上的迥然相異，曾有臺灣學者做過更為全面深入細緻的調查研究，並得出結論：

1994年之前加入的運動者，有相當高比例為上層階級、較年長、並且具外省籍背景的比例非常高；相對的，1994年以後加入的運動者較少為上層階級、且比較年輕，外省籍的比例降低許多，同時，客家籍的比例增高。這兩群人在參與運動前的政治涉入程度也很類似，兩者在參與婦女運動前政治經驗的程度都很低，但有趣的是，這兩群在不同階段加入婦運的人在政治理念上卻相當不同……這兩群參與者間的關懷、生活方式、生命型態和意識型態不只是不同而已，有時候她們的價值觀和信念甚至是相衝突的，例如對於什麼構成女性（what constitute womanhood）這個最根本的想像。[174]

　　由於該文的作者曾為此研究進行過多次深度訪談，並以一系列的數據和定量分析來佐證，其結論的說服力毋庸置疑。而這個結論正好印證了本文前段的論述，足見代際差異和身分認同的歧異對90年代後的婦女運動影響之深之巨。幾乎可以說，90年代後臺灣婦女運動面臨的一系列問題，包括婦女運動路線之爭、顏色之辯，都與此密切相關，本文將繼續就此進行深入探討。

　　2.性別認同與路線之爭

　　婦女運動發展到一定階段，一些潛藏的問題如性傾向問題會浮現出來，形成婦女隊伍內部的衝突，如同性戀女性主義（簡稱「同女」）和異性戀女性主義（簡稱「異女」）之間性慾取向和身分認同的差異，以及異性戀社會根深蒂固的

同性戀歧視,曾經在歐美婦女運動團體內部形成極大的張力和衝突。90年代以前,臺灣婦女運動致力於婦女在政治、經濟、社會層面等公領域地位的提升,較少涉及性慾論述,即使有,也是以零星的、個別的形式浮現。如1992年婦女新知舉辦「我愛女人」遊園會,首次公開展示女性性慾,但呈現的方式仍十分曖昧,基本上是在宣示姐妹情誼(女人愛女人),反抗性別歧視。顯然,這種猶抱琵琶半遮面的宣示恰好表明在90年代初期性慾論述仍處於婦女議題中的灰色地帶。

　　隨著婦女運動隊伍繼續壯大,這種情況有所改變。當婦女運動蓄積了足夠的運動能量和政治影響力,將性騷擾、性侵犯等過去被視為個人的、隱私的問題推入公共政治論述,當成社會問題來謀求解決之道時,其它更為隱晦的話題,如女人的情慾,也得到了日漸寬廣的論述空間。言論的開放使一些潛藏的議題不再甘於沉默,歐美婦女運動中激進女性主義的影響在年輕一代的女性主義者身上引起共鳴,並由校園性騷擾案引發了臺灣婦女運動團體內部的路線大爭論。1994年,美國婦女界為性騷擾案「希爾教授指控湯馬士大法官提名人」聯合抗爭之時,臺灣師範大學爆發了校園性侵害案件,一名女學生控訴遭到系裡男老師強暴,航空醫科大學也傳出了性騷擾事件。這些事件使長久以來校園中潛在性暴力、性侵害、性騷擾威脅的問題浮上臺面。婦女新知積極串聯其它婦女團體,女學會則透過一群女研社的學生與被害者接觸[175],舉辦了一系列的講座,接連幾次「揭開校園性暴力的真相」、「揭開校園性侵犯的共犯結構」、「落實校園兩性平等教育」的立法院公聽會,將校園的性別議題熱烈搬上臺面。

　　面對女性主義的挑戰,社會上各種反對勢力開始大肆反撲,或以師生戀模糊焦點,或質疑女學生的用心,連「教育部」都抱怨這一連串的社會爭議是女性主義在騷擾校園,弄得大家雞犬不寧。社會反對勢力的反擊激發了女性主義者的鬥志,校園反性騷擾運動變成了一場女人大動員的鬥爭,婦女新知和其他婦女團體積極參與,女學會與女研社、全女連的女學生並肩作戰,女性立委(葉菊蘭等)大力支持,女性媒體工作者大篇幅報導……婦女新知和女學會舉辦的「五‧二二女人連線反性騷擾大遊行」,成了這場運動的高潮,卻也是運動變異的開始。

在這場大遊行中，站在宣傳車上的何春蕤出其不意地振臂高呼「我要性高潮，不要性騷擾」，得到一群年輕女學生的熱情呼應，成為媒體爭相報導的焦點。隨後何春蕤推出更具宣示意義的《豪爽女人》一書[176]，再度成為新聞話題。此後不久，面對媒體關於這一話題的狂熱炒作，女學會發表了「性自主不等於性解放」的聲明。與此同時，何春蕤退出女學會，並於1995年成立了性/別研究室，而婦女運動隊伍裡的路線之爭卻也就此拉開了序幕。對於這兩條不同的路線，臺灣的婦女運動者和其他學者各有不同的稱呼，顧燕翎把這兩條路線稱之為「性別政治」和「性慾政治」[177]；林芳玫借用顧燕翎的分類框架，把致力於分析並從事結構面改革性別不平等的性別政治稱為「性批判派」，把強調性、情慾和身體等議題的性慾政治稱為「性解放派」[178]；卡維波則認為「婦權派」和「性權派」的稱呼更準確貼切也更客觀中立[179]。在此，本文將借用卡維波的劃分來指稱這兩條路線。基本上，早期婦女運動先驅大多歸屬前者，致力於謀求女性集體處境的改善；而主張積極介入情慾論述的何春蕤則成了第二條路線的代表，其中也包括了前述的女同志群體，並得到相當一部分女大學生的支持，在新生代女性主義者中有很多的擁護者和支持者。當然，這樣的劃分難免粗糙，也有不少的人對這兩條路線的態度是游移的、折中的、觀望的或無所謂的，等等。但另一方面，但凡對臺灣婦女運動稍有瞭解的人都知道90年代以後的女性主義內部有這兩條路線之爭，也清楚其具體所指。

　　1994年開始，性權派掀起了臺灣性革命與性別騷動的運動。繼何春蕤一喊成名一書轟動之後，1995年，臺灣大學女生看A片事件在社會上再次掀起軒然大波，針對此舉，各式各樣的勸阻乃至聲嘶力竭的聲討，鋪天蓋地而來。而女研社學生當上學生會會長後，以校園為基地發展「同志人權歡樂日」，再次使同志議題從婦女議題的灰色地帶中走了出來，成為邊緣路線抗爭中的又一支力量。不可否認，何春蕤在年輕女大學生中具有相當的感召力。1996年底，婦女團體發起紀念彭婉如、要求保障婦女人身安全的夜間大遊行，針對一些批評女性夜間出行打扮出眾並認為此舉易招致傷害的言論，何春蕤鼓勵女生要穿得漂亮來遊行，「最好有點騷，最好有點艷」，得到了大學女生的熱烈響應，在遊行隊伍中，她們舉的牌子是「夜行無罪，妖嬈有理」。兩條路線的歧異暗潮洶湧，持續發酵，

終於在1997年的公娼事件中引爆。在80年代，整個臺灣社會，包括婦女團體，對娼妓的看法基本相同，都體認到娼妓被迫賣身這樣的事實，因而認可和支持婦女團體於1987和1988年在華西街舉辦的「救援雛妓」大遊行。90年代，多元的婦女運動觀點中開始浮出性工作權（妓權）的觀點。1997年，當時的臺北市長陳水扁宣布實施廢除臺北市的公娼，臺北的公娼集體走上街頭，爭取她們的工作權，並且實施「娼影行動」，在陳水扁出現的每一個公開場合舉牌抗議。以何春蕤為代表的性權派加入了反對廢娼政策支持公娼的隊伍：

「這個時候，你就會看到『掃黃』的階級性，公娼正是臺北市最底層的性工作者，因此也是最輕易被掃除的一批人。再加上這個廢娼政策竟然有著許多主流女性主義策士撐腰，要把臺北市打造成一個有著中產階級偽善面貌的『良婦城市』，這些發展都令我不得不加入反對這種政策、支持公娼的隊伍……我認識到，女人有著那麼不同的面貌和人生，也活著那麼不同的價值觀和身體情慾觀。這些接觸都讓我更清楚的認知到某些女性主義理論的階級和情慾盲點」[180]。

性權派的舉動促成了婦女隊伍內部對於女性主義相關方面如身體、慾望等議題的重新反省與大檢討。很顯然，性權派的主張無法得到主流的婦權派的認可，兩派之間圍繞公娼存廢以及情慾論述甚至包括性傾向、性產業的爭論漸漸激烈。婦權派不否認女性性慾也是女性爭取自主權不可忽視的目標，同意娼妓也有人權，主張改善她們的工作環境和提升工作待遇，但在持續批判並試圖瓦解性產業上，她們主張必須針對娼妓、娼妓制度和色情產業提出不同的政策，以使其逐漸瓦解，同時認為情慾論述應策略性運用藉以增強而非削弱婦女運動的能量：

「當性工作權一再被肯定時，我們是否要將性工作放在社會、文化的脈絡中來談，以瞭解當前在臺灣從事此業婦女的真實處境來作為決策的基礎，因為跨文化的娼妓史研究告訴我們，性工作在不同的時空之內，有著極為相異的社會意義和內涵。因此邊緣路線並不因邊緣而必然具有道德的優越性，路線的選擇應建立在女性主義者之間更坦誠的對話和更多的研究之上」[181]。

另一位婦權派代表林芳玫則由公娼爭議加以延伸並繼續深入，直接質疑性權派的情慾論述，「為性而性，抽離社會的人性脈絡……豪爽女人的性解放徹底地

被架空,與政治、經濟、心理、感情毫無關係」[182],稱之為不食人間煙火的「唯性派」,並認為性解放論述是強調差異的認同政治,具有後現代的特色,但也暗藏脫離群眾的危險,「性解放派拒絕直接面對社會大眾,使得認同政治成為顧影自憐的心理治療,認同政治若是過度強調差異與分化,其危機就是與較寬廣、範圍較大的社群脫節,在不斷衍異、不斷分化的小團體中進行……後現代部落政治,缺乏普遍同一性(universal)的共同目標與價值規範,眾多碎裂的小部落自說自話、眾聲喧嘩、雜音此起彼落,卻沒有深入的對話(dialogue)與相互瞭解,也難以形成共識」[183]。

公娼事件發展的結果,是臺北市的廢除公娼政策被緊急叫停,暫緩廢娼兩年。但婦女運動隊伍裡的路線之爭卻愈演愈烈,並先後造成了婦女新知的部分成員去職(又稱「婦女新知家變」)和女學會的部分人員出走,而留下的成員被整體指責為「主流、中產、歐巴桑」,發生在媒體上的爭執甚至相互討伐既造成兩派之間彼此的傷害,更使婦女隊伍的分裂為社會所矚目而被媒體一再炒作。後來,為了息事寧人,林芳玫在報紙上刊發了一個「和平共存」的說法來向社會大眾解釋說明當時婦女運動的路線分裂:

婦運將形成邊緣戰鬥與體制內改革的雙軌現象。……婦運也是大眾與分眾路線同時進行。大眾路線著重託育、老人安養、人身安全、就業機會等福利政策的全盤規劃,超越男女兩性的對立,設計出符合兒童、老人、婦女等社會大眾需求的公共政策。分眾路線則以差異政治(the politics of difference)為基調,循著族群、階級、性傾向、情慾偏好等諸多軸線,不斷地增殖衍異各種新興主體認同,增加了當代多元社會的多元性與豐富性。[184]

這段描寫,一方面將性權派的路線主張定義為分眾路線,另一方面寫出了當時婦權派女性主義早已做出的方向選擇,也就是朝向所謂的「大眾/體制內改革」,其具體途徑便是參與政黨政治與選舉,與政治勢力形成更緊密的聯盟關係。也有其他女性主義學者從學術與運動的角度來看待婦女隊伍的分裂,「公娼事件讓我更加肯定,學術與運動不同,運動需要激情投入、簡單的口號(如:我要性高潮,不要性騷擾),而學術需要距離、冷靜及複雜深刻的思考。基本上,

我相信婦運如果沒有學術及理論的支持，到了某個階段，就會出現瓶頸」[185]。而被歸類為臺灣激進女性主義代表的卡維波則認為這是婦權派繼1994年將何春蕤從女學會除名之後對性權派的第二波放逐[186]。兩條路線之間的分裂是木已成舟，其間的是非恩怨可謂仁者見仁，智者見智。不論各人如何詮釋，路線之爭模糊了婦女運動的焦點，導致了婦女隊伍的分裂，削弱了女性主義的整體力量，卻是不爭的事實。女性主義整體力量如何有效整合，將成為當代臺灣女性主義面臨的又一個重大課題。

3.政治化與顏色之辯

與80年代婦女運動力圖與政治保持距離相比，90年代，由於政治轉型和婦女動員能量的積累以及婦女運動形勢的發展，婦女運動與政治的互動關係日益密切。這既表現為婦女運動的策略選擇更多地與政治運作相聯繫，如政黨、政府、政治體制等，與此前的「去政治化」宣稱迥然相異，也表現為政黨乃至政府的政策規劃中性別政策的調整。婦女運動政治化的結果衍生了另一個問題，即臺灣政治中特有的族群政治問題及糾結其中的「統」、「獨」之爭。以「民主、進步」自詡的民進黨，從成立的第一天起，就將國民黨反向定義為「專制與落後」。在國民黨政權本土化過程中，民進黨發揮其草根特性，挾「臺灣人出頭天」的悲情意識，利用臺灣政治中獨有的族群矛盾進行政治動員，並將之上升到國家認同的高度，形成臺灣政治中特有的藍綠之爭。隨著婦女運動與政治關係的漸趨密切，政黨政治中的顏色之爭如影隨形，成為婦女運動中揮之不去的陰影。

婦女運動的政治化，首先得益於臺灣社會轉型所提供的契機。繼1987年解除戒嚴，修改相關限制人民基本權利的法規之後，90年代，臺灣當局陸續創建了一系列「憲政改革」工程，政治民主化與本土化有了質的飛躍，「中央民意代表」和「總統」先後開放直接選舉，地方自治法制化，國民黨對政治資源的壟斷局面徹底被打破。民進黨活躍在各層級的各項公職人員選舉中，政黨政治逐漸形成。在經濟發展、教育提升及政治轉型這樣的社會變遷背景下，加上婦女團體幾十年的持續努力，性別平等意識深入人心，廣大婦女不再是政治生活中冷漠疏離的「她者」、聽命於人的「投票大軍」，她們不但學會利用手中的選票爭取自身

的權益，更積極投身各項選舉中，努力躋身於決策體系，成為臺灣政治生活中不容忽視的重要力量。再觀諸婦女團體，當年，她們資金人力有限，還要面臨政治壓力，透過營造女性「無知少女需要幫助」的弱小形象來贏取社會大眾的同情理解與支持。90年代後，她們開始理直氣壯地爭取女性在政治、經濟、人身安全等方面的平等權益。女性不再以弱者自居，她們以平等公民的身分，要求對社會中現存的不平等的性別結構制度進行改革，實現了婦女在政治生活等公共領域中由「他者」到主體的身分飛躍。「就女性參政權本質的發展，女性公民身分由過去特殊身分和現實政治保護的思考模式逐漸傾向於普遍主義之下的機會平等的思考，這樣的改變似乎顯示女性參政權作為性別政治的場域，在民主化過程中，臺灣女性一方面似乎擺脫了作為男性『他者』的特殊公民身分，即以差異身分而得到不同待遇——當選保障，從而進入與男性相同的公民身分」[187]。

　　同時，婦女隊伍逐漸壯大，議題日見多元，路線之爭浮上臺面，形勢的發展要求婦女團體有必要對外界說明婦女運動往後的主要發展方向。如前所述，在公娼事件前後，婦權派就已經醞釀了要走大眾改革路線的宣示，即關注兒童托育、老人安養、人身安全、就業機會等福利政策的全盤規劃，超越男女兩性的對立，設計出符合兒童、老人、婦女等社會大眾需求的公共政策。期間，部分婦女運動者提出了「婦運體制化」的說法，即婦女運動如何進入體制，面對選民、選舉與社會大眾的要求。她們認為，新形勢下，婦女運動要面對的民眾，不只是婦女運動同行或前來申述、求助的特定婦女，還有不分性別、年齡、階級，具有選票的社會大眾。林芳玫指出，如果婦女運動無法對選民（constituency）提出交代（accountability），那麼使婦女運動進入體制的政黨或政客也可能會連任失敗，連帶地也使婦女運動體制化或參政失敗。因此，新婦運所提出的婦女政策必須同時能夠吸引大眾選民，也就是「如何將婦女議題研發成選票市場中可吸引眾多選民青睞的好產品」，林芳玫認為這已經成為新婦運的中心問題，「這個問題使得婦運目標與策略跳出了以女性主義理論為中心的框架，轉變成以社會大眾及選民為中心，思索如何使婦運理念變成與一般人民日常生活息息相關的政府施政。由這樣的立場出發，托育、老人安養、社區治安與婦女人身安全、健保給付與婦女健康等女性主義長期以來就十分關注的議題，都可被轉化為吸引市民的政策以及

選舉時吸引選民的政見」[188]。另一婦女運動者劉毓秀（女學會第二、四屆理事長）則提出了在內涵上與此相近的照顧福利服務制度，期望透過這一制度實現政府對女性傳統工作的分擔，從而實現女人的解放和全面發展[189]。不論是大眾路線還是照顧福利服務制度，這樣的思考方向都意味著婦女團體開始以性別政治主體的身分和其它力量、團體平等對話，甚至結盟，以達到更深層次的制度改革。在此，林芳玫引用了劉毓秀的說法：

陳水扁當選前，幾位主打婦女權益訴求的臺北市議員女性參選人一一落選，給了我很大的刺激，並促使我思考，婦運要如何研發更好的產品賣出去，換取選票。早期，我走的是所謂純粹婦女運動的路線，如今我開始思考婦運基礎擴大的可能性，這可能性包括，與和我們不太一樣，但還可以合作的各方結盟。在這個層次上，我認為「普及主義的結盟路線」是很值得嘗試的。所謂「普及主義」，是我們所研究開發的解決方案要能夠儘量惠及所有的人，如此，任何一個政黨或候選人都會想要將我們納入，婦運的理想也才可能利用政治資源逐一落實；至於結盟對象，勞工、中產階級以及政治、環保等社會運動組織是必然的，甚至，連資本家我都不覺得要排除。個人覺得，從尋找共識的角度（以代替過去衝突的角度）去思考運動的實踐問題，是滿必要的。[190]

這種政治化的趨勢和積極介入選舉政治的思考體現在90年代婦女運動的一系列行動中。在輿論影響上，婦女新知和女學會舉辦多場學術研討會提出「憲政改革」聲明，批評現存婦女政策，製造輿論，引起社會對女性這一政治主體的關注，也給政黨和政府造成無形壓力。在選舉實務上，從1989年開始，婦女團體便在增額「立法委員」選舉中，提出「婦女十大政見」，在該政見中，對許多現存的婦女政策及法律條文有所批評並提出婦女團體的改革建議。在婦女團體的帶動下，隸屬執政黨的婦工會首次提出了相應的「八大婦女政策」；而國民黨的女性候選人也聯合提出了「十二大婦女政策」。1992年第二屆「立法委員」選舉期間，婦女團體與民進黨聯合組成「婦女選民政見連線」，提出女性立委候選人的「婦女聯合政見」，提出要提升婦女在財產、工作、婚姻等方面的權利，並得到了國民黨籍女性候選人的支持，實現了女性政治人物的跨黨派聯合發言。[191] 隨後，婦女團體將這一行動擴大到所有的公職人員選舉中。婦女團體透過公職人

員選舉，推出各種政見給候選人尤其女性候選人，利用公職人員尤其民意代表的政治影響力，推動政策制定或改革的可能性。這表明婦女團體已經意識到婦女參政權乃至決策權對於根本改善婦女地位的重要作用，開始積極尋求與政治體制的政策對話。此外，婦女團體也與體制或政黨合作，協助政黨制定婦女相關政策，將婦女議題主張納入執政者的政策或施政綱領當中，如1994年成立的臺北市婦女權益促進會，就曾直接推動民進黨執政下臺北市相關婦女政策的施行。婦女團體與政治的互動關係日益密切，手法愈加嫻熟，但問題也接踵而來。問題的出現始於婦女團體與臺北市婦權會的合作，表面上是一些理念的歧異，實質上卻是臺灣政治中獨有的藍綠之爭在婦女運動領域的延伸和體現。

在反對運動中崛起的民進黨，一定程度上代表了臺灣民眾要求民主和改革的草根利益，比坐擁執政資源高高在上的國民黨更能體會到民間社會的各項訴求。在戒嚴期間，正值婦女運動的初創期，婦女團體與政治保持等距，無論是執政黨還是反對勢力，都與婦女團體處於相互排斥中，作為另類教材的呂秀蓮個案更強化了婦女團體與政治保持距離的心態。80年代末，政治轉型，婦女團體以平等主體的身分進入政治領域參與各項公共政策改革的討論，當需要尋求合作夥伴時，標榜草根利益的民進黨相對而言更容易得到婦女團體的信任。如前文所提及，范雲的實證研究也表明，在婦女運動團體的世代交替中，90年代以後的一代有著與早期婦女運動先驅迥然相異的生命形態，包括出身階級、教育背景、族群構成以及政治認同，其中，1994年以後加入婦女運動行列的人中有68.8%認同民進黨，認同本土政權也維持同樣高的比例[192]。

1994年，陳水扁當選臺北市長後，婦女團體與其合作推動臺北市相關婦女政策的執行，成立了臺北市婦女權益促進會。婦權會由臺北市長擔任主席，委員包括：六位市政府官員、六位婦女團體代表、六位專家學者，共十八人，每三個月開一次會，會中的提案與決議事項以市政府的名義送請有關機關處理或執行。在臺北市社會局的配合下，婦權會的確做了一些事情，如推動兒童托育聯盟、參與「臺北市工作就業歧視評議委員會」、「三黨候選人政見評鑒會」等。但因臺北市為民進黨執政，婦權會不可避免地帶有明顯的本土色彩，由此開啟了臺灣婦女運動本土化中的意識形態之爭。婦權會在定位上強調本身為一個「認同本土」

的婦女團體，在各項婦女政策的推行上力求體現「臺灣優先」的精神[193]，意識形態上明顯有別於其他婦女團體。雖然婦權會一直期許自己要保持一個既爭取資源又要監督政府的立場，即「在體制內做體制外的事情」，並聲稱「要強調民主意識、避免與政黨掛鉤，也就是不要將來選舉的時候變成某人的後援會」[194]，但其「臺灣優先」的政治宣示引來了婦女團體內部的紛爭。有部分人認為，與政黨過度密切的關係將使婦女團體失去主體性，面臨被政黨或政治人物收編的命運，持這種觀點者有顧燕翎等[195]。但也有不少人認為，走向體制內改革，依附政黨或政治領袖，提倡由上而下的「國家女性主義」，可以節省資源，更有利於婦女運動的目標實現。自稱於民進黨前婦女部主任彭婉如（也是一名婦女運動者）遇難後顏色轉綠的林芳玫[196]認為，女性可以更積極地去參與政府或政黨：

「希望未來看到更多的姐妹加入各種不同的政黨，讓性別議題在校園、媒體、政府機構、政黨等不同的場域開花結果。如果說大部分人對政黨沒興趣，其實這也是全世界各國普遍的現象；但至少我們可以做到不要對政黨反應過度，以致於把它看作是婦運純粹的汙染源，這樣就太焦慮了。我很希望更多女性加入各種政黨，在政黨內部提出婦女政策，這樣就可以形成不同政黨的良性競爭，選民也有較多比較與選擇的機會。目前民進黨相較於其他政黨較注重婦女權益，結果反而引來婦女團體更多的密切注意與檢驗，其他政黨反倒不必接受檢驗」[197]。

婦女團體和政黨或體制保持什麼樣的關係是個複雜的問題。在政府和政黨為適應性別主流化而不斷調整其婦女政策時，婦女團體如何做到在堅持監督政府的前提下，審時度勢，發揮政治資源的最佳效用，成為新形勢對婦女運動的又一考驗。繼婦女新知基金會轉型之後，2002年9月，女學會正式向臺「內政部」登記，和婦女新知一樣成為體制內的團體。一方面，「更有效地集結和發揮女人的集體性、批判性和創造性的力量」[198]；另一方面，和婦女新知一樣，接受制度的相關規範，努力探討制度化體制下婦女運動的有效途徑。而政黨政治的影響，不僅波及婦女運動，實際參與政治運作的女性政治人物更難以避免，形成當前臺灣女性參政的一大困惑，這些將在後文加以探討。

第三節　威權瓦解時期的婦女參政

國民黨於1986年提出的「政治革新」及隨後一系列政治解禁的措施，成為當代臺灣政治發展的一個里程碑，對臺灣社會的影響廣泛而深遠。「政治發展從來就不是自生自滅的，而是在一定的社會力量推動下產生的一種要求」[199]。雖然，國民黨的政治革新乃至後來的解除戒嚴、「憲政改革」等一系列政治民主化的舉措都是為了適應其在臺統治的發展才不得已而為之，但它在客觀上解開了威權體制加諸於人們身上的層層束縛，「中央民意代表」全面定期改選、「總統直選」為人們提供了用選票表達政見爭取利益的機會，使人們在政治參與上狹窄逼仄的空間一下子開闊起來。同時，經過婦女運動多年的努力，性別平等意識已深入人心，婦女的工作權、參政權得到認可受到重視，女性開始以平等主體的身分進入政治生活等公共領域，更多的年輕一代活躍在各種公職人員選舉中甚至躋身於「行政院」、立法院等權力機構。由此，我們看到，90年代的臺灣女性，在政治參與上爆發前所未有的熱情，在公職人員、媒體政論中形成隊伍逐日壯大的娘子軍，成為影響臺灣政治運作的一支重要力量，女性參政進入了一個新的階段。

一、威權瓦解下的政治機會

1987年國民黨當局解除戒嚴放開黨禁、報禁之後，國民黨實施的「政治革新」並未結束，而是剛剛開始。解除戒嚴意味著國民黨當局終於正面兩岸關係發展改變的現實，不再以具有濃厚軍事意味的「戡亂復國」為目標。但隨著「戒嚴令」的解除，與此相應的一系列政策和制度都需要修改以適應解嚴後的新局勢。「動員戡亂體制」的終結和回歸「憲政」常態、「中央民意代表的全面改選」等問題接踵而來，「法統」不可碰觸的禁忌已難以為繼，種種問題迫使國民黨由此開始了艱巨複雜的「憲政改革」工程。

1.「法統危機」

如本文第二章所述，早在蔣經國實行「本土化」過程中，「法統」和「本土

化」之間不可調和的矛盾就已經顯現。當時，國民黨仍可以「戰時」狀況為名，在不觸動「法統」完整性的前提下，對「中央民意代表」進行有限度的補充，既疏解臺灣民眾的不滿，也為日漸老邁凋零的「國會」補充新鮮血液。但隨著時間的流逝，這一保全「法統」完整性的補救方法面臨著種種嚴峻的挑戰。

首先，「資深民意代表」的老邁凋零讓國民黨當局回天無力。資深代表的任期雖然可以透過法律延長，但他們的壽命卻終歸有限。30多年的時光過去，當年選出的第一屆「中央民意代表」已是垂垂老去，日漸凋零，訃聞見報的頻率越來越高。1984年「國大代表」去世人數40名[200]，1989年又有59名「國大代表」辭世[201]，1988年逝世49人[202]，代表總數一再下降。定期增額選舉的結果，僅僅是給國民黨的「萬年國會」注入一線生機而已，並不能挽救其老化衰朽的局面。據統計，到1986年12月，包括「增額代表」在內的「國大代表」平均年齡達74歲，立委71歲，「監委」70歲；70歲以上代表占「國代」的76.4%，占立委的68.6%，占「監委」的61.5%[203]。到80年代，這批在1947-1948年間選出的第一屆「中央民意代表」，都已經有70歲以上。其中，1988年時，「國大代表」平均年齡為78歲，「立法委員」平均年齡為82歲，其中85歲以上者占半數；「監察委員」平均年齡為83歲（見表3-1）。80年代末，這批已屆耄耋之年的代表，多是在家人攙扶下拄著拐杖或坐著輪椅出席會議，其議事效率可想而知。

老邁凋謝帶來的問題，從「國民大會」選舉「總統」的投票數、「立法委員」的質詢次數、「監察委員」對公務人員的彈劾案中可見一斑。1978年蔣經國第一任「總統」選舉時，有近1200名「國大代表」投票，六年後第二任選舉時約為1000人，到了1990年李登輝選「總統」時，只剩下668人；立法院方面，在1981-1987年間，216位「資深立委」中，有158位連一次口頭質詢都沒有，這從一個側面印證了民眾稱立法院為國民黨當局「橡皮圖章」的譏諷；而「監察院」的彈劾案則由五六十年代的每年13件下降到七八十年代的每年二三件[204]，「監察委員」的無所作為由此可見。國民黨當局高薪奉養的「資深代表」，因年老體邁，且長期不改選而致民意基礎漸失，其主控下的「民意機構」漸成當局的「表決機器」和「民主擺設」，議事功能每況愈下，更遑論發揮監督制衡功能了。若任其發展，這些「國粹」終有一日會全部凋謝，那將使國民黨視之神聖的

「法統」立告終結，後果不堪設想。

表3-1 第一屆「國會」名額變化表

	「國大代表」	「立法委員」	「監察委員」
法定名額	3045	774	223
1947-1948年間選出名額	2953	757	180
1950年來台名額	1578（a）	479（b）	138
1966年來台名額	1381	436	79

續表

	「國大代表」	「立法委員」	「監察委員」
1969 年增補選名額	15	11	2
1988年時人數	922	312	67
1947-1948年間選出者 1988年時平均年齡	78	82	83

說明：（a）為出席1954年「國大」第二次會議的人數，其中已包括遞補代表。

（b）包括立法院遷臺前遞補名額在內。1951年4月後停止遞補。

資料來源：1.第1-2欄出自《「中華民國」選舉史》，臺北，「中央選舉委員會」編印，1987年6月，第331、357-358、382-383頁。

2.第3-5欄出自鄭牧心《臺灣議會政治40年》，臺北自立晚報社，1987年，118-122頁。

3.第6-7欄出自《中國時報》、《中央日報》，1988年2月4日。

另一方面，「憲政體制」的靜止僵硬和社會變遷之間的矛盾日益激化，迫使國民黨當局不得不進行相關政策的大調整。根據馬克思主義憲法學基本原理，憲法是國家根本大法，又是一定社會經濟基礎的上層建築，因此，既要保持一定的穩定性，又必須隨社會發展變化而變化。憲法的發展變化一般透過修改憲法而達成。憲法修改的必然性源於憲法自身的兩個基本矛盾：

第一，社會實踐的變動性和憲法條文的僵硬性。憲法是特定歷史時期階級鬥爭的結果和總結，是統治階級意志的集中表現。在敵對階級已經消失的國家裡，它也是不同階層、集團力量對比關係的表現。隨著社會的發展，各階級階層力量的強弱程度總會發生變化。相較於社會的發展變動，憲法條文的靜止性終會導致

它規範現實能力的滯後性，以至其不能在既有憲法的架構內容納新興的社會勢力，或給予社會權力的新分配以及時恰當的反映，這是憲法修改的根本原因。

第二，根本法的完整性和具體條文的不完備性。憲法作為國家根本大法，對於國家性質、國家根本制度、政府和人民間權利義務關係、政權機構間分權制約等方面都有明確規定。但這些規定起的是綱領性作用，有些條文則有待於依法制定、頒行細則後才能付諸實施。這是決定憲法修改的又一個重要原因。

而作為憲法內容體現的政治形態、政治過程（或稱「政治體制」），憲政體制也因憲法的靜止而日漸僵硬。作為國民黨當局「法統」載體的「憲政體制」，其法源為1947年制定實施的「中華民國憲法」和凌駕其上的「動員戡亂時期臨時條款」，象徵機構則為三個「中央民意代表機構」。經過戰後四十多年的經濟發展和社會變遷，臺灣社會的現實早已非1947年時候的「憲法」和「臨時條款」所能定義，「法統」的修補成為歷史的必然。

1986年，國民黨提出「政治革新」，其「充實中央民意機構」的議題引發社會各界的熱烈討論，全面改革「國會」的呼聲日益高漲。1988年7月國民黨中常會核定「充實中央民意機構」的基本原則，包括：（1）在不設大陸代表的前提下，確定「增額中央民代」總額及分期擴充數額；（2）鼓勵「資深中央民代」自願退職；（3）對長期臥病或長居國外的「資深中央民代」，視為自願退職；（4）停止原「一屆國代」遞補制度[205]。可見，國民黨的立場，仍是在不觸動「法統」的原則下對「國會」的充實。但是，憑「法統」進行專制統治所累積的民怨，已不是這種細枝末節的修補所能撫平，「局部改選並不能解決資深代表無限期留任問題，而且中央民意代表機構不採合議制，以少數局部改選的新血輸雜在舊血中，實際又能發揮多少作用？」[206]。40多年的時間裡，國民黨以「代表全中國」的「法統」行統治臺灣之實，以威權體制為護身符保護其對臺灣政治資源的壟斷，到了80年代末，臺灣民眾已經無法再容忍這樣的事情。經過50、60年代的經濟復甦、政治高壓，70年代的經濟騰飛、教育普及，民眾政治參與意識上揚，對政治的恐懼心理逐漸改變。到80年代後期，在解除戒嚴、開放黨禁、報禁的自由氣氛中，人們對國民黨專制統治的不滿表面化、公開化，解除威

權體制的呼聲日益高漲,對「憲政體制」細枝末節的修補已經不能滿足人們的要求。而與此同時,威權體制下「憲政」機制的多年積弊也日漸嚴重,並隨著國民黨內派系利益分化而導致各種利益衝突層出不窮,愈凸現了原有體制的僵化和根本變革畸形「憲政體制」的緊迫性。1990年,圍繞「正、副總統候選人」提名問題,國民黨內發生分歧,並在當年「國大」會議期間被引爆。「資深國代」趁機擴權,造成「憲政」危機空前嚴重,引發大規模的學生運動和社會各界的強烈反彈,成為臺灣「憲政體制」發展的轉折點。在社會輿論的強大壓力下,國民黨內達成召開「國是會議」、「修憲」、「全面改選」的共識,打開了「法統」不可碰觸的禁忌,轉而採行「修憲」方針,正式提出「憲政改革」的政策,拉開了「憲政改革」的序幕。

2.「憲政改革」:政權全面開放

1990年6月底,「國是會議」如期召開,最終在五個議題上達成原則性共識:(1)「國會」全面改選;(2)「地方制度」法制化;(3)「總統」民選;(4)終止「動員戡亂時期」,廢除「臨時條款」,由具有民意基礎的機關以法定方式修改「憲法」;(5)以臺灣人民的福祉為前提,推動兩岸為「對等政治實體」,設立政府授權的「中介團體」,負責兩岸交流事務,功能性交流從寬,政治性交流從嚴[207]。隨後,國民黨提出「一機關二階段」的「修憲」原則,即由第一屆「國大」進行「程序修憲」,並賦予第二屆「國大」法源,再由第二屆「國大」進行「實質修憲」。

1991年4月,臺灣「第一屆國民大會二次臨時會議」召開,進行第一階段「修憲」。第一次「修憲」主要是為重建國民黨政權統治的正當性做好各項法律準備工作,以確立未來政治生活中新的遊戲規則。其主要內容為:確定第二屆「中央民代」產生的方式、任期等,並由第二屆「民代」進行第二階段「修憲」;決定結束「動戡時期」,並賦予相關法律調整的法源;授權政府制定相關法律,規範兩岸人民交往等。其中,「終止動員戡亂時期,廢除臨時條款」是第一階段「程序修憲」的重大成果之一。所謂「終止動員戡亂時期」,即停止實施國民黨政府於1947年7月4日「第六次國務會議」上通過的「厲行全國總動員,

以戡平中共叛亂,如期實施憲政」的方針,包括廢止和停止構成「動員戡亂法系」的150種左右的法律、法規和命令。其中主要有:(1)有關「反共戡亂方面」的,如「國家安全法」、「檢肅匪諜條例」;(2)有關民眾民主權利方面的,如「集會遊行法」、「人民團體法」;(3)有關經濟方面的,如「在臺公司淪陷區股東股權行使條例」、「淪陷區工商企業總機構在臺灣原設機構管理辦法」等。以上法律、法規、法令中,有的全文廢止,有的做進一步的修訂調整以適應臺灣社會現實需要。所謂「廢止臨時條款」,即廢除前述1948年4月18日「國大」通過的具有「憲法」補充條款性質的「動員戡亂時期臨時條款」。該條款在國民黨政權抵臺後曾進行過四次修訂,使「總統」職權得以一再擴張,「每一次修訂都大幅擴大總統職權而任臨時條款變成學者所謂的強人政治之溫床」[208]。如今這一廢除,其於臺灣政治生活的實際意義是:停止賦予「總統」無限期連選連任、享有至高無上權力的「非常時期」的做法,恢復正常統治狀態下「憲法」關於「總統」連選只能連任一次的規定。這樣,「動員戡亂時期臨時條款」的廢除,使「總統」選舉及權限成為廢除臨時條款後亟須解決的主要問題,並成為第二階段「修憲」鬥爭中的焦點。

第一階段的「程序修憲」結束後,1991年底,臺灣進行了「二屆國代」的全面改選,由選出的「第二屆國大」進行第二階段的實質「修憲」。1992年,致力於統治機構調整的第二次「修憲」開始進行。其主要內容為:把「總統」選舉方式由「國大」選舉改為公民選舉;對「中央政府機構」職權作了重大調整,其中「國大」增加對「司法院」、「考試院」、「監察院」院長人事同意權及聽取「國情」報告、檢討「國是」等權力;「監察院」人事權遭削弱,由民意機關變為準司法機關;地方制度方面實施「地方自治法制化」,舉辦省、市長民選等。第二次「修憲」打破了原有「五院」機構間的分工制衡關係,「憲政架構」與原有「五權架構」的偏離開始出現。

由於第二次「修憲」中的「總統」選舉之爭未能解決,衍生出1994年7月第三次「修憲」。其主要內容為:確定「總統」選舉方式為公民直選;對「中央政府機構」也作了補充調整;「行政院」的重大人事副署權遭削弱;「國大」成為常設機關,設議長、副議長,經「國代」互選產生,掌握「修憲」主導權的國民

黨中央藉此安撫失去「總統」選舉權的「國代」情緒;「考試院」職權被削減,「憲政架構」開始與「五權體制」漸行漸遠。

因對「中央政府」機構的補充調整未盡完善,而「中央政府」與省級地方政府功能重疊的問題又一再顯現,形成「憲政僵局」,成為第四次「修憲」的契機。1997年8月第四次「修憲」的主要內容為:「總統」取得「閣揆」任命權、解散「國會」權,立法院換到了「倒閣」權;地方制度方面是「凍結省級選舉」。1997年「修憲」,「總統」和立法院在「憲政體制」中的地位雙雙得到鞏固,被臺學者稱為「傾向總統制的雙首長制」,原有的「五權架構」開始面目全非。

1999年9月,臺「國大」第五次「修憲」通過了引發臺灣社會各界強烈反對的「延任自肥案」,其主要內容為:「延長總統、國代、立委任期至2003年6月30日為止」,消息傳出,輿論嘩然。後來,部分立委提出「聲請案」,「司法院大法官會議」於2000年3月提出「釋字四九九號解釋」,宣布「國大」延任自肥的「修憲」決定因「違憲」而無效。而「國大」議長蘇南成則因此引咎辭職,並受國民黨開除黨籍處分。經此事後,「國大」徹底喪失了公信力,面臨或改選或廢除的命運。

2000年4月,「國民大會」進行第六次「修憲」,決議並通過了「國大虛級化修憲案」,其主要內容為:「國大」虛化為任務型復議機構,任期為一個月,復決立法院所提「憲法修正」案、「領土變更案」;議決「立法院提出之『總統』、『副總統』彈劾案」,原有的「修憲提案權」、「司法、考試、監察三院『人事同意權等重大職權均悉數移轉』立法院」。

2004年8月,經過歷次「修憲」而取得「修憲提案權」的立法院首次展開「修憲」,在「改革」的口號下,最後通過了「立委席次減半」、「單一選區兩票制」、「廢除任務型國大」和「公投入憲」等四大議題,決定改革「立法委員」的選舉制度,並廢除「國大」,將其擁有的「修憲」案、「領土變更案」復決權轉為公民投票復決,「總統副總統」彈劾案則經立法院投票表決後由「憲法法庭」審判定案。這一「修憲」案在2005年6月7日獲得「任務型國大」確認通

過，備受爭議的「國大」至此走入了歷史，卸去了「維繫中華民國法統的最後一道閘門」[209]。

經過前後七次「修憲」，臺灣當局「憲政體制」發生重大變化，各權力機構間職權互有消長，「總統」和立法院的職權雙雙得到加強。國民黨政權則藉此擺脫了其在合法性上所受到的質疑，實現了國民黨政權的「臺灣化」。從政權所需的民意支持度來說，這一改革拉近了國民黨和臺灣民眾的距離，使其擺脫了困擾多年的「法統」危機。在這一「還政於民」的政權全面開放過程中，大量釋放出來的政治資源為臺灣民眾參政提供了更為廣闊的空間，更給有志於此道的政治人物提供了大量的政治機會。其中，包括選舉範圍的擴大與層次的提升，如「國會」全面改選、「總統」由「國大」選舉改為公民直接選舉等，以及各種競爭制度的修訂與健全，都給臺灣的各種政治勢力提供了渠道，得以在政治秩序重組過程中重新分化組合。

緊隨「憲政改革」而來的各項選舉中，首先登場的是「國會」的全面改選：在資深「中央」民意代表全部退職後，1991年12月舉行第二屆「國大代表」選舉，次年12月進行第二屆「立法委員」選舉。其後各項地方領導人選舉接踵而來：1994年12月舉行臺灣省長、北高市長選舉，1996年3月「總統」民選，等等。名目繁多的選舉成為政治生活中的一大要事，並使政黨競爭在較大的範圍與較高的層次上進行，選票多寡與政權得失也有了直接聯繫。匯聚了早期反對勢力精英的民進黨迅速成長壯大，在各項公職選舉中一路攻城略地，成為國民黨執政的最大競爭對手。

1997年十三屆縣市長選舉結束後，民進黨第一次在主要的選舉指標上超過了國民黨：國民黨主政的縣市由15席跌為8席，所管轄的人口總數只占23個縣市總人口的19.1%；相反，民進黨執政的縣市由選前6席增加為12席，包括4個轄市和主要的都會地區，所轄地區人口總數占23縣市總人口的73.2%；而在全部選票中，民進黨的得票率為43.3%，超過國民黨的42.1%[210]。選後臺灣各大媒體都斷言，臺灣已是「藍天變綠地」，就是在這種「地方包圍中央」的政治情勢下，2000年民進黨又一舉贏得「總統」選舉的勝利，實現了臺灣的政黨輪替，並且

117

把政權延續至2008年。隨著臺灣政治轉型的完成，國民黨背負多年的「法統」罵名終得以卸去，喧囂多年的「法統」存廢爭議平息下來，但取而代之的是以國民黨和民進黨為代表的藍、綠兩大陣營之間的意識形態之爭，且愈演愈烈，成為政治轉型以來臺灣政壇揮之不去的夢魘。依靠選舉起家的民進黨，蓄意炒作國民黨執政的諸多流弊，在「清流」與「黑金」、「草根」與「權貴」、「臺灣」與「中國」的選舉文宣戰中把族群矛盾無限擴大化，造成臺灣「只問藍綠、不問是非」的惡劣政治文化。這種藍綠之爭延伸到女性主義運動乃至女性參政過程中，成為當代臺灣女性參政過程中一個至關重要的影響因素。

二、各級公職人員選舉和婦女直接參政

90年代臺灣政治轉型給婦女參政帶來的直接好處就是各種選舉的範圍擴大和層次提高，如最高民意代表機構的定期全面改選、臺灣領導人的直接選舉等，使包括婦女在內的普通民眾的政治參與空間驟然大增，給有志於政治參與的年輕女性提供了大量機會，也使得臺灣政治舞臺上活躍著越來越多不讓鬚眉的巾幗女杰。高層權力資源的開放使這一時期最高民意代表和北、高市議員的選舉吸引了大批的女性，也使本文對這一時期女性參政的觀察得以提到一個更高的層面上來進行。

1.「中央民意代表」選舉女性參選情況

1987年解除戒嚴之後，人們壓抑多年的政治能量如決堤的洪水，一發不可收拾。1989年包括「立法委員」增額選舉在內的五項公職人員選舉給躍躍欲試的人們提供了一顯身手的機會。隨後，國民黨主導下的「憲政改革」拉開序幕，1991年資深「中央民意代表」全部退職，1992年開始進行「中央民意代表」的全面定期改選，一向高不可攀的莊嚴「廟堂」不再那麼遙不可及，「國會議員」的榮耀地位和權力資源極大地激發了人們的參政意願。隨著「憲政改革」的逐步進行，「監察院」成為準司法機關，「國大」功能職權漸漸虛級化終至最後廢除，其重大職權大部分轉移到立法院，立法院的地位愈顯重要，擁有議決法律案、預算案、人事案等重大職權，成為政黨的兵家必爭之地，也吸引眾多女性政治人物投入角逐。

1991年，臺灣當局在「程序修憲」過程中制定出來的「憲法增修條文」明確規定，「國民大會以及立法院於選區應選名額在五人以上十人以下者，設有婦女保障名額一席，超過十人者，每滿十人再增一席。其餘地方民代則於相關地方法規中規定」，將原有的「婦女保障名額」制度具體化。同時，得益於婦女運動團體的積極奔走，以及在開放的政黨競爭中吸引婦女選票的需要，一定比例的女性候選人成為各個政黨在提名候選人時不得不考慮的因素。諸多因素交互作用，既給女性參政提供了機會，也強化了鼓勵女性參政的社會氛圍。如下表顯示，婦女參與「立法委員」選舉的積極性逐漸提升，參選率逐屆攀升，帶動女性「立法委員」比例的總體提升。

　　這裡要特別提到的是2005年通過的第七次「修憲」案。這次「修憲」案攸關最高民意代表選舉的部分內容為「立委減半」、「單一選區兩票制」，即：「立法委員」席次由現有的225席減半為113席，任期由三年改為四年；「立法委員」選舉制度改採單一選區兩票制。在此之前，臺灣「立法委員」的產生，長期採用的是複數選區單記不可讓渡制的選舉制度。占總席次近三分之二的席次為選票選出的「區域」代表，選舉時，每位選民只能投一票且選票不能在候選人之間互相轉移，依票數高低決定區域立委當選人。「不分區及僑選代表」的產生，則是將政黨比例代表依附在區域立委的選票上，由在區域立委選舉總得票率超過5%的政黨根據得票率分配一定的名額。在新的單一選區兩票制度下，所有的選區都改成應選名額為1的單數選區，選民在選舉時可以投兩票，一票給區域立委候選人，一票給政黨，以讓達到5%門檻以上的各政黨依此得票率分配「不分區及僑選代表」名額。這一新的選舉制度於2008年1月12日選舉第七屆「立法委員」時首次實施。這一新的制度，對女性參政的重大影響是，採行單一選區後，「婦女保障名額」自動失效。在新的單一選制下，多元代表性受到排斥，女性在原有中大選區獲得提名的優勢不再存在，更加依賴政黨的提名與支持。但失之桑榆，收之東隅，這次「修憲」同時提出了對女性參政具有重大意義的關於不分區代表部分女性的提名比例問題。關於不分區代表的提名，第七次「修憲」的條文裡明確規定：「各政黨不分區的女性當選人不得低於二分之一」。無疑，這一規定極大彌補了女性在單一選區難以獲得政黨提名的缺憾。[211]得益於此，這一屆

立法院甚至創下了女性當選人比例達30.09%的歷史新高,達到了女性參政人數發揮作用的「關鍵比例」或「臨界點」。[212]因此,筆者的觀察結果一如臺灣學者楊婉瑩所言,「未來女性參選立委,最主要需要克服的門檻仍在黨內的父權文化」。[213]

表3-2 「立法委員」選舉女性參選概況(1987-2008)

年別	候選人數 總數	候選人數 女	候選人數 %	婦女保障名額	當選人數 總數	當選人數 女	當選人數 %
1989年	302	26	8.60%	7	101	14	13.86%
1992年	403	46	11.41%	13	161	17	10.55%
1995年	397	50	12.59%	13	164	23	14.02%
1998年	498	86	17.26%	15	225	43	19.11%
2001年	584	110	18.83%	15	225	50	22.22%
2004年	492	96	19.51%	15	225	47	20.88%
2008年	423	121	28.61%	无	113	34	30.09%

資料來源:1.臺灣政治大學選舉研究中心\http://vote.nccu.edu.tw/cec/cechead.asp。

2.黃秀政,《戰後臺灣婦女參政問題的檢討——以婦女保障名額制度為例》,《臺灣文獻》第56卷第1期,2005年6月。

3.周碧娥,《臺灣婦女與政治:1985-1994》,見王雅各主編《性屬關係(上):性別與社會、建構》,臺北,心理出版社,1999年。

表3-3 「國大」代表選舉女性參選概況[214](1987-2008)

年別	候選人數 總數	候選人數 女	候選人數 %	婦女保障名額	當選人數 總數	當選人數 女	當選人數 %
1991年	627	74	11.80%	28	325	42	12.92%
1996年	432	79	18.28%	29	234	43	18.37%

資料來源:同上。

如上表所示,90年代開始,臺灣開始進行「中央民意機構」的全面改選,1991年進行第二屆「國大代表」的選舉,1992年進行了第二屆「立法委員」的全面改選。此後,「立法委員」每三年改選一次,至今已經進行了五次全面改選,第六次改選即第七屆立委選舉將於2007年底進行。根據歷次「立法委員」

選舉統計資料顯示（如表3-2），90年代以來，女性積極投入「立法委員」的選舉中，參與人數與當選人數都在增加，參與率與當選率也在逐漸提高。與70年代到80年代中期的10%左右相比，這一時期，無論在「國大代表」還是「立法委員」的選舉方面，女性在候選人總數中所占百分比的參選率和當選女性所占百分比的代表比率都穩定在10%以上，而女性「立法委員」在總席次上所占的比例則逐年遞增，由1992年的10.55%上升到1995年的14.02%，再到1998年的19.11%，在2001年第五屆「立法委員」的選舉中，女性代表率提高到22.22%，而在2008年的第七屆「立法委員」選舉中，女性「立法委員」更占了總席次的30.09%，創下立法院女性比例的新高。當然，如前文所言，這屆女性「立法委員」人數的新高比例完全得益於國民黨、民進黨兩黨在不分區部分對女性高達50%的提名比例。

另外，在此前的幾屆「立法委員」換屆選舉中，相較於婦女保障名額的穩定不變，婦女當選人數在穩定上升，當選人數與保障名額之間的差距在逐漸拉大，依靠婦女保障名額當選的人越來越少，甚至有不少女性候選人以傲人的亮麗成績當選。如，1998年當選的43席女性「立法委員」中，扣除政黨比例代表制產生的8名，其餘依靠選票當選的35名「區域立委」中，只有臺中縣國民黨候選人楊瓊櫻一人依靠保障名額當選，其餘當選者都是自食其力選上，甚至其中還有不少女性候選人拿下所在選區第一、第二高票，如臺北市的秦慧珠、彰化縣的翁金珠和嘉義市的黃敏惠都拿下了所在選區的第一高票；臺北市的王雪峰、二選區的李慶安、高雄市黃昭順、臺北縣周雅淑、桃園縣朱鳳芝、雲林縣曾蔡美佐、嘉義縣蕭苑瑜、臺中市盧秀燕和平地少數民族的章仁香都取得了所在選區的第二高票[215]。

在2001年第五屆「立法委員」選舉中，所有當選的女性候選人，都沒有依靠保障名額當選。甚至，有些還以選區的第一、第二高票當選，如高雄縣的林岱華、彰化縣游月霞、臺北縣李慶華，分別以所在選區第一高票當選；臺南縣的葉宜津、臺北市李永萍獲得所在選區第二高票[216]。在2004年第六屆當選的女性立委中，除臺南縣的葉宜津依靠保障名額當選外，其他女性表現突出：有5人得到所在選區第一高票，分別為臺北縣雷倩、臺中縣謝欣霓、雲林縣張麗善、嘉義市

黃敏惠、臺南市唐碧娥；4人以選區第二高票當選，她們是臺北縣洪秀柱、桃園縣朱鳳芝、臺南市黃昱婷和山地少數民族選區的高金素梅[217]。應該說，隨著選舉範圍的擴大和層次提高，女性參政層次也隨著提高，人數同步增長。

在這些踴躍參選的女性政治人物中，仍以有政治家族背景或現任優勢者為多。比如，在1998年第四屆「立法委員」選舉中，參加「區域立委」選舉的60名女性候選人中，有三分之二以上的人具有政治家族背景，而具有現任民意代表優勢的更多達41人[218]，以臺中市的四位女性立委候選人為例，除了謝啟大、沈智慧以外，盧秀燕與許幸惠都有從政的丈夫，表明家族勢力對女性參政仍具有舉足輕重的影響作用，新人出頭仍需更多努力。當然，也仍有其他女性不靠派系和家族勢力，僅僅透過參加社會運動，依靠媒體來為自己創造政治資源，如2001年當選「立法委員」的陳文茜等。正如臺灣學者彭渰雯所言：「解嚴以後，隨著政治的開放與民主化，女性參政的動機與背景漸趨多元，承繼家族政治資源者雖仍不在少數，因為參與社會、政治改革、學生運動甚至婦女運動，而進一步決心參政的女性，也隨著政黨政治的發展而有較大的空間」。[219]

基本上，從以上這些平面數字的觀察可以看到其中社會權力資源分配朝兩性平等方面發展的趨勢。只是，隨著2005年第七次「修憲」後選舉制度的改變，從2008年起，臺灣「立法委員」選舉開始採取「單一選區兩票制」。筆者曾經根據臺灣選舉制度的實際運作，以及特有的選舉文化，結合政黨的提名策略和選民投票心理進行綜合分析，認為複數選區有利於邊緣族群和弱勢團體，如小黨或女性候選人[220]，單一選區的制度設計明顯不利於女性參選，也影響政黨提名意願和選民投票心理。由2008年的「立法委員」選舉結果觀察，似乎不分區部分二分之一的女性提名比例給了女性更大的保障。只是，這一新制度剛開始施行，其對女性參選的長遠影響仍有待於進一步觀察。

2.地方選舉女性參選情況

地方制度也是「憲改」中的又一重要議題。從國民黨政權遷臺到90年代期間，臺灣只是在非常體制下「試行地方自治」，只辦理鄉鎮市長、鄉鎮市民代表、縣市長、縣市議員、省市議員的選舉。在1990年的「國是會議」上，「地

方制度問題」成為「憲政改革」的五大議題之一。1991年結束「動戡時期」，進入「完全行憲」，回歸「憲法」常態，地方自治提上議事日程。1992年第二次「修憲」通過有關省、縣自治的規定：（1）省設省議會，縣設縣議會，省議會議員、縣議會議員分別由省民、縣民選舉之；（2）屬於省縣之立法權，由省議會、縣議會分別行使之；（3）省設省政府，設省長一人，縣設縣政府，設縣長一人，省長、縣長分別由省民、縣民選舉之；（4）省與縣之關係；（5）省自治之監督機關，為「行政院」，縣自治之監督機關為省政府[221]。1994年7月，臺立法院三讀通過了《省縣自治法》和《直轄市自治法》，使長久以來一直處於法律真空狀態的臺灣地方自治獲得了法源基礎。同年底，臺灣舉行首屆省長選舉，國民黨中生代政治明星宋楚瑜高票當選為臺灣省省長，臺北市、高雄市也分別進行了改制後的首次市長選舉，民進黨人陳水扁藉國民黨陣營分裂贏得臺北市長選舉，國民黨籍吳敦義當選高雄市長。自此，臺灣地方自治開始步上正軌，「臺灣地方自治已由昔往的監護型地方自治，進入『自由化』與『民主化』的轉型階段」[222]。

　　臺灣的省級地方自治，剛施行不久，就衍生出種種問題，如「中央」和地方權限間矛盾衝突，加上政治人物的權謀和統獨之爭，由此引發了一場「凍省」與反「凍省」的大戰。1997年，國民黨與民進黨在「凍省」換取「行政院長」人事權的政治交易下，合力完成了第四次「修憲」，由「國民大會」通過的「憲法增修條文」第九條規定：

「一、省設省政府，置委員九人，其中一人為主席，均由行政院院長提請總統任命之。二、省設省諮議會，置省諮議會議員若干人，由行政院院長提請總統任命之。三、縣設縣議會，縣議會議員由選民選舉之。四、屬縣之立法權，由縣議會行之。五、縣設縣政府，置縣長一人，由選民選舉之。六、中央與省、縣之關係。七、省承行政院之命，監督縣自治事項。第十屆臺灣省議會議員及第一屆臺灣省省長之任期至1998年12月20日止，臺灣省議會議員及臺灣省省長選舉自任期屆滿日起停止辦理。」[223]

　　這一增修條文否定了「省縣自治法」，將臺灣省重新定位為「行政院」的派

出機構，不再具有地方自治團體的身分，從而使得剛剛實行幾年的完全的省、縣（市）、鄉三級自治又變成了縣（市）、鄉二級自治。雖然省級公職人員選舉取消了，但由於這一時期「中央民意機構」全面開放選舉，加上地方自治選舉方面已經擺脫國民黨的一黨操控，女性參政的積極表現並不因省級選舉的取消而受到影響。由於選舉的範圍和層次提高，本章對這一時期地方女性參政的觀察，將集中於省市一級的公職人員選舉，至於縣市選舉，因層次太低，且限於資料，不再討論。

從表3-4、3-5和3-6來看，發現90年代以來，女性參政在地方各級民意代表選舉中有著和「中央」選舉趨同一致的表現，女性的參選意願提高，當選人數中的女性比率在上升，無論是參選中的女性比率還是當選人中的女性比率，都在10%以上穩定增長，2000年以來更穩定在20%以上，較之70、80年代是一個明顯的進步。其中，省議員選舉方面，女性參選表現不俗，早在1994年時就已達到20.3%的女性代表率，比同時期的臺北、高雄都高，只可惜1994年以後未再繼續舉行，無法繼續追蹤觀察。綜合來看，臺北市的女性參政最為活躍，在1989年女性市議員所占比例就已達到19.6%，遠較同期的高雄市為高；這個比例在1994年稍微下滑，隨後從1998年起就穩定在33%以上，其民意代表中的性別分布既比同一時期「中央民意代表」合理和更接近兩性平衡，更把同一時期女性比例尚在10%-20%之間搖擺的高雄市遠遠甩在了後面。

表3-4　歷屆臺灣省議會議員選舉女性參選概況（1987—2008）

時間	候選人數			婦女保障名額	當選人數		
	總數	女	%		總數	女	%
1989年	157	31	19.8%	9	77	14	18.2%
1994年	176	32	18.2%	9	79	16	20.3%

資料來源：同上。

表3-5　歷屆臺北市議會議員選舉女性參選情況（1987—2008）

屆別	候選人數 總數	女	%	婦女保障名額	當選人數 總數	女	%
1989年	100	24	24%	6	51	10	19.6%
1994年	145	29	20%	6	51	6	11.8%
1998年	110	28	25.45%	6	52	17	33.3%
2002年	113	30	26.55%	9	52	17	33.3%
2006年	103	31	30.09%	9	52	19	36.5%

資料來源：同上，另加《聯合報》2006年12月10日選舉資料。

表3-6　歷屆高雄市議會議員選舉女性參選概況（1987—2008）

時間	候選人數 總數	女	%	婦女保障名額	當選人數 總數	女	%
1989年	94	15	16.0%	5	43	6	14.0%
1994年	129	16	12.4%	5	43	6	14.0%
1998年	105	15	14.29%	5	44	5	11.4%
2002年	114	19	16.67%	9	44	10	23.3%
2006年	77	26	33.76%	9	44	16	36.4%

資料來源：同上。

從當選人數來看，除了1994年的選舉當選人數與保障名額等同，此後的各屆選舉中女性當選人數都遠遠超出婦女保障名額，2006年的選舉更選出19名女性議員，是保障名額9名的兩倍以上；高雄市的女性參選表現稍微遜色，雖然女性議員所占比率總在10%以上，但從保障名額與當選人數差距來看，從1989年到2002年的四屆選舉中，當選人數都只等於或略略超過保障名額1名。就對保障名額的依賴程度來看，在1998年的市議員選舉中，臺北市議員並沒有女性候選人因為婦女保障名額當選，甚至還選出了臺灣地方自治史上第一位女性議長吳碧珠；高雄市則有兩位女性議員是在婦女當選名額保障下當選：一位是民進黨籍女性候選人陳伶俐，另一位是國民黨籍女性候選人吳林淑敏。[224]

兩個地方女性參政的差異經歷或許可以從兩個地方的社會結構和歷史脈絡比較中找到部分原因。臺北是大都會區，長期以來是臺灣的政治經濟重心，外省軍公教人員眾多，教育程度較高，中產階級龐大，更是婦女運動的發源地，並且臺北市從1969年就開始舉辦市議員選舉，民眾政治參與意識普遍較強，對於定期

舉辦的民意代表選舉幾乎可以說是訓練有素；而高雄的發展起步稍遲，選民草根性和地方性較強，一定程度上具備了學者們所指稱的「南方政治」的政治性格：質樸、熱情、直率、爽快，也比較倔強、硬頸、骨氣，講究情義相挺、博感情，渴求公平、平等，希望受到尊重，鄉土情感深厚，草根性強，相較於北部，平均受教育程度稍低，觀念上略顯保守，敦厚親族，重視友朋，宗族觀念、地域派系意識較為濃厚，相對較易受到地方派系、宗親和家中男性尊長的影響，[225]故而女性參政積極度難免偏低。民進黨執政後，改變國民黨重北輕南的方針，加上全球女性主義運動的影響日巨，這種差距在剛結束的2006年市議員選舉中似乎得到消弭，但確切的結論則有待於後續的進一步觀察才能下定。在這次的選舉中，兩地女性參選都開創新局，臺北市選出了19名女性議員，高雄市選出了16名女性議員，比例分別為36.5%和36.4%。甚至，在高雄市長選舉中，民進黨的陳菊以些微差距戰勝國民黨的黃俊英，成為政治轉型以來臺灣地方自治史上首位民選的女性市長，對於女性參政具有重要的指標意義。

3.同期女性參政述評

80年代後期以來的臺灣，處於社會轉型期中，威權政治徹底瓦解，工業化、都市化為主體的社會結構已經形成，選民的主體意識增強，相較於70-80年代的臣屬型向參與型過渡的雙重政治文化性格，這一時期的政治文化已經形成完全的參與型政治，並且形成政黨競爭的機制。威權體制徹底瓦解帶來政治資源的重新分配，種類名目繁多的各式選舉成為女性參與競逐的場地。雖然傳統的地方家族、山頭派系和黑道勢力仍然以不同的形式介入地方基層甚至「中央」級別的各種選舉，但總體上政治機會的大量增加為女性參政創造了良好的外在條件。

在累積經驗和能量的基礎上，90年代臺灣的婦女運動蓬勃發展，順著全球社會性別主流化的潮流，搭著臺灣政治民主化、本土化的順風車飛速發展，長袖善舞，不但婦運本身走進了一向保持距離的政治，把大量本來難登大雅之堂的與女人相關的話題推進到公共政治論述中，更讓大量女人異軍突起在一向為男性所把持的政治場域中，成為婦運成果輝煌的另一見證。

在開放的政黨競爭中，婦女團體一改70-80年代與政治保持距離的小心謹

慎，開始積極奔走於政府機關、黨政團體中，利用各種公職人員選舉的機會，推出與婦女相關的各種政見，順利促成多項相關政策法案的通過。社會政策制定過程由男性絕對主導向兩性共同參與轉化，婦女團體日漸成為其中的重要影響因素。同時，在性別主流化的國際潮流推動和婦女運動多年宣傳教育下，兩性平等意識深入人心，婦女的人身權、工作權和參政權受到重視，廣大女性參與社會公共事務的積極性有所提高，連帶使投身政治生活的年輕女性增多。

這一時期的女性參政體現在選舉政治上，表現為參與各種選舉的女性候選人迅速增多，當選人數同步增長，女性在各級民意機構所占比例逐年逐屆提升。隨著女性參政能力的提升，不少女性候選人在選舉中表現突出，不但沒有依靠保障名額當選，反而以選區的第一或第二高票當選，選舉表現相當出色。在當選的女性政治人物中，雖仍以有家族背景者或現任優勢者為多數，但其他透過參加社會運動或依靠媒體積累自身政治資源的新人也越來越多，如陳文茜等。客觀上，政治轉型所帶來的政治機會成為這一時期普通民眾包括女性踴躍參政的主要動力。但在當前臺灣的選舉制度下，隨著政黨競爭的開放和激烈化，參與公職競選的政治人物與政黨的聯繫越發緊密，女性也不例外。也就是說，在當前女性政治參與過程中，政黨因素的捲入和影響越來越深。因此，政黨成為這個時期女性參政的一個重要影響因素。前文從數字的變化來描述了女性在各級民意機關中的代表率變動情況，初步考察了政治資源在兩性間分布的變動情形。但對當前女性參政的具體表現進行考察分析則離不開對政黨因素的討論，這部分將在後文中論述。

第五章　性別視角下的臺灣女性參政——以立法院為例

　　前面已經討論了自國民黨當局據臺以來臺灣女性在各個不同時期參與政治體制的代表率問題，考察了女性在參選、當選方面的變動發展情況。從性別差異理論的角度來說，這僅僅是涉及了兩性在政治參與差異上的第一個層面，即兩性在政治體制代表權的機會、程度和影響的差距，從統計數據的變動管窺了臺灣女性在參與選舉政治上的大致發展情況。為了更切實地瞭解臺灣女性參政的全貌，並進一步釐清前文所言政黨因素與女性參政的糾葛，有必要對女性在參與政治中的具體表現加以考察，以便在兩性政治態度、興趣和表現中探尋隱匿其中的性別符號。這也是性別差異理論涉及的第二個層面，即，兩性，不論作為選民、公民或政治精英，在政治態度、政治觀和政治理想方面都大異其趣。而婦女團體作為一個社團，其對法案制定的影響雖然也毋庸置疑，但其作用更多地體現為製造輿論或壓力以促進法案審議方面，而具體參與政策法案制定的則為或因女性意識或因其它因素進入決策高層的女性政治人物，因此，本章將聚焦在進入政治領域的女性身上繼續進行深入研究。在當前臺灣的政治體制中，女性政治人物仍是非常寬泛的指稱，在行使政府最高權力的五個部門即立法院、「行政院」、「司法院」、「考試院」和「監察院」中都有。但從強調女性主動參與政治的層面來看，只有擁有民意基礎的立法院最能體現民意代表的參政主體性和主動性；從權力制衡的角度來看，立法院的地位無疑最具有研究價值，三年一選的「立法委員」也比行政機構裡隨時變換的人事更替更加穩定，便於連續考察，更遑論其它幾個人數極少且由「總統」指定任命而充滿政黨色彩的其它同級政府機構。因此，本章將選取在臺灣的政治體制中居於特殊重要地位的民意機關立法院為切入點，考察近年臺灣女性政治人物進入立法院的表現情況，從性別關係的角度透視立法院運作過程中的政治生態，探討女性在進入公領域、擁有決策權過程中與男

性的差異表現以及對政治的影響。

第一節　臺灣立法院概況

　　臺灣的「立法」機構為立法院，是依據孫中山先生五權憲法思想並經1947年制定的「中華民國憲法」確認所予以設立。五權思想的基礎是西方三權分立學說和對中國古代中央政府體制設計利弊考察的結合。針對西方行政、立法、司法三權分立的制度設計，孫中山認為，把考試權從行政權中分離出來可以「矯選舉制度任人唯親之弊」，使議員純潔；而把監察權從立法權中分離出來有助於「濟議院政治國會獨裁之窮」[226]，依照這樣五權分立的原則建立的政府才是廉潔高效的政府。五權分立是國家各部門對治理權的劃分，分別為行政權、立法權、司法權、考試權、監察權，構成國家治權的五院制。1947年實施的「中華民國憲法」，確立了「權能區分」、「五權分立」原則指導下的「中央政府體制」。其中，在最高政權機關「國民代表大會」和行使治權的五院中，「國民代表大會」和立法院、「監察院」成為「中央民意代表機構」，相當於西方國家的國會。經過半個多世紀的社會發展變遷，尤其經過90年代以來的系列「憲政改革」，立法院職能屢屢擴張，已經成為當前唯一的民意機構，在政治決策過程中具有舉足輕重的地位，成為所有政治勢力或團體不敢忽視的重要場所，吸引眾多的政治人物投入選舉。

　　一、立法院結構功能及運作

　　依據「中華民國憲法」規定，立法院為臺灣當局最高「立法」機關，由選舉的「立法委員」組成，就其職權、性質及功能而言，相當於西方民主國家的國會。

　　立法院由「立法委員」組成，「立法委員」由選舉產生。當前的225個「立法委員」名額，主要透過如下分配經臺、澎、金、馬民眾選舉或政黨推薦產生：（一）臺、澎、金、馬地區「直轄市」、縣市一百六十八人，每縣市至少一人；

（二）地區平地少數民族及山地少數民族各四人；（三）僑選代表八人；（四）不分區代表四十一人。其中第三款及第四款名額，採用政黨比例方式選出；第一款每「直轄市」、縣市選出的名額及第三款、第四款各政黨當選的名額，在五人以上十人以下者，應有婦女當選名額一人，超過十人者，每滿十人應增加婦女當選名額一人。每屆任期三年，連選得連任。下一屆「立法委員」選舉於本屆任期任滿前三個月內完成。立法院若被「總統」宣告解散，則應於六十日內舉行「立法委員」選舉，其任期重新起算[227]。這一情況於2008年第七屆「立法委員」選舉時開始改變，法源即前文所提過的2005年關於「立委席次減半、任期延長為四年，採用單一選區兩票制」的「修憲」案。

立法院的行政組織有：（一）立法院設「院長」、「副院長」各一人，由每屆「立法委員」於第一會期報到首日之預備會議中互選產生，任期與該屆委員同。「院長」擔任「立法院院會」及「全院委員」會議之主席，並綜理「院務」，若因事故不能視事時，由「副院長」代理；（二）立法院置祕書長一人，承「院長」之命處理立法院事務、並指揮監督所屬職員；副祕書長一人，襄助祕書長；均由「院長」遴選報告院會後，提請「總統」任命之；（三）立法院其他的行政組織尚有1.祕書處；2.議事處；3.公報處；4.總務處，下設警衛隊；5.訊息處；6.法制局；7.預算中心；8.「國會」圖書館；9.人事處；10.會計處，另設置六至八位參事，負責擬訂撰寫相關法規及審核事項。此外，每位「立法委員」可以聘請公費助理六至十人，與該立委同進退。

此外，由225名定期改選的「立法委員」分別組成的委員會也是立法院的重要組成部分，並且是立法院行使職能的實體所在。委員會有常設委員會（又稱「專門委員會」）和特種委員會。常設委員會有12個，負責審核各有關政策或法案以及行政部門各相關機構的年度預算，分別為：內政及民族委會、「外交」及僑務委員會、科技及訊息委員會、「國防」委員會、經濟及能源委員會、財政委員會、預算及決算委員會、教育及文化委員會、交通委員會、司法委員會、法制委員會、衛生環境及社會福利委員會。專門委員會由「立法委員」根據自身興趣愛好或專業所長自願報名選擇，若某一委員會報名人數過多而導致其它委員會人數過少，則以抽籤方式決定。特種委員會有4個，由「立法委員」按政黨比例

兼任，負責在「院會」開議時處理議案程序、約束「立法委員」的言行以及負責經費或「修憲」事宜，分別為：程序委員會、紀律委員會、「修憲」委員會、經費稽核委員會。

立法院的主要職權為行使立法權：議決法律案、預決算案等，凡法、律、條例、通則均需經立法院通過、「總統」公布，才可以施行。同時，立法院還有下列職權：（一）人事同意權，如「監察委員」、「考試委員」等。（二）重要政策同意權，即對「行政院」提出的重要政策，有同意與否權，如果立法院對「行政院」重要政策不贊成時，可以決議移請「行政院」變更之。（三）「倒閣權」，立法院得經全體「全法委員」三分之一以上連署，對「行政院院長」提出不信任案。不信任案提出72小時後，應於48小時內以記名投票表決之。如經全體立法委員二分之一以上贊成，「行政院長」應於10日內辭職。（四）「彈劾權」和罷免權，即立法院對於「總統」、「副總統」犯「內亂或外患罪」之彈劾案，或罷免案，經全體「立法委員」二分之一以上提議，全體「立法委員」三分之二以上同意，就可以交由全體公民投票決定「總統」的去留。（五）監督行政權，主要指預算案以外的行政監督，如聽取「行政院長」施政報告權，時間在每年2月底或9月底前，或新任「院長」就職2周內；另外就是「立法委員」在開會時，有向「行政院院長」及「行政院各部會」首長質詢之權。此外，各機關發布的行政命令，均應送立法院查照，並依法交付委員會審查；若發現其中有違反、變更或牴觸法律情形，或應以法律規定事項而以命令定之者，立法院均可議決通知原頒布機關於兩個月內更正或廢止，逾期未更正或廢止者，該命令失效。

立法院為合議制機關，需透過「院務會議」行使職權，因此召開「立法院會議」（簡稱「院會」）就成為立法院的主要工作方式。「立法院會議」由「院長」任主席，負責會議的召開。立法院開會時，與事有關的各院「院長」和各「部會」首長，可以列席陳述意見。「立法院會議」有自行集會、臨時會議和祕密會議三種形式。立法院會期每年兩次，自行集會。每年二月至五月底及九月至十二月底是法定集會期間，必要時得依法延長會期。立法委員每年二月一日、九月一日起報到，由各黨團協商決定開議日期。「院會」每週二、五舉行，必要時可以增減會次；或由黨團協商合併若干日為一次會議。每次「院會」須有「委

員」實際總額三分之一出席才能成會。立法院閉會期間，遇有重大事項發生，經「立法委員」四分之一以上請求或「總統」咨請，可以召開臨時會。委員會會議於「院會」日期外，由召集委員召集，或經十分之一以上委員請求，亦可召集。

立法程序是一個冗長的過程，經歷提案到一讀、委員會審查、二讀、三讀才最終成案的過程：

提案是立法的第一個步驟。提案的來源為：「行政院」、「司法院」、「考試院」、「監察院」、「立法委員」及符合組織法規定之黨團。至於預算案之提出，則專屬於「行政院」。

提案先送程序委員會，由祕書長編擬議事日程，經程序委員會審定後付印。程序委員會設委員三十六人，由各政黨（團）依其在「院會」席次之比例分配，每一政黨（團）至少一人。「院會」審議法案的先後順序，由程序委員會決定。

委員會審查議案時，可以邀請政府人員及社會上有關係人員列席，就所詢事項說明事實或發表意見，以供委員參考。還可以依規定舉行公聽會，邀請相當比例之政府人員及社會上有關係人事表達正、反意見，並將其意見提出報告，送交「院會」，作為審查該案之參考。委員會對議案審查完竣後，提報院會討論。審查會出席委員若不同意審查會之決議時，得當場聲明保留「院會」發言權，否則即不得在院會中提出相反之意見。法律案交付審查後，性質相同者可以併案審查，但已逐條討論通過之條文，不能因併案而再行討論。各項提案若在該屆委員任滿時，尚未完成委員會審查程序，下屆委員不予繼續審議。

二讀是法案審議的最重要環節。院會於二讀會上討論經各專門委員會審查過的議案，或經院會決議直接二讀的議案。二讀時，先朗讀議案，再依次進行廣泛討論及逐條討論。二讀會之重要，是指其幾乎直接決定了一項法案的命運，議案或被深入討論並經斟字酌句修正而得以三讀，或直接被撤銷、撤回等，都是在這個階段做成決議。基本上，經過二讀的議案，幾乎已經獲得了成功。

三讀會不再討論法案內容，只在朗讀法案的過程中，針對少數與「憲法」或其他法律牴觸的文字，進行簡單的文字修改。立法院議事，除法律案、預算案經三讀程序議決外，其餘議案僅需經二讀議決即可直接成案。完成三讀的法律案及

預算案經「總統」公布並函送「行政院」後就得以開始施行。

二、立法院地位職能演變

在五權憲法的設計中，立法院只是三個「中央民意代表機構」之一，負責執行「立法權」，地位並沒有顯得特別重要。在戒嚴時代，立法院長期都是國民黨操縱下的工具，「立法委員」絕大部分是國民黨人，少數民主裝飾的其他非國民黨人士根本無從影響立法院的運作。雖然1969年開始納入新人，但「增額立委」大多是由國民黨圈定的人物，和「資深立委」一樣，惟國民黨意志行事。因此，多年來立法院每年的預決算審議、修改或通過「法令」、條例，都秉承「總統」和國民黨中常會意圖，實際上失去了對行政的制衡作用，變成了獨裁政治的附屬機構，被臺灣民眾譏為「橡皮圖章」。

解嚴後，隨著90年代「憲政改革」的進行和「國大」的全面改選，成員結構的變化使這種情況徹底改觀。「國大」全面改選後，民進黨人帶來了立法院成員結構的變化，政黨競爭進入立法院。民進黨的「立法委員」雖然人數不多，但卻個個驍勇善戰，即使很多時候仍然無力主導大局，但卻改變了立法院唯國民黨意旨是從的舊觀。隨後，新黨、親民黨、臺聯黨相繼成立並進入立法院，加上原本就有的無黨籍人士，使立法院的成員結構更加多元，議事更加複雜。

除此之外，「憲政改革」所帶來的諸多權力是立法院地位狀況改變的根本動因。從1991年第一次到2005年第七次「修憲」，臺灣原有的五權架構早已面目全非，「考試院」和「監察院」功能雙雙萎縮，「雖仍徒有五權之名，卻早已成了虛五權實三權了」[228]。綜觀歷次「修憲」的整體走向，「總統」和立法院獲利最多，職能雙雙加強。立法院則成為原有「五院」中的一枝獨秀，先後取得了「監察院」彈劾「總統、副總統」的提案權，「國大」對此案的議決權；對「行政院長」提出不信任案的「倒閣」權；屬於「國大」的「修憲」權和重要人事同意權，等等，和「中央政府」各個機構的關係發生了變化。

首先，和「行政院」關係發生變化，由往昔「行政院」的表決機器改為主動行使職權。當今，立法院作為唯一的民意機構，對「行政院」進行行政監督，主要體現在以下幾個方面：（一）預算審核，這是立法院一直享有的權利。但在威

權時代,「行政院」提交的預算,一般情況下都會很快通過,不會遇到什麼阻力。而現在,立法院對預算草案的各個項目均詳加盤查,有時甚至刻意刪減,淪為朝野鬥爭的工具。(二)重大政策同意權。過去,一個法案從「行政院」提出到立法院通過,基本是例行公事,都能通過。而現在,一個法案提出到通過,在立法院要經過幾次,甚至10多次的討論、爭議、修改,有時還有可能遭到被否決的命運。(三)質詢權。根據「憲法」第57條第一款規定,立法院有質詢權來監督行政。具體說來,就是在每個會期開始之時,「行政院長」要到立法院做施政報告並準備回答「立法委員」的詢問。此外,立委在開會時,可以向「行政院院長」、「副院長」、各「部會」首長提出口頭或書面質詢。威權時代的質詢多是草草了事,提不出有質量的問題。現在立委開會時,議政層次提高,並觸及到當今臺灣的一些敏感問題,如「憲政改革」、「國會結構」、「大陸政策」、「統獨問題」、「國防預算」、「外匯存底」等等,而質詢對象則從「行政院院長」到各「部會」首長甚至各「次長」。雖然有些質詢不乏政治作秀的成分,卻也對行政造成了強有力的監督作用。但近年卻變質成為政黨對立的戰場,充滿詰難的「立法院備詢」已然成為令每位行政官員頭痛的必修課。(四)「倒閣」權,這是1997年第四次「修憲」賦予立法院的,1／3以上立委連署即可提案,1／2以上立委通過即可讓「行政院長」去職。但若「總統」與「行政院長」同屬一政黨,則要面臨「總統」解散立法院的反制,一般不輕易施行。

　　其次,在臺灣當前的政治體制中,成為唯一可以對強勢「總統」有所制衡的機關。在五權憲法精神裡,總統只是國家代表,由國民代表大會選舉產生,屬於間接委託選舉產生,不具備強大的民意基礎,沒有太多實質權力。威權時代的蔣氏父子藉助「動戡條款」取得諸多特權。解除戒嚴恢復「行憲」之後,李登輝透過操作一系列「憲政改革」,先後實現「總統」由公民直接選舉、取得「行政院長」人事權及「監察院」、「考試院」、「司法院」人事提名權等,導致「總統」權力大幅擴增,「行政院」淪為其行政局。臺灣學者楊世雄認為:「綜觀中華民國立憲以來,行憲史就只是一部權力向總統集中的時間簡史」[229]。臺「總統」權力大增而相應的制衡機制關如將不可避免地帶來「憲政」運作上的混亂現象,「臺灣憲政體制的一個相當根本的問題在於:憲法原本是要以法規來節制權

力，但臺灣卻反而透過憲法來創造一個權力不受法規節制的領導者」[230]。在當前的政治體制中，職權同樣得到加強的立法院成為唯一可以讓「總統」稍有顧忌的機構。在1992年的第二次「修憲」中，立法院取得「監察院」彈劾「總統」、「副總統」的提案權。2000年，第六次「修憲」虛化「國大」後，立法院還取得罷免「總統」、「副總統」的提案權，並規定立法院對正副「總統」的彈劾案不限於內亂罪和外患罪。2005年，第七次「修憲」廢除「國大」後取得該彈劾案的議決權。彈劾或罷免正副「總統」都有嚴苛的條件，都需要1／2以上立委提議，2／3以上議決，並分別經過「司法院大法官」成立「憲法法庭」判決或公民投票復決，才能最後決定被彈劾或罷免人的去留。雖然如此，立法院的提案議決畢竟可以造成領導人的巨大壓力。2006年，陳水扁一家弊案頻傳，在施明德領導的百萬紅衫公民反貪倒扁運動中，國民黨呼應民意，在立法院連續三次發起罷免陳水扁的活動，都因為民進黨抵制、臺聯黨棄權而無法達到2/3的議決成案門檻最終功虧一簣，但毫無疑問，作為當局領導人，陳水扁的政治公信力在這三次罷免行動中遭受了空前的挫傷，甚至幾乎喪失殆盡。

再次，在「國大」正式被廢除後，立法院悉數接收了「國大」的其它重大職權，地位繼續提升。根據孫中山「權能區分」的「五權憲法」理論，「國民大會」是代表國民行使政權的機關，在臺灣的政治現實中，主要行使選舉、罷免「總統」的權力。據臺初期，在人數不足、任期屆滿的危機下，經修補合法的「國大」終得開議，選舉蔣介石為「總統」，首開兩者間利益交換的先河。此後，隨「總統」連任問題、擴權問題，兩者間互利合作一再出現，「國民大會遂成為權力的交換中心，權力的交換和金錢的勒索遂成為國民大會不堪聞問的『傳統』……不是權力的交換，就是金錢的交換，『交換』成了國民大會最主要的傳統」[231]。「國大」挾「天子」之威而擴權的戲劇屢屢上演，臺灣民眾譏為「憲政怪獸」，埋下日後虛化乃至被廢除的種子。1994年第三次「修憲」，透過「總統」由公民直接選舉的方案，「國大」失去最重要的「總統」選舉權，實際功能趨於空洞。1999年「國大」第五次「修憲」通過「國代延任案」，其延任自肥的行為使臺灣輿論嘩然。2000年3月，「司法院大法官會議」以「違反利益迴避原則」否決了「延任案」，「標誌著本屆國大已經喪失了公信力」[232]。4

月，為了共同封殺在當年領導人選舉中凝聚四百萬民意的宋楚瑜勢力，在民進黨提議下，國、民、新三黨合作，通過了第六次「國大虛級化」「修憲案」。虛化後的「國大」成為任務型復決機構，復決立法院提出的「憲法修正案」、「領土變更案」、「總統、副總統彈劾案」三項，其餘原有的人事權等權力均劃歸立法院。在2005年第七次「修憲」中，「國大」正式被廢除，其對「憲法修正案」、「領土變更案」的復決權改為公民投票復決，彈劾案則由立法院議決。至此，立法院成為唯一的民意機構，居於臺灣政治體系中重要的樞紐地位，匯聚了最劇烈的利益爭鬥，成為臺灣政治運作研究不可迴避的場所。

第二節　性別差異：立委問政兩性綜合比較

　　由於立法院在當前臺灣政治體制運作過程中的樞紐地位，每三年一屆的「立法委員」選舉成為政黨的兵家必爭之地。在臺灣現行的選舉制度下，「立法委員」的席次由憑選票高低決定的「區域代表」席次和依政黨比例制產生的「全國不分區及僑選代表」席次兩部分組成，後者由選舉中得票率超過5%的各政黨依據該黨在「區域立委」選舉部分的得票率分配到一定的名額組成其「不分區及僑選代表」席次，名額約占總席次的五分之一。票選部分的「區域立委」，除了極少數具有高知名度的個人憑其影響力自行參選以外，大部分人都要依靠政黨的力量，透過黨內初選獲得政黨提名，依靠政治明星加持和政黨輔選，才有當選的可能。而按政黨比例產生的「不分區及僑選代表」，候選人不用選舉，但能否當選全憑該黨的得票率及在黨內排名而定，更是把命運全押在政黨身上。因此，無論是「區域代表」或「不分區代表」，政黨都成為影響他們立法角色的最重要因素。

　　一、「立法委員」問政中的兩性表現

　　一般來說，立法委員的角色是多元化的。從社會學的理論來說，角色是一個人在社會中所占有的位置而引起的一種權利和義務關係，權利和義務的發生起源

於本人以及他人對其所占據之位置的一種期待。根據美國立法學者裘威爾（Jewell）的研究，立法角色是因為一個人占據立法者的位置，而引起的權利、義務與職責的期待，此種期待包括立法者或立法人員以及選民、政黨、行政首長、遊說人員等，對其所擁有的立法者位置的期待[233]。具體來說，在立法系統中，立法者處於立法機關中，接受體系外的支持和要求，並且和他們發生互動關係。要求和支持的主要來源為行政機關、社會團體、政黨和民眾。這些人對立法者的期待不盡相同，如行政機關可能要求立法者在透過政府提案時不要太刁難，希望他們能配合支持政府的施政方針；但選民或利益團體的立場就不一樣，他們可能期待立法者在議會內為他們的利益辯護，並透過有利於他們的法案；而政黨則另有自己特定的目標。立法者面對種種不同要求，也就有了許多不同的角色，從而面臨一種角色的衝突，並必須做出選擇。他的選擇可能是以個人的人格和經驗為基礎，並視當時各種要求的重要性及緊迫性強弱而定，但這種判斷也會因時勢而異，不同的時間和情境會有不同的行為產生。因此，可以說，立法者實際的角色概念總是受到特定時間和情境的壓力影響，並受到個人人格特質和過去經驗的限制。

1.「立法委員」多重角色取向中的政黨、選民因素

在臺灣，「立法委員」同樣面臨著這樣的角色衝突情況。在前述社會學意義上的人際關係網絡中，臺灣「只問藍綠」的特殊政治文化情境注定政黨要成為這個網絡中最重要的一環。如前述，政治人物要進入「國會」這個廟堂，首先離不開政黨的支持與奧援。在「立法委員」選舉中競爭最激烈的「區域立委」選舉部分，政黨的支持和選民的選票共同構成候選人成功進入「國會」的動力。而在很多時候，民眾對候選人的支持其實也在很大程度上代表了對該候選人所在政黨的認同，這種情況在意識形態濃厚的地區如南部地區或民進黨的傳統支持者身上表現較為明顯。這就要求「立法委員」都要依照黨的意旨從事，包括立法院內的問政行為以及立法院外的言論行動。如果違反黨意，則不僅遭受黨內巨大的壓力，甚至還有可能引起選民的反彈。2006年11月，素有「臺獨理論大師」之稱的林濁水和「大砲型立委」李文忠，因不滿民進黨處置陳水扁涉及「國務機要費」案的態度，雙雙辭去民進黨籍立委職務。2006年12月初，臺北、高雄市長選舉結

束後，林濁水、李文忠和民進黨內其他一些有違黨意的言論遭到了民進黨及其支持民眾的圍剿。在民進黨高層的冷眼旁觀甚或默許縱容下，李文忠、林濁水、洪奇昌、段宜康、沈發惠、蔡其昌、林樹山、郭正亮、鄭運鵬、羅文嘉和沈富雄11人被堅定支持民進黨的深綠媒體點名攻擊，清算他們在此之前的系列言行，並被妖魔化為「十一寇」[234]，呼籲選民抵制他們，企圖封殺他們的政治舞臺，並得到部分選民的認同。這波整肅行為，引起臺灣輿論的普遍關注，有媒體認為，「綠色的所謂名嘴利用媒體，特別是遍及全島的地下電臺發動內部整肅式的批鬥『十一寇』運動，這些事情顯示，民進黨以民粹戰略煽動族群情緒來鞏固根基依然有效，而這一策略，毫無疑問將被民進黨繼續應用到2007年的『立委』和『大選』選舉戰中」[235]。2007年4月初，民進黨中常會透過了區域立委民調方式，即排藍程度大約為50%的「中度排藍」，對改革派的新潮流系和「十一寇」明顯不利，「十一寇」陷於苦戰。這件事情再次表明在當前臺灣的政治生態中，政黨對「立法委員」的重要影響作用。2008年，「立法委員」的選舉開始採取新的制度，單一選區的制度設計明顯有利於大黨，使其他新人出頭的機會更受壓制，候選人對政黨的依賴性加強，使政黨左右「立法委員」問政活動的程度進一步增強。

　　選民是影響臺灣「立法委員」問政的另一個重要因素。從選舉制度上來說，選民手中的選票是候選人能否成功進入立法院的最終決定因素，選民同時還擁有罷免該名「立法委員」的權力。當然，在實務上，作為民意代表的「立法委員」一般都不至於違逆民意到招致民怨的地步，因此，選民聯名罷免立委的情況基本上不會發生。但是，選民的支持卻絕對是影響「立法委員」連任成功與否的關鍵因素，這就注定了「立法委員」對所在選區相關利益的關注和維護。此外，針對部分選民的情況，投其所好進行政治作秀，也成為部分立委言行的指導方向。2006年11月，國民黨主席、臺北市長馬英九陷入「特別費」案件風波，由於馬英九極有可能代表國民黨參加2008年臺灣領導人選舉，民進黨的「打馬悍將」王世堅，趁機在立法院極盡所能痛批馬英九，除了替身陷「公務機要費」弊案的陳水扁轉移媒體焦點外，也不排除其討好深綠選民，著眼2007年立委選舉布局的可能。2006年年底的臺北市議員選舉似乎也證明了這一招數的價值。在2006

年12月與市長選舉同時舉行的臺北市議員選舉中,沿襲王世堅作風的民進黨籍徐佳青、周威佑、顏聖冠、李建昌等四名「打馬悍將」都獲得不錯成績,為了市長特別費三次前往臺北地檢署按鈴告發馬英九的徐佳青甚至還得到了所在選區的第二高票。因而,有媒體總結道:「從結果看來,打馬似乎是拉抬泛綠選情的一大利器」。[236]

除了政黨和選民,特定的利益團體或壓力團體、個人的經驗和專業所長以及所在的專門委員會職責等也成為立委問政的考慮因素。至於女性立委,除了面臨以上和男性立委一樣的角色衝突之外,還有政治社會化對傳統女性母職或人妻的角色期待的壓力。在傳統的社會文化中,女性角色和地位被界定於家庭或私領域,涉足屬於公領域的政治與原先家庭義務為主的角色期望難免衝突。此外,毋庸置疑,她們還是婦女團體爭取婦女權利法案的希望所在。在混合了政黨、性別、族群、地域、職業、教育、文化差異等多種因素的身分之下,女性立委的問政表現特別令人矚目。

2.立委發言內容的兩性比較

臺灣立委在立法院的問政活動主要有以下幾個方面:提案、連署提案、發言[237]、出席會議和投票表決,其中提案和發言較具有自主性。但立委主動提案並不是很多;而連署提案則具有一定的被動性,很多時候是同僚示好的需要或政黨動員的結果;表決在這方面的嫌疑更大,如在政黨「統」「獨」對立嚴重的法案像「公民投票法」就特別明顯,各黨立委壁壘分明,基本上都淪為政黨意志所駕馭的表決工具;出席會議只需簽名即可,但實際上有不少立委忙於趕場,簽到之後就不見人影,這已是稀鬆平常。在以上幾種參與方式中,發言是最常見的參與方式,既指立委就「行政院長」施政報告所進行的口頭質詢;也包括立委在各委員會審議專門法案時候的發言記錄,或是「國是論壇」上的發言。發言涉及面非常廣泛,且具有鮮明個性,最能體現立委的問政風格,「在立法院議場上,發言無疑是最顯著的一種立法行為,藉著發言,立法委員可以表達他們的想法以及對法案的立場;而立委們的發言,尤其是聳動的發言,可以吸引媒體及社會大眾的注意,這對於需要知名度以提升其連任機會的立委們而言,無疑是重要的表現

機會」[238]。因此,本文對兩性立委在議政中的比較以近年來歷屆立委對「行政院長」施政質詢中的發言作為切入點,把女性立委發言內容與男性立委發言內容做比較,以探尋其中的性別符號。

一般來說,每一屆立法院會期開始,都要例行聽取「行政院長」的施政報告並進行質詢。由於內容涉及面廣,即使225名立委只有部分登記質詢,但備詢官員從「行政院長」到相關「部會」首長都要列席回答立委的詢問,一問一答間甚是費時,加上一些立委刻意作秀,導致整個施政質詢過程冗長拖沓。在歷時四個月的會期中,「院會」施政質詢基本上占去一半的時間,期間穿插各委員會對提案的審議以及「院會」對法案的二讀三讀過程。這樣的過程每年每個會期都在重複進行,所不同者,坐在質詢席上的立委成員三年一換,而備詢的政務官員則不定期更換,基本上依領導人的意志而定。陳水扁自2000年上任以來,「行政院長」至今已經換了五次,使立法院在例行的會期質詢外增加了對新任「行政院長」的施政質詢。但基本上,歷任「行政院長」的施政報告和立委的質詢涵蓋內容大體不變,本節的研究根據《立法院公報》91卷記載,以2001—2002年的「院會」施政質詢及期間的委員會為時空背景,考察男女立委(第四屆、第五屆)在此期間的表現。綜觀各立委的發言,內容無所不有,涵蓋了內政、「外交」、兩岸關係、產業政策、教育改革、財政金融、科技、交通、災區重建、醫療改革、環境汙染、社會福利等方面議題,其中隨處可見政黨色彩及選區取向的角色意識。

泛綠陣營立委在立法院的議政主要是為民進黨施政護航、建言,並致力於強化本土認同。如,民進黨周伯倫建議重新討論開放八寸晶圓登陸以及如何有效管理赴大陸的臺商,與之呼應的是臺聯黨的羅志明要求嚴格處理偷跑大陸的廠商,同黨的林志隆提議暫緩晶圓登陸[239];民進黨的女立委唐碧娥針對在野黨的質疑為「經濟建設委員會」進行政策辯護[240];民進黨劉世芳和女立委蕭美琴為臺灣的「外交」困境建言[241];民進黨梁牧養呼籲當局重視「國家定位」與「國史教育」問題[242],臺聯黨人陳建銘提出與之相近的「國家認同」問題以及臺灣如何進入國際社會的問題[243];民進黨蔡啟芳提請「教育部長」黃榮村闡明「本國」

概念，強調在軍人教育中培養忠於「國家」的精神[244]，等等。同時，攻擊泛藍陣營是泛綠陣營立委質詢時的另一主打方向，尤其以不必為當局進行政策辯護的臺聯黨表現最為突出。如，「臺聯」黨的何敏豪發言伊始即就黨產問題攻擊國民黨[245]；同黨女立委錢林慧君重提「興票案」直擊親民黨痛處[246]；同黨的廖本煙繼續關注「總統」候選人出生地問題，並譏諷宋楚瑜跑美國過年[247]。兩軍對壘之下，藍營立委亦不甘示弱，親民黨的孫大千批評「經濟部長」表現不力[248]，同黨的趙良燕認為當局「戰鬥內閣」、「拚經濟」流於口號並質疑民進黨所謂堅守本土價值的理想[249]；女立委秦慧珠聲稱代表親民黨質詢，不滿當局針對性查處賄選，並提問「行政院長」對「臺聯黨」提議將河洛話作為第二官方語言將如何處置[250]；親民黨馮定國和國民黨女立委洪秀柱反對當局壓制新聞自由[251]，在更之前的委員會會議上，國民黨的洪秀柱質詢了「僑務委員會」的工作，認為主管官員張富美的工作有使僑務工作「臺獨化」的傾向[252]等，體現了反對黨監督政府的角色，政黨立場堅定，色彩分明。

在連任的考慮下，受到選民和選票的影響，選區角色取向在「區域立委」身上表現比較明顯：臺北縣廖本煙在質詢中一再提及臺北縣板橋水廠的問題，並詢問「交通部長」林陵三有關臺北縣到土城的捷運工程進展情況[253]；新竹市女立委張蔡美因為新竹缺水，關注水管工程進度[254]；南投縣湯火聖詢及南投災後重建工作[255]；桃園縣孫大千關心桃園垃圾問題[256]；山地少數民族立委巴達‧魯質疑選舉制度中「山地原住民」與「平地原住民」的劃分，認為該制度未能考慮臺灣少數民族實際居住情況，容易造成族群對立[257]；山地少數民族女立委高金素梅亦為臺灣少數民族利益請命，宣稱臺灣少數民族擁有傳統山地領域的自然主權，不滿當局在處理蘭嶼核廢料問題上一再拖延[258]，從中可見選民所在意的選區利益因素在立委問政中的份量。此外，因專業或個人所長而關注的興趣話題、因新聞焦點而引起的時事關注、以及一些基本沒有任何實質意義的政治作秀，都是男女立委問政時表現出來的共同點。

如果把「女性」立委作為一個群體來觀察，發現她們除了具有以上的共同點之外，還有一些女性特有的傾向，表現為比較關心女性話題、民生議題或關注弱

勢團體。在本節資料所關注的2001—2002年間，適逢「兩性工作平等法」於2001年底通過，2002年開始實施。在2002年新會期伊始，正是新法案實施之時，不少女性立委都就這一議題提出相關質詢，如，周雅淑、葉宜津和唐碧娥聯合質詢[259]，趙良燕單獨質詢[260]，都問及實施「兩性工作平等法」的具體事宜和相關細節，關注企業僱傭員工的意願變動及女性員工受益情況。與之相關或由此延伸的其它涉及女性權益的話題，也在女性立委問政議題之列。如，盧秀燕詢問女公職人員產假問題和社區安全監控系統預算編列情況[261]；張秀珍關心女性接受高等教育的情況[262]。

　　同時，發言中透露出的弱勢關懷和對民生議題的關注是大部分女性立委問政的共同點。錢林慧君關注健保費調整和新生兒死亡率升高問題[263]；秦慧珠感性問政，播放錄影帶呼喚同僚關心非法安養院中的受虐兒童[264]；王昱婷要求當局落實偏遠地區學生的受教育權[265]；鄭美蘭提請政府解決徵收農民用地的資金問題，請當局重視農民、漁民生計問題[266]。一般來說，女性議題、弱勢關懷或民生議題都只是大部分女性立委問政議題中的一部分。相比之下，江綺雯的發言因而顯得比較突出，她的質詢幾乎全是民生問題或弱勢關懷，老人津貼、眷村改革、全民健保、福利預算、軍教退休金優惠存款等[267]。

　　以上是女性立委在個人自主發言時的總體表現。但若是委員會或「院會」進行專案審議，立委性別關懷與其他因素的排序則視法案的主題而定。涉及政黨利益或政黨意識形態的法案，像「公民投票法」等，女性立委的性別意識讓位於政黨意識；而在關係婦女群體權益的法案上如「兩性工作平等法」和其他民生議題，部分女性立委有逐漸結盟的現象，當然，這其中婦女團體的奔走功不可沒。另外，筆者還發現，在年度預算審查中，大部分女性立委表現出比男性更加耐心、細緻的一面，對於資金項目的組成、分配、開支等都會詳細盤問清楚後才會放行預算案。最後，臺灣學者黃長玲的實證研究還表明，在立法院各個專門委員會中，女性立委所占比例最高的教育委員會在立法院各委員會中運作情形最良好，問政品質最整齊。[268]

　　總體上，從性別的角度來觀察立法院政治生態，相較於男性立委對「國

防」、財經、「外交」等話題感興趣而言，女性立委更關心婦女權益法案或民生議題，關注弱勢群體。一如臺灣學者王雅各所言，「我們更可以提到，不同於只關心經濟成長、國防、外交、政治和國際關係等『偉大議題』的男性政客們，從政的女性往往專注在教育、社會福利、治安、生態環境等與人們日常生活和福祉有密切關係的『瑣碎小事』上」[269]，從而使攸關人們日常生活的「瑣細議題」得到政治人物關愛的眼神，但女性、弱勢等邊緣議題通常只是女性立委議政中的一部分而非全部。當然，這樣的結論只是相對而言，不能一概而論，也有些男性立委同樣關注邊緣群體，對「國防」、「外交」之類大計有興趣的女性立委同樣不乏其人。筆者只是根據資料，仔細閱讀了近年的立法院發言記錄，比較其中能顯示性別差異特徵出現的頻率以及在兩性中的比例，才得出這一初步結論。因《立法院公報》卷帙浩繁，筆者大半年所閱，仍只是滄海中之一粟，所下推論仍有待進一步證實。

二、立法院亂象中的兩性之別

90年代以來，經過歷次「修憲」，立法院職權大幅度擴張，居於當前臺灣政治體制中的樞紐地位，使眾多的政治人物對立委選舉趨之若鶩。雖然「立法委員」的地位可謂位高權重，但他們在臺灣民眾心目中的口碑卻大多不良。立法院在民眾心目中的觀感不佳，最早源自戒嚴時代的無所作為，當時的立法院為國民黨所操縱，因無法造成對行政應有的監督職責而被民眾譏為「行政院立法局」。解除戒嚴後，民進黨的勢力進入立法院，其爭取政權的道路開始邁入「街頭運動」和「議會鬥爭」並行的階段。人數居於劣勢的民進黨立委，往往採取劇烈的肢體抗爭來阻撓法案的審議和通過，有時甚至不惜大打出手，上演「全武行」演出；而複數選區的制度設計也在一定程度上助長了這種以偏激行為博取媒體版面以討好選民的行為方式。從那以後，立法院的種種亂象開始為社會所熟知，且愈演愈烈，「立法院經常脫序，暴力事件頻傳，議事效率低，民生法案堆積如山；其既未能善盡監督政府施政之責，審查法案又極其輕忽草率；立法院袞袞諸公常假借民意，牟取私利，且其向政，鮮明是非，辨善惡，有識之士莫不引以為憂」[270]。2000年，民進黨上臺以來，其民意代表的席位在過去的幾次改選中有所升降，曾一度成為立法院最大黨，但這種政黨惡鬥的局面仍然沒有改變。臺灣

的一則時評這麼認為：

這種「只問立場不問是非」的局面如果延續下去，只怕公共政策沉淪的苦果還是要由全民共嘗。立法院向來火爆，經歷過早年打群架、折麥克風的陣仗之後，近來出現的「王八蛋」口角風波種種，恐怕只有博君一笑的效果。令人笑不出來的是，在這些荒謬的政治人物手中，掌握著影響國家公共政策的權力。朝野不能理性問政的結果，不但事關國家發展方向的大題目動彈不得，如今連民營化等從國民黨執政時期即確立方向的既有政策都難以延續。我們也明白，向朝野政治人物呼籲回歸專業，回歸理性，幾乎如緣木求魚。[271]

在民間學者多年呼籲無效而現有制度又無法根本解決問題的情況下，立委選舉制度的改革被提上朝野政黨的議事日程，成為近年關於「國會」改革的焦點話題。議論的焦點，不外乎如何革除立委論政的種種弊端。「立法院一再要求被改革，當然是因為立法院未能有效建立其專業倫理、立法委員未能善盡其角色功能，以至於行事論政時常有乖張、甚至違法亂紀之情形；議事效率不振、社會形象低落」。[272]這些動議，最終形成2005年第七次立委選舉「國會席次減半」的「修憲」契機。而本文所關注者，在於以上種種所謂「國會亂象」中，兩性立委的具體表現如何。

1.對利益糾葛的趨避

「立法委員」以民意代表身分行使職權的過程中，和行政系統多個領域的主管官員互動密切，更因握有預算權和重大政策的同意權而對「行政院」多個「部會」具有震懾作用。因此，立委身分無疑就是一種無形的政治資源，立委招牌成為企業理順政商關係甚至規避各種法令限制的有效途徑。企業需要立委保護傘，而不安分的立委則與之合作，親任董事或監事，全然不避瓜田李下之嫌，招致民眾抨擊。

此外，立委身陷利益糾葛的表現還有議事過程中暗中圖利特定對象、不遵守利益迴避原則等。事實上，暗中圖利或不遵守利益迴避的情形基本上都與立委兼職或專任的營利事業有關。比如，立委利用職務之便，將議事過程中得知的有關訊息透露給與自身利益密切相關的企業，或直接加入與自己公司有業務聯繫的專

門委員會，甚至在制定相關政策過程中為少數特定企業代言牟利。因兼職或專任企業領導而惹上這種嫌疑的立委還為數不少。根據「監察院」公報資料以及網站公布訊息，結合「財政部」網站上公布的公司董、監事職務，在2003年度，第五屆「立法委員」中有71位立委有176個營利事業的兼職，其中有33位立委擔任74個董事長，有23位立委的配偶是33個公司的董事長[273]。

按資本額來排序，以立委擔任董事長名下的公司資本總額在100億（臺幣，下同）以上的有高育仁；50億以上的有陳勝宏；30億以上的有張俊宏；10億以上的有蔡啟芳、江炳坤和林進春等；資本總額在5億以上的有黃宗源；3億以上的有黃政哲、林文郎、楊文欣、李顯榮等5人；1億以上的有吳東昇、邱鏡淳、陳進丁、陳根德、蔡同榮等6人。在這些名下公司資產拔得頭籌的18名立委中，清一色都是男性，沒有一名女性。雖然尚不能據此貿然定下什麼結論，但兩性對利益的追求或與利益的距離或許由此可以稍作合理的推想。

表4-1　第五屆立委名下企業規模列表（2003年）

資本額(台幣)	擔任董事長的「立委」
100億以上	高育仁
50億以上	陳勝宏
30億以上	張俊宏
10億以上	蔡啓芳、江炳坤、林進春等
5億以上	黃宗源
3億以上	黃政哲、林文郎、楊文欣、李顯榮、章孝嚴
1億以上	吳東昇、邱鏡淳、陳進丁、陳根德、蔡同榮、李和順

資料來源：1.臺灣「財政部」營業登記資料公示：http://www.moea.gov.tw/doc/ce/cesc 1004.html。
2.臺灣「監察院」公報：http://egw20.mofdpc.gov.tw/bgq/index.js。
3.翟海源等著《透視立法院──2003年澄社監督國會報告》，臺北，允晨文化出版，2004年。

表4-2　2003年立委及配偶擔任營利事業職務一覽表

「立委」	性別	公司名稱和職務	配偶	公司名稱和職務
王金平	男		王陳彩蓮	煥聯　董事
王政中	男	美國萬通銀行　董事		
王鍾渝	男	東隆五金　董事長		
朱鳳芝	女	台灣寬頻通訊　董事 華洋旅行社　董事		
瓦歷斯・貝林	男	新屏東投開　董事		
江炳坤	男	坤基創投　董事長	陳美惠	乾坤投資　董事長 德美實業　董事長
余政道	男	聯彰投資　董事長 耕宏企業　董事		

續表

「立委」	性別	公司名稱和職務	配偶	公司名稱和職務
吳東昇	男	東昇傳播 董事長 弘捷投資 董事長 新光開發 董事長 宇邦投資 董事長 允晨文化 董事長 台新銀行 董事長 台新金控 副董事長 新光合成纖維 董事 大台北瓦斯 董事 陽慶電子 董事 台欣財產保險 董事 網路家庭投資 董事 台新保險代理 董事 新光建設 董事 桂圓投資 董事 進賢投資 董事	何幸樺	德時實業 董事長 德良 董事長 德岳 董事長 台證綜合證券 副董事長 允晨文化 董事 德傑實業 董事 宇邦投資 董事 國正實業 董事 何太木業 董事 果媚實業 董事 弘捷投資 董事 博瑞 董事 新光開發 監察 果豐食品 監察 新光兆豐 董事 瑞進興業 董事 新勝 董事 新光實業 監察 新光租賃 監察 德時實業 監察 米輯科技 監察 永光 監察
呂新民	男	欣新民營造 董事長	陳英照	恆佳建設 董事長 安佳建設 董事長
呂學樟	男	聯立汽車 董事長		
李和順	男	法翰企業 董事長 炳翰企業 董事 翰龍企業 董事	李莊碧枝	炳翰育樂 董事長 炳翰藥廠 董事長 法翰企業 監察
李顯榮	男	漢榮創投 董事 國貿投資 監察 立贏投資 監察	邵秀葉	國貿投資 董事長 立贏投資 董事 新鎬建設 董事

續表

「立委」	性別	公司名稱和職務	配偶	公司名稱和職務
林文郎	男	神廣電信 董事長 陽信投資 董事長 欣欣大眾市場 董事 仁山生化科技董事 台灣土地開發信託 董事		
林正二	男	新屏東投開 董事		
林忠正	男	遠東運動經紀 董事		
林南生	男	宗發建設 董事 宗傳建設 董事 巨星餐廳 董事 太皇廣告 董事 宗欣建設 監察 君鈺實業 監察	陳淑慧	宗發建設 董事 宗欣建設 董事 宗傳建設 監察
林春德	男	新屏東投開 董事長 貿總建設 負責人		
林炳坤	男	霖園大飯店 董事	張瑞美	霖園洗衣實業 監察
林進春	男	中國投資 董事長 銘陽投資 董事長 中國貨櫃運輸 董事長 中友船舶貨物裝卸 董事長 益邦開發 董事 辰泰資訊 董事 眾豐紙業 董事 銀邦投資開發 監察	陳秀卿	聚隆纖維 董事長
林進興	男	林進興醫院 院長		
邱永仁	男	永仁醫院 院長		
邱創良	男	華洋旅行社 董事 蔚都建設 董事 育高貿易 董事	黃純敏	國城開發 董事
邱 毅	男		邱謝京睿	偉碩文化事業 董事長

149

續表

「立委」	性別	公司名稱和職務	配偶	公司名稱和職務
邱鏡淳	男	太平洋國際電訊 董事長 華克科技 董事長		
侯水盛	男	侯安醫院 院長 曾文溪電台 董事長		
侯彩鳳	女	大揚營造 董事	黃啓川	亮動企業 董事長 亮動投資 董事長 矽統科技 董事 大揚營造 董事 華泰電子 監察
柯建銘	男	太樂風國際通訊 董事長 全華寬頻 董事 德邦創投 董事		
徐少萍	女	亨利有機健康 董事長		
徐耀昌	男	聯成汽車貨運 董事 邦成汽車貨運 董事	蔡麗卿	聯成汽車貨運 董事長 邦成汽車貨運 董事長
高志鵬	男	名陽律師事務所 律師		
高明見	男		蔡德美	爲泰醫療器材 董事
高育仁	男	倫飛電腦 董事長 尙茂電子董事長 威創科技 董事長 歐華創投 董事長 育華創投董事長 富華創投 董事長 倫揚投資開發 董事長 倫翔投資開發 董事長 育豐投資開發 董事長 風華開發 董事長 永儲倉儲 董事長 欣營油汽 董事長 中華建築經理 董事長 大松實業 董事長	高張明鶯	高氏企業開發 董事長 育華投資開發 董事長 日月高投資董事長 飛倫電腦 董事

續表

「立委」	性別	公司名稱和職務	配偶	公司名稱和職務
張花冠	女	台灣涼椅 董事	曾振農	台灣涼椅 董事長
張俊宏	男	環球電視 董事長 全民電通 董事長 台灣大業發展投資 董事長		
梁牧養	男	台信開發 董事長 山水電通 監察		
許淵國	男	上給貿易 董事	紀方怡	嘉裕德 董事
許登宮	男	華福工業 董事 遠東造漆 董事		
許舒博	男		賴淑綏	頂鈦科技 董事長
許榮淑	女	國際厚生數位 董事長 金沙灣國際度假村 董事長 台灣土地開發信託 董事		
郭正亮	男	新公民 代表人		
陳志彬	男	元太外匯經紀 常務董事 三華紡織監察		
陳忠信	男	劍度 董事		
陳茂男	男		陳林美滿	鄉園建設 董事
陳根德	男	建道營造 董事長 雙美生物科技董事長	蔡慧敏	建道營造 監察
陳健治	男	摩比家 董事		
陳勝宏	男	陽信商銀 董事長 全陽建設 董事	薛凌	全陽建設 董事長
陳朝龍	男	偉登興業 董事長	姚玉真	偉登興業 董事
陳進丁	男	松億通運 董事長 松和通運 董事長 松輝通運 董事長 松億貿易 董事長 松億貨櫃倉儲 董事長 松佶通運 董事	鄭秋子	松佶通運貨櫃 董事長

續表

「立委」	性別	公司名稱和職務	配偶	公司名稱和職務
陳道明	男	柏克萊眼科　院長		
章孝嚴	男	大華投信　董事長		
曾蔡美佐	女	海渡電力　監察		
湯火聖	男	帥帥汽車　董事		
馮定國	男	耀宗科技　董事（負責人） 恆學出版　董事（負責人）		
黃宗源	男	世紀鋼鐵　董事長 海山儀器　董事(負責人)	林素珠	祥鼎投資　董事
楊麗環	女	桃園恩瑞蒂幼兒幼稚園　設立人		
黃政哲	男	上大營造　董事長 華升鋼鐵　董事長 華升上大建設　董事長 仁喬國際貿易　董事長 華利全來科技董事長 台灣不動產開發　董事長 鄉親廣播電台　常務董事 京典矽旺科技　董事 訊聯科技　監察	吳競群	上大營造　董事 華升上大建設　監察
楊文欣	男	長智投資　董事長 台億經建　董事長 長億實業　董事 長生國際　董事 月眉開發　董事 長億娛樂　董事	廖秀玲	鼎元投資　董事長
楊富美	女		高資敏	名高生化科技　董事長
趙良燕	女	私立英堡文理補習班設立人		
蔡正元	男	阿波羅投信　董事長		
劉松藩	男	大甲興業　董事	劉蔡雲卿	大甲興業　董事長
劉銓忠	男		劉楊秀貞	層層包裝　董事

續表

「立委」	性別	公司名稱和職務	配偶	公司名稱和職務
蔡同榮	男	民視文化 董事長 台員多媒體 董事長 民間投資 董事		
蔡家福	男		戴碧雪	惠兆投資 董事長 家欣建設 董事 家福建設 董事 家福保險 監察人
蔡啓芳	男	台灣日光燈 董事長 旭光照明 董事長 杰龍國際 董事長		
蔡煌瑯	男	吉尚 監察		
蔡 豪	男	逸森科 監察		
鄭余鎮	男	謙禧國際 董事		
鄭美蘭	女	旭輝建設 董事 裕証建設 董事	陳國銓	裕銓建設 董事長 裕證建設 董事長 裕高建設 董事長 裕寶建設 董事長 裕銓投資 董事長
鄭國忠	男	森鉅科技 監察		
鄭逢時	男		王玲惠	太豐投資 董事
穆閩珠	女		張鏡湖	大夏數位傳播 董事長
賴勁麟	男		吳如萍	旅典出版社 董事長
鍾紹和	男	中華建築經理 常務董事 風華開發 監察	李金蓮	鏡擊科技 監察人
鍾榮吉	男	永儲 監察		
簡肇棟	男	大榮貨運 董事		
藍美津	女	新燕 監察		

續表

「立委」	性別	公司名稱和職務	配偶	公司名稱和職務
顏清標	男	天馬瀝青 董事長 寶馬瀝青 董事長 天台砂石 董事長 僑鴻建設 監察	黃美貴	祥和力重機械 董事長
羅明才	男	福豪建設 董事		

資料來源：根據翟海源等著《透視立法院———2003年澄社監督「國會」報告》上的資料編列（臺北・允晨文化，2004年）。

由上表格所列數據得知，第五屆225名立委中（男175名，女50名），2003年度因立委本人或配偶參與營利事業而涉嫌利益糾葛的立委有80名，其中男性68名，占男性立委總數175名的38%以上，女性有12名，占50名女性的24%。也就是說，在男性立委中，有將近四成的人有利用職務之便圖利自身的嫌疑，而女性的比例則較低，為二成四。當然，表格4-2仍只是表明一種可能性，無法證明上述表格中的立委必定有圖利自己的行為。但身為民意代表，本應專心議政，為民喉舌，如今身兼數職，既無法樹立一心為民眾服務的形象，更因民意代表的職權之便給予別人無限的想像空間，使人很難相信背後沒有利益驅動的因素。而表格4-1與4-2的資料表明，在對利益的迴避方面，無論男性或女性，在兩張表格上有一致的趨向，即，更多的男性不在乎因利益糾葛而可能引來的非議，或者說，在可能的利益驅動下，男性比女性更勇往直前。而這是否可以引申為兩性在政治廉潔度上差異的一種解讀呢？

1. 不當言行中的兩性表現

上文討論的是面對可能發生的利益糾葛時兩性的趨避態度，本小節專文探討在遭公眾非議甚至抨擊的言行中，立委表現出來的兩性差異。

在立法院，立委的不當言行主要包括如下幾個方面：政黨惡鬥導致無法理性討論法案；立委本身涉及弊案或刑事案件；論政過程中以言語或動作進行人身攻擊；代言或推銷商品；具爭議性的立委當選專門委員會的召集人，以便在議事過程中明顯圖利特定企業，等等。

政黨惡鬥是解嚴之後政黨政治成形以來立法院乃至臺灣政壇歷久不衰的傳統。藍綠陣營間的鬥爭遠遠超乎普通的政黨競爭，究其原因，在於「國家認同」的歧異及由此而來的省籍矛盾，其中混雜了人為操縱刻意挑起族群對立的因素。至今，唯政黨意志而不論是非仍是絕大多數立委議政的主要行動指南。臺灣的有識之士對此深惡痛絕，但學者的呼籲、媒體的抨擊似乎都於事無補。2005年1月，第五屆立委任期屆滿，民進黨立委為阻礙「國家傳播通迅委員會」（NCC）草案審查，以霸占發言臺方式，癱瘓議事進行，以至一向以為人處事圓融著稱的「立法院院長」王金平，罕見地發表措辭強硬的聲明，嚴厲譴責民進黨霸占發言臺，阻撓議事進行的行徑，猶如往昔民進黨在野時代問政的蠻橫行為，絲毫不具有執政黨的風範。[274]同樣的鬧劇在不久後再次上演，民進黨立委再次霸占發言臺阻撓NCC草案審議，更在民進黨余政道搶走國民黨女立委洪秀柱的麥克風後爆發群毆，再添一出「國會」醜聞[275]，並引起國際媒體的高度關注。

　　至於涉及弊案或刑案的立委，根據《中國時報》和《聯合報》等報導，第五屆立委中有這類行為者主要有：

表4-3　第五屆立委涉案列表（2003年）

「立委」	性別	涉及案件
林進興	男	涉高雄市議長賄選案收賄罪嫌
傅崑萁	男	涉台鳳案（違法炒股）
徐志明	男	涉貪污罪、違反選舉罷免法
顏清標	男	涉貪污、教唆頂替罪
陳勝宏	男	疑涉賄選
梁牧養	男	妨害自由、聚眾施暴
廖本煙	男	違法徵收「鎮長稅」
劉松藩	男	背信罪
蔡中涵	男	涉違反公司法
曾蔡美佐	女	台開公司貸款疑弊案

資料來源：《聯合報》、《中國時報》、《中時晚報》相關報導，日期範圍：2003年2月25日到7月15日。

　　言行涉及人身攻擊的情形在立法院由來已久。第五屆立委在2003年主要有如下這些：因人身攻擊較嚴重而被移送「紀律委員會」的有蔡啟芳、林重謨和女

性立委游月霞。其中，蔡啟芳因為說要與女性立委陳文茜的身體器官「社交一下」，引發女性立委眾怒，批其踐踏女性尊嚴；林重謨則稱某女性立委為「妓女」與「菜店查某」而觸犯了該名女性立委的尊嚴；游月霞於質詢時指某「部會」首長為「老處女」並使用其它不雅的語言進行人身攻擊。另外，還有其他同樣使用語言暴力但未被移送者，如：邱毅辱罵「行政院經建會副主委」張景森為「王八蛋」；傅崐萁指「新聞局長」葉國興是「狗」；廖鳳德稱「行政院長」游錫堃為「縮頭烏龜」。事實上，其他未上新聞報導的語言暴力事件仍然不少，此處只列出了公開報導的典型事例。

代言或推銷商品主要指以立委名義在立法院向同僚或向政府機關推銷商業產品。第五屆立委在2003年間有國民黨女性立委游月霞在立法院內推銷肌肉痠痛藥膏「威而柔」；民進黨女性立委邱議瑩替同黨蔡啟芳任董事長的臺灣日光燈拍廣告推銷納米「光觸媒電風扇」；林重謨則當房屋中介公司的代言人。在2003年「非典型性肺炎」流行期間，有多位立委乘機推銷產品，甚至有立委要求政府部門推薦商品。據媒體報導：

國民黨立委李和順是炳翰製藥董事長，日前在立法院擺攤熱賣大陸人參製品，宣稱可以增加免疫力預防SARS。他派出公司的俊男美女推銷員，穿梭在立法院的人群中，熱情推銷免費試喝的人參雞湯。多位朝野立委上臺代言，祝李和順生意興隆。[276]

身兼臺灣日光燈董事長的民進黨立委蔡啟芳，早就搶得先機，在四月初疫情還未引起高度關注時，於立法院辦了一場「置入性行銷」回饋記者會。蔡啟芳大力推薦自家工廠生產的納米「光觸媒燈管」，並誇口宣稱可以抑制「SARS飛沫傳染」，在場人士的表情是一臉狐疑。[277]更有甚者，早在那之前的三月，臺「財政部」以正式公文發函所屬各單位，主旨竟是「函轉蔡立法委員啟芳為環能科技股份有限公司之產品均經節能標章認證，請本部協助推使，以響應政府節能政策一案，請參考辦理」，遭到媒體曝光引發社會大眾批判後，蔡啟芳召開記者會公開表示，這款空調主機可以省電四成，所以和朋友投資生產，得到「經濟部能源委員會」同意後，他發函向各個公家機關推薦，他不只向「財政部」推薦，甚至

「總統府」和「法務部」都曾經回函表示樂於幫忙,整個過程公開透明,絕對沒有所謂的施壓與否的問題,因此,他自認無錯可言。

關於具爭議性立委當選「專門委員會」召集人,主要是指某些立委去申請擔任自己所在「專門委員會」的召集人,全然不顧自己弊案纏身或自己的特定背景,如所兼任的公司與所在「委員會」業務範圍有密切關係等,仍然以召集人身分參與許多本該迴避的業務。在2003年上半年的會期中,12個「專門委員會」的召集人中,有如下五位因這方面的不檢點行為而惹起爭議:

表4-4 第五屆立委中爭議性「召集委員」(2003年)

「立委」	性別	任「召委」所在	爭議原因
顏清標	男	「經濟委員會」	曾經涉及貪污案件
傅崐萁	男	「預算委員會」	涉台鳳案(違法炒股)
林文郎	男	「財政委員會」	有證券交易業務的公司
邱永仁	男	「財政委員會」	有生物技術公司背景
陳志彬	男	「財政委員會」	兼中華證券常務董事長

資料來源:《立法院公報》92卷10-15期,《中國時報》2003年2月20-3月20日報導。

把本小節所有兩性立委不當言行的資料加以綜合整理,可以製出下表:

表4-5 第五屆立委不當言行的兩性比較(2003年)

不當言行	女性	男性	總人次
政黨惡鬥			不詳
人身攻擊	1	5	6
涉及司法案件	1	9	10
代言或推銷商品	2	6	8
擔任爭議性「召集委員」	0	5	5

續表

不當言行	女性	男性	總人次
總計	4/50	25/175	29/225
不當行為發生率	0.08%	14.28%	12.88%

註:第七欄斜杠後的數據為相對項的第五屆立委人數,分別為女性50人,男性175人,總數225

人,第八欄行為發生幾率以不當行為立委數除以該性別立委在第五屆中的席次,分別為:女性4／50;男性25／175。

　　表格中政黨惡鬥一欄無法具體化,因為目前關於政黨惡鬥的報導中,多以黨派來劃分而非性別。雖然很多報導都顯示肇事者多為男性,在雙方對峙的氛圍中男性言辭比較激烈,但也只能據此並結合男性較具攻擊性的生物特徵來推論男性比女性容易引發肢體衝突,對政黨惡鬥造成可能的激化作用。另外幾項不當行為中,兩性的差異比較明顯,並再次在幾項對比中顯示出一致的趨向,即:無論是議事過程中的人身攻擊、立法院內推銷商品或擔任爭議性「召集委員」,或是司法案件的涉入,男性的表現都比女性更容易招致非議。或者說,為了特定的目的,比如利益,或是某個法案審議,或是某次議事進行,男性比女性更不在乎別人的觀感與評價,有更強的功利性或目的性。並且,這些不守本分的立委人次中,在男性立委身上發生的幾率為14.28%遠遠高於女性的0.08%,差距達到170多倍。也就是說,在同樣數目的兩性政治人物中,男性發生不當行為的可能性是女性的170多倍。雖然這樣的統計也許仍未盡翔實,但相信這個數據對兩性政治人物的形象與操守差異情況應該能有所說明。再和前文關於兩性對於利益糾葛趨避態度的差異比較以及議政內容綜合起來,兩性的分化更加明顯,女性更關注民生議題,更注意利益迴避,更謹守政治人物的言行分際,男性則與之相反。兩性在政治態度、興趣和愛好方面的差異,由此可見一斑。

第三節　個案分析:「兩性工作平等法」審議透視

　　在綜合比較部分,本文選取了第四屆、第五屆立委在2001年—2003年間的議政表現進行了初步分析,並做了粗淺的量化比較。但這樣的角度顯然還存在許多不足。首先,以一到兩個會期的問政表現做觀察,時間不夠;而且施政質詢內容太泛,任一立委的發言都可以天馬行空,不但先後質詢的不同立委發言內容之間沒有任何連貫性,難以找到其言論的交集,即使同一位立委,在半個小時質詢時間內的發言主題也有很大的跳躍性;加上每次質詢人數都有200名左右,內容

越發繁雜。這給筆者的資料整理和綜合分析帶來了很大的困難，以致無法把任一屆立委的議政活動全部記錄加以羅列比較，只能截取其中幾個會期，在資料的代表性上難免有其侷限之處。其次，根據臺灣立法院任期屆滿議事不連續的原則，不少議案因此半途而廢，更多的法案則需要經歷重新提案、程序委員會審查才能再次進入議事日程，甚至經過幾屆立委接力才得以最終成案。這就容易造成「委員會」討論同一議案的間歇性，致使以屆期為時間劃分的研究有片段性之嫌。為了彌補這方面的不足，本節研究以個案為主，採取法案追蹤的方式，以歷時12年橫跨四屆立委任期的「兩性工作平等法」審議過程為切入點，考察兩性立委在審議一個與政黨意識無明顯關聯的同一議案時的表現，繼續就前文推論出的兩性在議政中的表現進行追蹤求證，同時探討其中與法案主旨密切相關的兩性立委的性別意識關懷。

一、法案簡介：緣起及經過

在臺灣經濟繼續發展的80年代，大量女性走出家庭進入就業市場，但她們在就業市場上卻受到嚴重的歧視，大部分女性在進入就職單位前被迫簽訂所謂的「單身條款」，即表明結婚或懷孕願意自動離職才能得到工作機會。這樣的事情在臺灣的就業市場上屢見不鮮，如各地信用合作社的類似條款等，但並沒引起人們的重視，直到1987年6月，臺北市孫中山先生紀念館的57名女性員工和高雄市文化中心44名女職員因為單身條款被迫辭職而抗議條款的不公。以婦女新知為主的婦女團體開始關注這類現象，對此提出嚴厲批評並積極聲援這些被迫辭職的女性員工。但在抗議過程中婦女新知才發現，當時的臺灣根本就沒有一套法律能夠直接用來規劃勞動市場上的性別體制，自然也無從規範其中的性別關係而讓性別歧視得以大行其道。在當時的法律體系中，僅有的「勞動基準法」和「工廠法」關於同工同酬的規定則經常面臨解釋爭議。儘管「司法院」在1989年以座談會決議方式，認為結婚即需辭職的約定違背公序良俗，應屬無效，但因缺乏實質的約束力而無法有效制止「單身條款」現象。[278]

另外，經過進一步的調查研究，婦女新知發現，勞動市場上普遍存在著女性受僱者在招募、聘僱、報酬、配置、升遷、退職、退休及解僱等方面所遭受的不

平等待遇。女性所能獲得的工作仍集中在少數的傳統行業和職業，從事著「發展前途有限之工作」。在工作報酬方面，女性每月平均收入只占男性的70.7%。限定女性就業或是實行不公平配置的做法，即使是在政府部門也常發生。例如，一些公務人員特種考試中，就會出現有性別歧視的規定，包括僅限男性報考、壓低女性錄取名額、或對兩性用不同的錄取標準。即使女性被錄取後，也很少獲得在職進修或升遷的機會。至於職業場所中的性騷擾，更帶給女性許多工作上的困擾，不隻影響到女性的就業機會，還會造成她們身心上的問題。同時，調查結果顯示，已婚婦女認為政府所應該提供增進女性參與就業的措施中，主要就是增設托兒、托老機構，僱用薪資與升遷上的平等保障，以及鼓勵經營者給予留職停薪、彈性工時的方便。這些情況都表明，以立法手段保障兩性工作權益和消除女性就業障礙的迫切性和必要性。

1987年，婦女新知提出立法口號：「實現兩性平等，確保女性享有與男性同等之工作權及生存權，並貫徹憲法保護母性，實施婦女保護政策之精神」，開始組織人員草擬法案。在施繼明和馬維麟等人義務協助下，尤美女、塗秀蕊、陳美玲、劉志鵬、潘正芬等律師經過長期的資料蒐集、研究和討論，結合歐美國家保護男女工作機會平等的立法特色並兼顧臺灣經濟發展現狀，擬出「男女工作平等法」的第一份草案。為了更廣泛地聽取各方專家學者的意見，婦女新知先後舉辦了多次公聽會，分別為1989年3月和1990年3月。在彙集專家學者意見的基礎上，對草案進行了三次修改，即1989年3月第一次修訂，1990年2月第二次修訂，1990年3月第三次修正。1990年3月27日，趙少康等39名立委聯署，正式將該提案送入立法院。因法案審議曠日持久，在這期間，臺灣女性就業中的其它問題，如性騷擾等，已經開始受到社會的重視。同時國外也出現許多可以借鑑參考的法規及判例。因此，婦女新知組織尤美女等人進行修訂，於1999年3月立法院第四屆第一會期開議後不久，婦女新知再次委託女性立委葉菊蘭將該法案的第六版本重新送去審查。同時，婦女新知發起更密集的行動催生法案，除了原有的遊說立委外，還發動萬人大連署集結女性勞動者的意識，召開記者會宣揚立法精神，以輿論攻勢和民意支持對當局形成強大的壓力，迫使「行政院」和立法院重視這一法案。

表4-6 婦女新知推動「兩性工作平等法」立法經過大事記

時間	婦女新知推動法案記事
1987.8	台北市係中山先生紀念館57名女員工和高雄市文化中心 44 名女職工因年滿30歲懷孕被迫離職抗議事件
1989.3	編撰出新知版「男女工作平等法」草案
1989.3.3	第一次公聽會
1989.3.15	將修正後的「男女工作平等法草案」向社會大眾公布
1990.2.9	「男女工作平等法」草案進行第二次修正
1990.3.21	「男女工作平等法」草案進行第三次修正
1990.3.27	經趙少康等39名「立委」連署,正式提案送入「立法院」
1991.10.26	在資方反彈下,國民黨要求「立委」緩議,審議停滯不前
1991.11	工商建設研究會公布導致企業出走的十大惡法之一為「男女工作平等法」草案
1992.1	「新國會聯合研究室」召開「男女工作平等法」草案公聽會
1993.4	工商建研會發表「影響台灣經濟法令及政策建言書」,反對制定「男女工作平等法」並建議刪除全部草案內容
1994.9	新知版「男女工作平等法」草案第四次修訂版完成
1995.8	新知版「男女工作平等法」草案第五次修訂版完成
1999.3.5	婦女新知基金會召開「催生男女工作平等法,前進立法院」記者會
1999.3.8	婦女新知將第六版草案送「立法院」,三黨「立委」連署
1999.3.30	「行政院」提出「兩性工作平等法草案」
2000.7	提出「兩性工作平等法」草案朝野協商說明會
2000.9.11	提出「兩性工作平等法」草案整合版
2001.12.21	「立法院」三讀通過「兩性工作平等法」

資料來源:根據婦女新知基金會《1999催生男女工作平等法手冊》(婦女新知出版,1999年)上的材料整理。

在法案審議進度方面,1990年,自新知版的「男女工作平等法」草案送入立法院後,「行政院勞工委員會」亦開始草擬相應的「兩性工作平等法」草案,並於1994年5月報請「行政院」審核。在這期間,立法院第一屆曾於1991年10月和1992年1月舉行兩次「內政委員會」和「司法委員會」的聯席會議,審查該草案。但因意見分歧,且企業界代表在公聽會上強力反對,未達成任何共識。1993年6月,第二屆立法院期間,「內政、司法聯席委員會」第三次審查會開始進行逐條審查,仍因意見分歧,僅通過了名稱為「男女工作平等法」一項,決議待公聽會後再繼續審查。在幾次審議過程中,法案內容逐漸為社會大眾所熟知。由於該法案中的育嬰休假和家庭照顧假等可能涉及提高企業成本,遭到企業主的

強力反對，國民黨當局態度趨於消極，「行政院」駁回了「勞委會」的草案。當時的「行政院長」連戰表示，「保障女性應採取積極性的鼓勵措施，避免用懲罰性做法」。「經濟部長」江丙坤則認為，「如果過於單方面保護女性，將愛之適足以害之，且可能影響企業投資」[279]。由於「行政院」的配套版本遲遲沒有頒布，使新知版的草案審議一再延宕。1998年3月、10月，第三屆立法院舉行了兩次「內政、司法聯席委員會」，對草案進行第五次、第六次審議，爭議重點轉至「行政院」對應版本尚未頒布的原因，並決議待「行政院」版本送達後優先審議。這樣，直到1998年，立法院除了通過草案的名稱為「男女工作平等法」之外，草案審議沒有取得任何實質性進展。

1999年，立法院第四屆開始議事。早有婦女新知委託葉菊蘭送入第六版本草案。同在3月，「勞工委員會」送去的版本經過長時間的協調修改後，獲得「行政院院會」通過，形成「行政院」版本並於月底送請立法院優先審議。1999年5月、6月，經過立法院第四屆第一會期內政及民族、司法、衛生環境及社會福利委員會聯席審查兩次，達成直接進行二讀審查的共識。但因版本過多，除了新知版和「行政院」版本，尚有其它七個版本的草案在此期間陸續送入，而各個版本之間歧異仍多。於是立法院議決由謝啟大（時任新黨女性立委）擔任召集人，進行朝野黨團協商，在各黨團對草案內容項目達成初步結論後，由各黨團推薦六位學者專家組成審查小組，對九個版本的草案進行整合工作。該審查小組由律師尤美女、黃國鐘、劉志鵬和學者郭玲惠、焦興鎧及劉梅君共同組成，其中尤美女和焦興鎧曾經擔任了新知版草案1997年的增修工作。自2000年3月起，該小組召開十二次小組會議，並與各相關單位開過三次聯席會議，在聽取各方意見後，在2000年9月11日提出修正後的所謂「整合版」，在10月6日正式定案，交由謝啟大在立法院中提出，繼續進行審議工作，最後於2001年12月21日完成三讀，被稱為第四屆立委的「畢業作品」。

二、法案審理過程中的兩性表現

有學者指出，女性的政治力量主要來自於兩方面，一為政策議題的控制，另一則為政治職位的參與[280]。在臺灣，前者，如上文所述，已經有婦女運動團體

正在透過各種方式展現組織的力量，試圖影響政府或政黨的政策議題；後者，則是近年來許多的女性透過公職選舉進入政治體系，取得行政機構或民意機關的職位。政治轉型後，隨著婦女進入立法院人數漸漸增多，「婦女保障名額」對女性參政的作用引起學者們的熱烈討論。在「立法委員」單一選舉制度制定之前，臺灣婦女團體曾經提出以「四分之一性別比例原則」取代「婦女保障名額制度」，「性別比例原則」既保障女性也保障男性，以促進性別均勢取代單純對女性的保障，在長遠的將來也可能對男性有利，超越了把女性視為弱者加以保護的觀念，也避免了對「婦女保障名額」制度適用性的爭議。性別比例原則的提出蘊涵了這樣一個概念，那就是特定性別的利益只能透過該性別的民意代表或政府官員才能實現。這種只有女人才能代表女人，或只有男人才能代表男人的觀點，是建立在所謂的描述性代表理論上的。描述性代表強調代表和被代表者之間在可以看得到的特徵上具有相似之處，具有共同的經驗，在被視為選民結構縮影的議會裡，議會成員具備和選民相同的特質或經驗，在議會裡代表選民的利益[281]。換言之，作為弱勢群體的婦女，透過公職選舉中的投票行為，讓一定數量的女性候選人進入立法院，將有助於婦女權益相關政策議題的提出或通過。就政治參與而言，通常一個社會中的弱勢族群或邊緣群體，如果沒有特定代言人，與其利益相關的政策或議題將容易被冷落或忽視，從而加劇族群間不平等。在這種情形下，政治運作過程中是否有來自弱勢族群的代表，會高度影響這個群體參與政治的意願。從這個意義上說，進入立法院的女性人數增多，將會增加社會上女性對政治的關注，進而鼓勵更多的女性投入公職選舉中，似乎也能對女性相關的法案審議有所幫助。只是，在臺灣的立法院運作過程中，具有多重角色與身分的女性「立法委員」，能在多大程度上為婦女的群體利益代言？女性立委增多了，是否必然會帶來「婦女」群體的實際利益？這些將在「兩性工作平等法」的審議過程中逐步揭示出來。

如前文所述，「兩性工作平等法」草案經過了12年四屆立委的接力才完成審議過程。根據立法院的法案審議過程，這一草案的審議主要經過歷屆立委提案、委員會審查才進入協商整合過程，整合的版本幾乎是很順利地就獲得了最後通過。也就是說，在歷時12年的漫長審議過程中，立委提案及歷次委員會發言

的記錄既是瞭解草案進度的依據,也成為本文探尋其中兩性立委性別意識關懷及其它影響議政因素的所在。[282]

1.立委提案及連署:女性比男性積極

總體而言,從「兩性工作平等法」漫長的立法過程來看,前後共有15種版本,不包括「行政院」版本在內。其中以女性立委主提案的有9次,男性立委主提案的6次。姑且不討論提案女性立委的性別意識,不論女性立委是有感於就業市場上的兩性不平等而主動提案,或是在婦女團體的委託下被動提案,單就提案次數而言,女性立委的提案次數是多於男性的,也就是說,「兩性工作平等法」草案主要是由女立委提出。這也表明,單純從法案能進入立法院這關鍵的第一步而言,女性立委確實起了重要的作用。下表4-7則顯示,除了受到婦女新知委託的趙少康和葉菊蘭外,也不乏部分立委主動提案,表明女性立委們在該法案立法過程中,並非純粹處於被動支援新知版本法案的地位。

表4-7 第1-4屆女性立委提案及連署情況(1990-1999)

時間	主提案人	連署提案人及兩性人數	當屆提案連署人數性別分布		提案人數占當屆同性比例	
			女	男	女%	男%
1990.3.13	*吳德美1	李友吉等28人,女8,男10	12	28	42.85%	11.7%
1990.4.27	趙少康2	謝美惠等39人,女10,男29	28	240		
1995.1.13	李進勇3	許添財等24人,女3,男21	5	39	29.41%	20.1%
1995.3.7	*趙琇娃4	施明德等27人,女4,男23	17	144		
1995.12.14	蔡同榮5	56人(公報未記錄)	公報未記錄				
1998.10.1	*王雪峰6	黃天福等19人,女3,男16	6	26	26.9%	18.4%
1998.12.8	葉菊蘭7	顏錦福等17人,女3,男14	23	141		
1999.3.16	*葉菊蘭8	簡錫堦42人,女15,男27	39	124	90.7%	68.1%
1999.3.23	*王雪峰9	賴士葆等32人,女2,男30	43	182		
1999.6.8	*朱鳳芝10	江綺雯等34人,女7,男27				

①吳德美於立法院第一屆85會期第7次會議提出,見《立法院公報》79卷21期,1990年,51-60頁。

②趙少康於立法院第一屆85會期第24次會議提出,見《立法院公報》79卷34期,1990年,69-83頁。

③李進勇於立法院第二屆4會期第37次會議提出,見《立法院公報》84卷5期,1995年,41-59頁。

④趙琇娃於立法院第二屆5會期第5次會議提出,見《立法院公報》84卷12期,1995年,155-171頁。

⑤蔡同榮曾於1995年10月30日提出,但被退回,後於同年12月14日再提出,但《立法院公報》中沒有再列出連署人名單。見《立法院公報》84卷62期,1995年,155-170頁。

⑥王雪峰於立法院第三屆6會期第2次會議提出,見《立法院公報》87卷36期,1998年,9-11頁。

⑦葉菊蘭於立法院第三屆6會期第10次會議提出,見《立法院公報》87卷46期,1998年,9-10頁。

⑧葉菊蘭於立法院第四屆1會期第3次會議提出,見《立法院公報》88卷11期,1999年,4-7頁。

⑨王雪峰於立法院第四屆1會期第4次會議提出,見《立法院公報》88卷12期,1999年,4-6頁。

⑩琇瑠朱鳳芝於立法院第四屆1會期第15次會議提出,見《立法院公報》88卷33期,1999年,10-11頁。

時間	主提案人	連署提案人及兩性人數	當屆提案連署人數性別分布		提案人數占當屆同性比例	
			女	男	女%	男%
1999.9.28	*周雅淑 1	張清芳等41人,女7,男37				
1999.9.28	葉憲修	沈智慧等33人,女16,男17				
1999.10.22	蔡同榮 2	彭紹瑾等34人,女7,男27				
1999.10.22	蔡明憲	翁金珠等37人,女6,男31				
1999.11.16	*章仁香 3	楊瓊瓔等72人,女20,男52				

說明:1.資料來源為《立法院公報》,詳見註釋。

2.主提案人名字前面帶*號標記者為女性。

①周雅淑和葉憲修同時於立法院第四屆2會期第2次會議提出,見《立法院公報》88卷41期,6-9頁。

②蔡同榮和蔡明憲同時於立法院第四屆2會期第6次會議提出,《立法院公報》88卷45期,5-12頁。

③章仁香於立法院第四屆2會期第7次會議提出,見《立法院公報》88卷46期,20-21頁。

3.第五列和第六列以立法院屆次作時間劃分標準,其中吳德美和趙少康為第一屆立委,1995年的三次提案都在第二屆立法院議事期間,1998年的兩次提案都屬第三屆,1999年的所有提案都屬第四屆。

4.第五列：當屆女立委提案連署人數，把各屆內的提案綜合考慮，因為有些女性立委會同時參與幾個版本的提案，故不能把各次連署的女性人數簡單相加，只能把各次提案綜合起來考察。如綜合吳德美與趙少康提案名單可發現，參與連署的女立委有謝美惠、朱鳳芝、張博雅、沈智慧、蕭金蘭、葛雨琴、周荃、洪冬桂、洪秀柱、翁金珠、葉菊蘭、許張愛簾等12位，男性用同樣的方法統計。第二行，為當屆立委中的任一性別總數，如第一屆參與連署名提案為12人，第二行的28表示第一屆女性立委總數為28名。

5.第六列的目的是要觀察任一屆內曾經參與過提案或連署的立委在同一性別總數中的百分比，其數值為第五列提案連署人數與第二行同一性別總數的比值；男性立委總數由當屆立委總數減去女性立委人數可得。第一屆立委總數到1990年為268名，第二屆總數為161名，第三屆為164名，第四屆為225名。

同時，需要指出的是，連署提案人的兩性分布一欄，粗粗一看，基本上每次提案的連署提案人都是女性少於男性，比例最接近的一次是1999年9月葉憲修的提案，連署人中女性16位，男性17位，仍是男性多於女性。撇開連署人對法案的真正態度不談，任一單次提案中男性連署多於女性也絕不意味著對這一法案的提交男性表現得比女性積極。因為，立法院男性遠遠多於女性，男性人數總是女性的三倍以上。因此，這還要結合人數比例進行更進一步的分析。

從上表可知，除了主提案人方面女性多於男性之外，連署提案人方面，每一屆的立委中，參與人數在當屆同性別人數中所占的比例都是女性高於男性。雖然參與連署不排除同僚示好的可能，未必表示一定會為該法案護航，但仍能表明女性立委對該法案的態度表現比男性積極。同時，表格中縱向觀察，發現各個時期立委提案連署的頻繁度或積極性有所不同。第一屆立委期間，只有兩個版本的提案，雖然人數上是男性比女性多，但在性別上，則是女性比男性積極。第二屆、第三屆立委任期內，正逢「勞委會」版本被「行政院」退回，受當局意旨影響，這一時期提案版本少，參與連署的男女立委人數也都減少。根據上表名單檢索發現，這一時期的主提案人全為非國民黨籍，而國民黨的立委則不分男女都沒參加連署，其中不難推想政黨因素的影響作用。第四屆立委期間，國民黨當局對此法

案的態度轉趨積極開放,「行政院」版本送進立法院,於是,在不違黨意的前提下,提案與連署人數都大大增多,出現當屆43名女性立委有39名參與連署提案的盛況。

2.立委發言：女性發言品質高於男性

根據「立法院組織法」第七條第一項規定：「政府機關提出之議案或立法委員提出之法律案,經程序委員會提院會後,交付有關委員會審查。審查後提院會討論,但必要時,得逕提院會討論」,「立法院議事規則」第29條也有相同內容的規定。因此,除了一些沒有什麼爭議的法案外,幾乎所有的草案都必須先經過委員會審查後再提報「院會」討論。本文所研究的「兩性工作平等法」即是在一讀及委員會審查中不斷重複,長達10餘年,直到2001年12月才交付二讀,隨後快速完成三讀程序。在各屆立委審議期間,兩性立委發言既是立委本身性別意識的展演,也是同期社會政治經濟生活的體現以及法案審議進度的探測表。

第一屆立委任期內,立法院曾經舉行過兩次「內政、司法委員會聯席會議」。第一次聯席會議於1991年10月19日召開,第二次於1992年1月11日舉行,臨時改成以公聽會的形式進行。從出席名單來看,除了「立法委員」以外,尚有「內政部」、「行政院勞動委員會」、「法務部」等政府官員;在學者專家方面,則包括教授、保險專員、律師及企業界代表等。綜觀兩次會議審議過程,兩性立委發言內容大異其趣,女立委對女性在工作場所上遇到的各種困擾深有體會,也能體認到企業界的需要,發言切中要旨：

葛雨琴：事實上,很多女性在工作中並未受到勞基法的保障,因其所從事的工作不在勞基法規定的範圍內,更有甚者,許多女性因為結婚、生育而被迫辭職,……再者,女性在工作的升遷、進修亦遭受許多限制。希望在條文中增加一個『性騷擾』條文。[283]

葉菊蘭：然而在就業市場上,距離兩性平等仍十分遙遠。我們必須澄清一個觀念,女性由結婚、懷孕生子、以至養育兒童等階段,乃是為臺灣的優秀民族培養優秀的下一代,這並非女性一個人的責任,而是家庭、社會、國家的共同責任……[284]

謝美惠：本法一定要實施，……為了配合工商界的需要，我們可以階段性的實施，首先實施的是所有的公家機關、公營的單位，……經過一兩年之後，我們可以再擴及工商企業界，……[285]

相比之下，男性立委多未能瞭解立法的目的與意義，發表許多性別刻板的言論，或把關注點集中在法案的名稱上，發表與法案實質內容不相關的言論：

王天競：社會一般的稱呼是『各位女士、各位先生』，將『女士』放在前面，故而本席建議將本草案名稱中的男女二字顛倒，改為『女男工作平等法草案』。……因為女性有細心、溫柔、誠懇等優點，應讓其有發揮的機會。……國外許多航空公司僱用的空姐均為已婚、年紀大的女性，因為她們較細心、經驗豐富。[286]

張世良：二十世紀，男女權已經接近平等的地步，二十一世紀以後，可能演變為女權的天下了！此一趨勢，由國內大專院校的聯考多由女生錄取可見一般。……，請問勞基法、勞基法修正草案及就業服務法中有無涵括男女工作平等法所擬規定？有無疊床架屋之虞？……[287]

盧修一：談到女男平等，不能成為女性享有特權，易言之即不可謂突顯女男平等而造成另一種不平等。[288]

郁慕明：而女生也不要因為自己是婦女團體，就要遭遇比較特別的對待。提到生理假是否列入，基本上，這生理假就是男女工作不平等。……，因為男性也會有同樣的生理週期循環，有時候你看到一個男性變得比較安靜，仔細分析，是否也有週期。[289]

審議過程中，女性立委與當時備詢的行政官員的對話也很值得研究。其中較為特別的是朱鳳芝，因為擔任「委員會」的主席，沒有登記發言，但在整個討論過程中時有發言，並特別就「性騷擾」部分，與當時的「法務部次長」林錫湖進行了激烈的辯論。朱鳳芝首先舉出女性法警與航空服務員的例子，認為在招考女性法警時強調胸圍必須達到一定程度，這不但屬於性騷擾，也是歧視女性的行為；而女性航空服務員在接受醫生體檢時，也應該要有護士或者第三者在場以示

避嫌。林錫湖則認為女性胸圍與肺活量是一樣的，胸圍未達到一定水準，不足以擔任羈押人犯的工作；至於醫生體檢女性時是否要避嫌，則表示不清楚法律規定，僅僅說「違法須以有法律規定為前提，否則不算違法」。兩人對答如下：[290]

朱鳳芝：目前女性法警招考中特別強調女性法警的胸圍必須達到某一程度，方才合乎錄用標準，請問這算不算『性騷擾』？據悉，胸圍與肺活量並沒有絕對的比例關係，當初為何訂定此一歧視女性的條文？胸圍大小與肺活量大小是一樣的嗎？

林錫湖：這不算性騷擾。此系對女警生理上肺活量的一定要求。這是尊重女性的條文，不是歧視，因為女性在處理人犯時，必須具有相當的肺活量。對。目前我們認為胸圍未達一定水準之男性、女性均不足以擔當羈押人犯、解送人犯之工作。我們研究的結果是認為不能刪除。[291]

朱鳳芝：近來女性航空服務員招考過程中亦有遇到性騷擾之困擾，請問醫生檢驗女性受檢者時，是否應有護士或第三者在場以示避嫌？……希望法務部重視女性，對性騷擾加以明確的界定。

林錫湖：有沒有這樣的規定，本人不太清楚，不過，如有有關的規定，可以據以處理。不過此事應以健全的觀念衡量，如果女醫生檢查男性時，……（林錫湖沒有再說下去）。違法須以有法律規定為前提，否則即不算違法。

此外，企業界反對的聲音也在第二次聯席會議時候傳出來。其中，企業界代表有一位奎谷公司董事長周敏，更以身為女性的立場，明確表示不需要立法保障女性工作權益。

周敏：是婦女隨著時代的進步，學識才能不斷提升，在企業界並沒有受到任何歧視。……，知識水準的提高，不需要男性的同情和憐憫，應該有志氣和能力可以在社會上任一行業中一爭長短，不必以女性是弱者自居來爭特權，所謂『男女工作平等法』毋寧稱為女性工作特權法，屆時企業不敢晉用女性工作者，反而使女性自絕生路。[292]

總體上，在兩次審查會議中的發言男性立委或是認為法案的制定沒有必要性，或是談些不著邊際的話，兩性立委發言幾乎沒有交集，法案審議沒有取得實質性進展。

第二屆、第三屆立委任期內（1993年2月—1999年1月），國民黨當局受到企業界的壓力，立場趨於保守，「行政院」還退回了「勞委會」的草案版本。社會上對於這一法案仍未取得一致共識。在這一時期，立法院內國民黨籍立委包括女性皆對此法案保持緘默，只剩非國民黨籍的立委提案，因此，提案版本不多，連署人數也少。在這期間，立法院舉行了「內政、司法委員會」第三次、第四次和第五次聯席會議，但因「行政院」版本法案仍未送達立法院，立委發言仍是天馬行空，除了非國民黨的女性立委和部分男性立委繼續為法案辯護外，大部分男性立委發言或是試圖阻撓議事進行，或是說些風馬牛不相及的話。進一步觀察，發現國民黨籍的男性立委如林壽山、蔡友士、黃正一和陳宏昌等人頻頻以程序發言方式上臺，要求先舉辦公聽會，凝聚各方共識後才能逐條討論[293]；或者從第一條文開始反對，試圖阻撓議事進行，這些行為不免讓人產生為政黨意志背書的聯想：

黃正一：本席實不知目前男女究竟有何不平等？女性的生存機會比男性的生存權少嗎？難道有人規定女性只能活到五十、六十歲嗎？[294]

蔡友士：本案條文內容根本無關平等，皆屬保護性質，……，如果以後情形相反，儘是女生當男生的主管，則要叫誰來保護男生？……，本案名稱應修正為『女性保護法』。

蔡友士：男女有別，如何男女工作平等起呢？如臺灣三百多個農會都是用考試招進人員，現在女生又比男生會考試，結果分發進來，……女生到了田間因怕蛇就不敢進去了；而晚上又要值班，她也不願意，……有些女生甚至恐嚇說要是被強暴了，怎麼辦？立法院的祕書都是女生，像男生也有很多阿！還都是研究所畢業的，還當不了祕書。

蔡友士：不知道趙委員（指趙少康）在家裡是否有地位？應是太太超越於他，所以聽太太命令提此案。[295]

國民黨的男性立委以種種方式試圖延緩議事進行，該黨的女性立委則一致保持沉默，既未反對法案，但也沒有表示支持，為法案發言的女性立委清一色為非國民黨籍人士。因為缺乏相應的「行政院」版本對照審議，女性立委發言的重點由前期論述立法意義轉向催促當局重視法案，加快立法進度：

葉菊蘭（民進黨）：從民國七十九年委員們提出兩性工作平等法案到現在已將近十年。然而今天列席的行政官員根本不重視此法案，至今行政院沒有送審任何相關法案到立法院，雖然過去勞委會有送審相關法案，然而行政院退回以後到現在已二、三年，仍沒有下文。並且今天勞委會主委、內政部長都未列席參與會議。[296]

高惠宇（新黨）：我們現在最想知道的是行政院的提案版本何時才會送到立法院？[297]

範巽綠（民進黨）：你們究竟面臨什麼壓力，以致不聲不響，……，我們願意再給予兩個月期限，請你們最遲十二月七日復會前送來。[298]

部分受到婦女團體請託或比較具有性別平等意識的男性立委則對法案予以聲援：

彭紹瑾（民進黨）：請問是哪個部會反對？……究竟是財政部、經濟部、銀行或其他人？……無反對，為何放在那裡不送過來？或者是工業、同業公會等反對？……僱主給你們壓力？僱主擔心，而後施壓經建會，經建會再施壓勞委會。你們是否在應付立法院？[299]

趙少康（新黨）：生存權的意義不是說只准活到幾歲，而是考慮到當其工作權受到某種程度的剝奪或不公平待遇時，將連帶影響其生存權，並不是說沒有工作，生存就會發生問題。

趙少康：本法基本上不是為了保護女性，而是在追求一個公平的待遇與機會，……，如女性工作時要求機會均等，而當其生產時則要貫徹憲法保護母性。

趙少康：母性也是女性，但女性卻未必是母性，所以本法只要是給予凡為女性者一個平等的工作機會，……，當女性結婚後，可能就有陪產假、育嬰假的待遇，

絕不可因其懷孕而剝奪其工作權，……，生育不僅只是兩性的問題而已，它對下一代的影響深遠，立法必須有前瞻性。[300]

沈富雄（民進黨）：以陪產假為例，……對企業所產生之衝擊恐怕不如想像中嚴重，更何況二次陪產假也不一定在同一企業中發生，……

經濟平等是兩性平等的基礎……，大部分女性身兼二職——職業婦女及家庭主婦，其所負擔的工作大約為兩個人的工作，而男性則否。……，可以藉由立法的手段，將天賦的不平等稍微拉到較平等的狀況，以補先天的不足。[301]

謝長廷（民進黨）：『男女工作平等法』在名稱上是否會讓人產生目前男女不平等的誤解？本席認為這不是誤解，而是大家發現了這個問題。因為傳統觀念及若干客觀因素，確實造成諸多男女不平等的情況。……，還有禁止性騷擾的規定，應將其精神導入本法中。[302]

蔡正揚（新黨）：目前較多的情形是，男性上司運用其職權優勢騷擾女性部屬，很多女同胞為了保住飯碗而敢怒不敢言，……實有必要加訂法規加以規範。[303]

　　同時，值得關注的是，不知是否由於社會教育的結果，經過婦女團體的一系列普及性別意識催生法案的行動、聯席會議的幾次廣泛討論以及媒體的大幅度報導之後，這個時期的男性立委已經鮮有發表缺乏性別意識的言論，對法案審議的消極作用體現在發言中的顧左右而言他：

蔡同榮（民進黨）：對於殘障同胞，我們當然必須儘可能給予協助，提供就業機會。……請教江內政部次長，目前有多少個機關，確實遵守殘障福利法之規定，保留百分之二的工作機會給殘障同胞？[304]

　　另一男性立委羅傳進的發言同樣離題萬里，他不但發言指出落實照顧殘障同胞政策的重要性，隨後更把鋒頭指向當時的臺北市長陳水扁，指其調高臺北市里長薪水是為了綁樁（選舉用語）。在「兩性工作平等法」專案審議過程中發表這樣風馬牛不相及的言論，讓人費解：

羅傳進（國民黨）：不過本席認為最嚴重者並非兩性工作不平等，而系未落實照顧殘障同胞。目前以罰款方式要求各機關強迫僱傭殘障同胞是不對的，……。公

教人員調薪在執政黨維持物價穩定之政策下，幅度通常是百分之三。但臺北市里長薪水原是一萬五，市長陳水扁卻調高三倍成為四萬五，以收納成為選舉樁腳，濫用行政資源，形成不公。[305]

此外，仍有男性立委從其它角度發言反對該法案。新黨鄭龍水認為「兩性工作平等法」範圍過於狹窄，不予支持，並與當時的「勞委會副主委」張昌吉進行了一場沒有交集的對答。張昌吉對於鄭水龍的上述表示，一再以「行政院」已經開始著手審查「勞委會」版本法案作為回應，導致兩人對話在各說各話中結束。[306]

這樣，在缺乏行政機關相應法案的前提下，該法案議事繼續空轉。雖然仍有部分男性立委如趙少康、謝長廷、魏鏞和李永吉等人支持法案審議進入逐條討論，但最終仍是無法取得實質性進展。而第三屆立委任期轉眼就要結束，法案的繼續審議只好寄望於第四屆了。

1999年2月，第四屆立法院開始議事。因為立法院議事屆期不連續，所有未審議完畢的法案，都要重新提案。新會期伊始，婦女新知即委託連任成功的女性立委葉菊蘭將修訂完成的第六版草案送入立法院。時隔不久，同樣連任成功的女性立委王雪峰的版本和「行政院」版本相繼在同一個月內送進立法院。隨後，陸續有其它六個版本跟進，草案版本加上「行政院」版達到9個之多。「行政院」版本草案的頒布表明執政黨對法案的態度已轉趨開放，國民黨的女性立委開始積極為法案辯護。同時，在婦女團體多年的努力推動下，性別平等意識深入人心，社會上也逐漸形成了立法的共識。因此，這一時期的法案審議回歸務實，立委發言轉向各版本條文內容的比較[307]。女性立委則抓住這一有利時機，就細節部分進行釐清，包括陪產假與育嬰假的制定、女性生理假的納入與否、性騷擾的定義與條文、企業罰則、法案適用範圍等等，都是審議過程中發言的重點，審議也取得實質性進展：

秦慧珠：第一，性騷擾的定義與範圍為何？需要很具體地列出，……第二，如何進行有效、暢通的申訴管道？……。第三，誰是裁判者，誰有權做最後的仲裁者？[308]

蕭金蘭：子女未滿一歲需親自哺育者，……，因為法律中並未明文規定，限制員工人數達多少人以上的公司要如何做，……。關於陪產假的問題，葉委員（葉菊蘭）的提案是應給予五天假期，行政院的版本則是應準予兩天的假。[309]

隨著立委們對法案的深入瞭解與性別意識的推廣，法案的審議開始有了實質性進展，參與推動的立委也越來越多。但是，仍有極少部分男性立委為企業主的利益代言，發表一些性別刻板的言論，在性別意識已深入人心的1990年代末期顯得尤其突兀：

鄭朝明：主要是因為女性先天在體質、體力及種種環境上的差異，而使得僱主認為不方便，增加其就業成本，因此在待遇上有所差別，……。女性不必服兵役，其體質關係較文靜，唸書方面較有耐性，所以往後男性在覺醒之後，提出男女應在權利義務上平等，而要求女性當兵，政府將如何因應？[310]

邱鏡淳：則本席認為以臺灣目前的條件，再加上此法，而讓婦女的就業機會喪失的話，訂這樣的法也只是空的罷了。此法訂了就要做，能夠落實，否則只會讓廠商倒閉，無法生存。這樣的法可能並不適合目前中小企業的形態。企業沒有生存，就沒有求職機會。[311]

但這樣的言論畢竟已屬少數，終究擋不住立法的腳步。經過黨派協商整合不同版本意見後，2001年12月6日，立法院第四屆第六會期第八次會議就整合後的版本進行二讀，順利通過，12月21日完成三讀。至此，漫長的立法過程終於走到盡頭，女性工作相關權益的問題有了一部專門的法律來保障，臺灣社會在推動兩性平權的道路上又邁進了一大步。「立法委員」的跨黨派合作也得到了社會輿論尤其婦女界的稱許，稱之為第四屆立委的「畢業作」。[312]

3.法案審議全程述評

綜合起來，兩性立委在「兩性工作平等法」全案審議過程中的表現可以歸納如下：

雖然不是每一位女性立委都會為推動立法而辯護，但總體上，女性立委對法案的態度比男性積極，從提案、連署提案人的次數以及持積極態度的女性立委在

同一性別中所占的比例中已經總結出來，在委員會的發言也與這一趨向相符。在委員會審議過程中，雖然不是所有的女性立委都積極發言，但女性立委只要發言都是為推動法案進行，而男性立委則未必，為法案辯護者有之，反對法案者也不乏其人，以風馬牛不相及的發言來干擾議事進行者同樣大有人在。

政黨因素仍然是影響立委議政的重要因素，這個因素在「兩性工作平等法」審議中以國民黨立委表現最為明顯。如前所述，國民黨的立委在第二屆、第三屆期間，因為國民黨對法案態度趨於消極，於是，國民黨的男性立委發言干擾議事，女性立委則由前期對法案的支持轉為保持沉默，直到第四屆立委任期，該黨放開這一法案後才又積極發言推動立法。

當政黨意志不那麼強勢的時候，在婦女團體的居中奔走下，女性立委有逐漸結盟的現象。如在法案提出初期，國民黨尚未反對該案，因此當時連署人以國民黨女立委為主，民進黨的葉菊蘭及無黨籍的張博雅也參與其中。第二、三屆立委任期內的法案全為民進黨或新黨的女性立委為主提案或連署人，委員會審查過程中也聽不到國民黨籍女性立委的聲音。第四屆立委期間，國民黨態度轉變後，國民黨女性立委積極參與提案或連署，包括參與民進黨人或新黨人士的提案連署，在第四屆的委員會審查中以「女性」的身分集結起來共同為法案辯護，難得地出現了女性立委為性別認同而結盟作戰的景況。

利益團體仍然是立委議政中不可忽視的因素。從第一屆立法院審議開始傳出企業界的反對聲音後，部分立委為其代言的情況就一直貫穿在整個審議過程中。直到第四屆立法院開議之時，在婦女團體的多年宣導下，社會對此已經達成共識，立法院也已經體認到這股民意，但部分立委為企業界發言反對的聲浪仍然不絕於耳。就立委的多重角色與身分而言，也許這本無可厚非，但它表明了法律制定的複雜性，讓人們得以一窺立法過程中社會各團體與勢力之間的相互角力與妥協。

結合前述關於兩性立委議政的綜合分析，臺灣女性參政的具體表現及性別分析可以總結如下：女性進入政壇後，大部分不刻意彰顯自己的性別因素，雖然她們較之男性更支持婦女權益法案，更關心弱勢、民生議題，也更遠離利益糾葛，

但這部分特質仍只是大多數女性政治性格的一部分。在當前臺灣的政治生態下，本就處於結構性少數的女性立委常被不同的政黨意志分割，更多時候，她們和男性一樣，淪為政黨鬥爭的工具，迷失於男性的遊戲規則裡，和男性一起共同向人們演繹臺灣所謂民主政治的真諦：「政治的目的不是解決問題或制定公共政策，而是表達情感或『作秀』」[313]。這是臺灣目前的政治生態使然，也是臺灣政治發展過程中的階段性表現。儘管當前臺灣政治發展的各種亂象及其民主的異化正引起世界矚目，但筆者相信這只是當代臺灣政治發展的一個過程，也有學者指出藍綠兩極化政治並非臺灣政治發展的宿命。[314]在當前的臺灣，即便女性參政只是相對而言地較有利於女性權益、弱勢族群和民生議題，女性參政仍因其兩性平權的象徵意義和上述的實質意義而有其積極推進的必要性。「女性主義毋寧有其值得宣揚之處，質言之，即它對政府服務對象的關切，重視微觀的、具體的成長經驗與包容性的政策立場，對前線工作人員所處情境的認同等等，均是主流公共政策分析之中所看不到的，也正是女性主義最大的貢獻所在」。[315]隨著臺灣政治發展的成熟，當公共利益成為政策主流，超越統獨認同的公共倫理得以建立和公民社會普世價值得到回歸，可以預言，女性弱勢關懷的道德特質、女性主義以包容取代對抗的思維方向，對於臺灣政治的正常發展和將來兩岸政治僵局的化解，都將具有不可估量的積極意義。

第六章　臺灣女性參政的性別分析

　　半個多世紀以來，臺灣女性在政治參與上走過了一條艱辛的道路，取得了可喜的成績。當今政壇上的女性公職人員逐漸增多，儘管其中仍然摻雜了政黨等其它因素，但作為女性整體政治力量增強的表現，女性公職人員正日漸成為臺灣政治運作過程中不容忽視的因素，對當前臺灣政治運作的影響日益重要。前文已經根據戰後臺灣社會發展的情況，描述了半個多世紀來女性參政在不同時期的表現，對女性在各級公職人員中的參選情況與當選情況作了大致的考察，並從綜合比較與個案分析的角度觀察了立法院中兩性「立法委員」在政治態度、政治興趣、政治理想等方面的差異。為了探析這些現象背後的社會性和制度性因素，本章將把女性在不同時期參與選舉政治的表現加以綜合，以勾勒出女性參政在半個多世紀裡的走勢，探討政治環境的變化和婦女運動的發展這兩者與臺灣女性參政之間的內在關聯。在此基礎上，引進社會性別差距理論的解釋框架，從政治社會化理論、資源論和結構論三個角度展開，試圖解讀兩性在政治參與上的差異成因。

第一節　女性參政走勢分析

　　在對臺灣女性參與選舉政治的情況做一個總的回顧之前，有必要先瞭解一下有關政治民主化與女性主義以及女性參政三者間關係的研究，以便為筆者考察臺灣女性參政的情況提供有益的借鑑。

　　一、婦女／性別與民主化

早在1980年代前後，婦女研究者就開始努力將性別政治的研究擴展到正規的政治體制之外，包括婦女社會草根式的活動，並且特別注重那些以婦女為主體和女性生命、身體相關的議題。也就是說，將政治看做一種權力分配的場所，由原來以政府或代議會場為主延伸到社會層面，議題由原來的公領域擴展到私領域，政治主角由男性主導改為兩性主導。當然，這樣的研究多以婦女運動較蓬勃發展的西方社會為主。為了與早期以西方中心的研究慣勢相區別，90年代後，第三世界或有色婦女與政治的研究興起，研究者們主張，關於婦女與政治的研究應該放回具體的社會發展的歷史脈絡裡進行。目前，這方面的研究成果主要以拉丁美洲民主化和東歐諸國民主化的經驗為主。

一般來說，民主化所追求的政治體制包含下列幾個特徵：人民性、平等性、開放性等[316]。具體說來，就是指社會各族群有平等參與政治決策的機會，開放的政黨競爭，公開定期舉行的公職人員選舉，以及言論、出版、集會和結社自由等。這樣，民主化賦予了原來被排除在政治場所之外的社群或弱勢族群參與決策過程的法源及相關實踐機制。從這個意義上，婦女也獲得了參與政治的機會。從婦女的角度來說，政治民主化對婦女運動乃至婦女參政的影響主要體現在以下幾個方面：首先，民主化對人民平等參與決策過程的標榜合法化了婦女進入政治領域的要求。婦女作為社會的主要社群之一，其民意授權構成國家政權合法性的來源之一。因此，婦女不但應該享有投票權，其代表參加政治選舉進入體制也是有必要的。而民主化體制下各級公職人員的公開、定期選舉則為婦女提供了實踐其投票權和參政權的機會。其次，開放的政黨競爭也提供了女性進入政治領域的契機。在開放的政黨競爭中，各政黨為了開拓政治資源擴大選民基礎，會積極拉攏傳統受排擠的弱勢群體，如婦女，並可能將婦女的訴求納入政黨的政治關懷中。此外，民主化所保障的人民言論、出版、集會和結社自由更是婦女運動得以蓬勃發展的保障。臺灣婦女運動在解嚴前後的發展規模和成果似乎也能證明這一點。反過來看，如果沒有政治民主化所賦予的政治機會，婦女運動的社會教育成果終究難以轉換成社會政策改變乃至社會變革的力量。

臺灣當代社會的發展變遷浸潤在東方文化傳統與西方工業文明的交融中，傳統文化中男尊女卑的思想成為社會生活中無形的卻無處不在的潛規則，如前述

「單身條款」、修改前的「民法親屬編」等。兩岸分治後，臺灣社會走上仿效歐美的發展道路，政治制度上採取了西方的代議式民主。80年代政治轉型之後，源自西方女性思潮的婦女運動蓬勃發展，利用政治轉型所賦予的政治機會，以修法的方式逐步解構法律體系中的男性中心主義，透過法律的修改和制定主導性別平等的具體落實[317]，同時積極推動女性參與政治選舉，努力提高女性在各級政治機構中的代表率。80年代末期開始的政治轉型，其於臺灣婦女運動和女性參政的意義，曾有臺灣學者做過研究：

總之，民主化和婦女的政治表現可以有下列幾種關係：第一，民主化透過定期選舉的實施，直接增加婦女參與『正規』政治管道的機會；第二，民主化的黨禁開放，政黨競爭可以開拓婦女爭取政治代表的新場域；第三，透過人民集會與結社等基本人權的保障，民主化不但合法化原有的婦女運動，直接促使婦運更蓬勃，也可以提供婦女更多組織團體和形成新集體行動的空間；最後，第四，社會民主化保障婦女作為社會的弱勢族群，有權利要求政府政策滿足其特有的需求，併合理分享社會資源，民主化因而有助於讓婦女議題進入政治和政策的論述場域，使婦女成為政治場域的agency。[318]

關於這一段論述，本文將透過觀察近40年裡臺灣女性參與政治選舉的表現來予以驗證。

二、女性參政走勢及分析

從1950十年代開始，國民黨在臺灣開始試行地方性的自治，開始舉辦省市議員和縣、鄉一級的公職人員選舉。後來，隨著臺灣政治情勢的變化，地方自治制度幾經修改，1994年起實行全面地方自治，全面開放省級公職人員選舉，並選出了第一位民選的省長宋楚瑜。但時隔不久即生變故，宋楚瑜第一屆任期屆滿之時，臺灣當局即將省級行政單位虛化，一併取消省級民意代表的選舉，「直轄市」、縣、鄉級別的選舉照常舉行。2000年民進黨上臺執政後，曾一度傳言要取消基層鄉鎮選舉，鄉鎮長採取選派方式，以逐步消解國民黨在地方基層經營幾十年的選舉樁腳及其背後的人際網絡，但一直未見實施。雖然地方各級的公職人員選舉一直都在舉行，但隨著80年代後期因政治轉型而至的政治機會的驟然增

多,更多的政治精英把目光投向了全面開放的「中央民意代表」選舉。

80年代後期,隨著政治轉型到來,「中央民意機構」幾經變動,去臺時的三個「中央民意代表機構」經過90年代的歷次「憲政改革」後職能一再調整。第一次「修憲」後「監察院」成為準司法機關,不再具備民意機構的職能,「監察委員」的換屆選舉於1992年起停止辦理。「國大」雖於2005年才正式徹底廢除,但「國大」的虛化早在2000年「國代」任期屆滿時匆促透過的第六次「修憲」案中確立,故「國大代表」的選舉從1996年後就沒再舉行。也就是說,在90年代「中央民意代表」全面改選的風潮中,「國代」的換屆選舉實際只舉行了兩次,分別為1991年和1996年。這樣,立法院成了當今臺灣唯一的民意代表機關。換言之,從1969年開始的「中央民意代表」定期選舉,只有立法院一以貫之持續到了現在。因此,本章對於半個世紀以來女性參政走勢的觀察,將圍繞「立法委員」的選舉來進行。

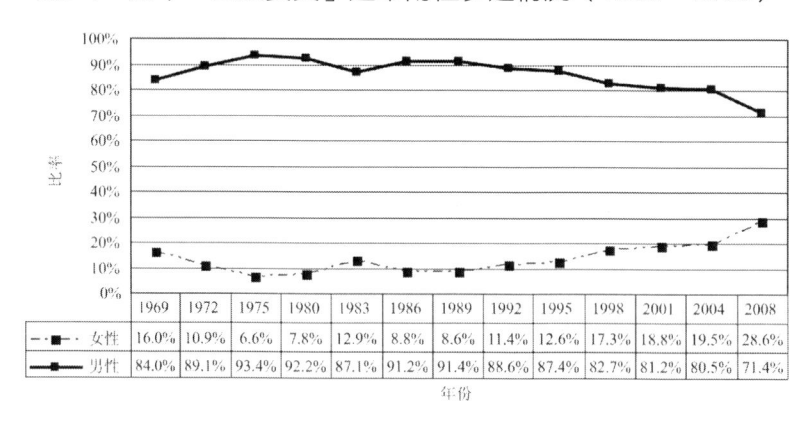

表5-1　歷年「立法委員」選舉兩性參選情況（1969—2008）

年份	1969	1972	1975	1980	1983	1986	1989	1992	1995	1998	2001	2004	2008
女性	16.0%	10.9%	6.6%	7.8%	12.9%	8.8%	8.6%	11.4%	12.6%	17.3%	18.8%	19.5%	28.6%
男性	84.0%	89.1%	93.4%	92.2%	87.1%	91.2%	91.4%	88.6%	87.4%	82.7%	81.2%	80.5%	71.4%

資料來源：根據前文第二章中表2-2和第三章中表3-3有關「立法委員」選舉的數據製作而成。

表5-1是兩性候選人在總候選人中所占百分比的比較,也叫做參選率的比較。這個指標可以觀察兩性對參政的興趣和意願。由於兩性候選人的參選率是互相說明對方的,其兩者之和為100%,所以兩性的參選率呈現負相關現象,也就是說,若女性的參選率高,則男性的參選率必定就低。本表的觀察時間起自1969年,即臺灣當局開始實施「中央民意代表」增補選的第一年。從上表可

見，女性參選意願的曲線以1990年為界，有明顯的不同。前段，有高低起伏，但始終圍繞著10%左右的幅度波動；後段，則穩健上升，逐漸達到20%左右。在1969年到1989年期間，有兩個時間點女性參選率較高，分別為1969年和1983年。1969年為開放「中央民意代表」選舉的第一年，即使只有少量的應選名額，仍極大地激發了人們的參與熱情，女性踴躍參與報名應該也與這一政治情勢有關。1983年的參選女性也不少，筆者認為是受到了1980年選舉中部分「高雄事件受刑人」家屬如周清玉（姚嘉文妻）、許榮淑（張俊宏妻）等代夫出征成功當選所激勵。但總體上，不論女性參選率如何波動，總維持著10%左右的水平，這就是婦女保障名額制度中所規定的女性當選最低比例。1990年以後，政治轉型逐步深入，1991年的第一階段「修憲」開始討論「中央民意代表」全面改選的問題，一向由國民黨壟斷的高層權力資源將面臨重新分配，引發社會各界的密切關注和熱烈討論。同時，婦女團體多年宣揚性別平等意識的社會教育也終於等到了政治機會驟增的大好實踐機會。在各種因素的共同作用下，女性參政的意願也得到極大的鼓勵，女性參選率開始逐屆攀升，穩健上揚。但值得一提的是，無論女性的參選率多高，但都始終在20%左右徘徊，難有更進一步的突破。為什麼女性參政意願提高了，在自由選舉的立委選舉部分，報名參選的女性仍只維持在20%的幅度而不會更高？對這個問題的解答，需要和臺灣特有的選舉文化與選舉制度聯繫起來綜合考察，這將在後文繼續探討。

上表描述了歷年臺灣「立法委員」選舉中兩性參選的當選情況。男女當選人比率是指男性或女性當選人占總當選人的比率，兩性比率之和仍為100%，所以，女性比率增高了同樣必然導致男性比率的降低。這個當選比率說明了兩性在政治職位上的實際占有情況，也稱之為代表率，表上曲線的走向表明社會政治資源在兩性間分配的變動情況。觀察上表，發現這個表格和表格5-1有個明顯的共同點，就是都以1990年為界，呈現階段性變化。表5-2　歷年「立法委員」選舉兩性當選情況（1969—2008）

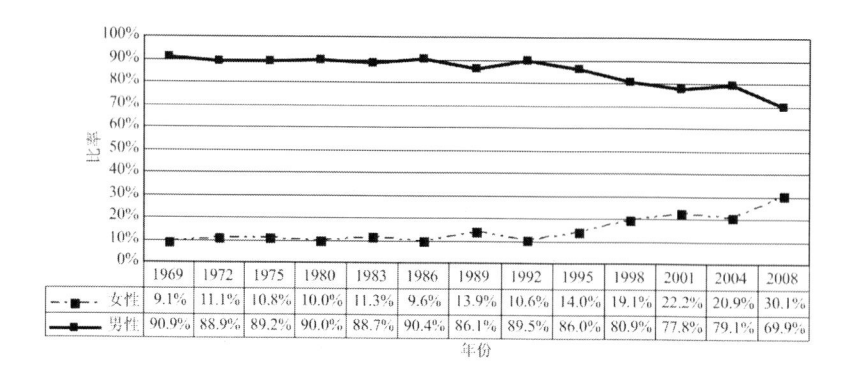

年份	1969	1972	1975	1980	1983	1986	1989	1992	1995	1998	2001	2004	2008
女性	9.1%	11.1%	10.8%	10.0%	11.3%	9.6%	13.9%	10.6%	14.0%	19.1%	22.2%	20.9%	30.1%
男性	90.9%	88.9%	89.2%	90.0%	88.7%	90.4%	86.1%	89.5%	86.0%	80.9%	77.8%	79.1%	69.9%

資料來源：同上。

　　1990年之前的曲線有輕微波動，1990年以後的曲線則在平穩中緩和上升。這仍與前文關於1990年前後政治情勢變化的分析大體一致。1969—1989年間，女性在「立法委員」的代表率總在10%左右微幅波動，儘管參選率在某一年或有小幅度上揚，但參選意願的提高卻未必能轉換成民意代表中女性席次的增多。在1990年之前的20年內，女性當選的比率大體不變，總維持在10%左右。其中1989年的人數增多，筆者認為與戒嚴後民進黨首次參加「立法委員」選舉有關。民進黨於1987年解嚴後得以合法化，在1989年的五項公職人員選舉中，首次披掛上陣，在80年代末期瀰漫臺灣社會的民主風潮中，標榜草根利益的民進黨無疑比國民黨更能得到本土民眾的支持，包括婦女團體的認同。因此，1989年的女性立委代表率達到前一階段的最高：13.9%。但女性代表率藉民進黨氣勢上升的情況在1992年的立委全面改選中有所改變，民進黨於1991年「臺獨」黨綱中提出的強烈「臺獨」主張引起民眾的擔憂，結果導致次年的立委選舉中民進黨的得票和席次都不如預期，引發了「臺獨是票房毒藥」的討論。但大體上，1990年以後，女性的代表率一直逐屆上升，從1992年到2004年的12年間增加幅度達到11.8%，平均每年增長約2.8%，但到2001年22.2%以後趨於平穩，2004年甚至稍有下降，僅為20.9%，2008年則達到30.09%的歷史新高。縱觀1969年-2008年這將近40年間的立委職位性別分布，總體上，女性代表率呈現上升趨勢，男性代表率則呈下降趨勢，從中可以看到在社會政治資源的分配上，兩性之間的差距在逐漸縮小。

第六章 臺灣女性參政的性別分析

　　本文第一章至第三章曾描述了半個多世紀以來臺灣女性參與選舉政治的情況，並考察了不同時期當選女性的身分情況。可以說，臺灣女性參政類型的演變，和許多第三世界國家有著相似的過程。在戒嚴時代，與國民黨的關係或家族勢力是女性能否參政的決定因素，如余陳月瑛；當然，為了符合十分之一的保障名額要求，國民黨也會提名少數從事婦女工作的幹部參選。在戒嚴鬆動時期，「美麗島事件」之後，政治受難者開始出現且快速增多，如許榮淑、周清玉等「代夫出征」，帶著鮮明的政治反對色彩，同時一批參與民主運動的女性如陳婉真、陳菊、範異綠等在參與社會運動中積累了政治資源進而參政，還有先參與婦女運動轉而投身政治者如呂秀蓮、王雪峰、彭婉如等。解嚴以後，隨著政治機會增多，女性參政的動機與背景漸漸多元。雖然仍以家族勢力者為多數，但藉著參與社會、政治改革，學生運動和婦女運動而進入政治領域的女性持續增多。把這一現象和表格中的90年代的時間分隔點聯繫起來，再結合前文關於民主化對婦女參政的意義和周碧娥的論述，臺灣女性參政與政治轉型的密切關係幾乎是不言自明了。整體而言，女性參政取決於所在政治體制所給予的政治空間，像1969年以前10%左右的女性代表率就得益於婦女保障名額制度；而90年代後，政治轉型使婦女運動合法化，連帶合法化其女性參政的訴求，各級公職人員的定期選舉則提供了婦女實踐其和參政權的機會。甚至可以說，90年代以來，臺灣女性參政意願及其在各級政治機構代表率的提高，離不開政治轉型所賦予的政治機會。本文借用兩位臺灣學者的研究結論作為這一小節的結語：

民主的深入應會帶來臺灣婦女政治參與觀點的激進化，及政治參與實際的平衡化：所謂民主的深入，指的是民主機制運作穩定，如政黨競選、輪替執政的發生及習慣，市民社會的成熟等，美國及瑞典就是這樣的範例。所謂激進化，也就是更像歐美婦女減少對專家、受信任人士、有家世背景人的依賴。所謂平衡化，則是在參政的層面上，不僅集中在民意代表一類中，至少如美國一般，民代、行政主管分布相當平衡，總參與率能及四分之一。[319]

早期的婦女參政離不開婦女保障名額的制度設計，近期（90年代以來）臺灣婦女參政取得的亮麗成績則得益於民主化和女性主義者的努力。[320]

但是，需要強調指出的是，政治轉型後帶來政治資源漸趨兩性平衡的這種趨勢不是無限制的。表5-1和5-2都表明，即使在女性參選意願最強的時候，其參選率也從沒超過20%，當選率最高也只在22.2%。再把目標轉向地方選舉中女性參政最活躍的臺北市議員選舉（表3-5），可以發現，女性參選率最高的時候達到26.55%，當選率則達到36.5%，達到女性發揮作用的關鍵比例：25%-30%[321]。可惜在從「中央」到地方的各級及各地的公職人員選舉中，只有臺北市罕見地達到了這一標準，因而臺北市女性民意代表的高代表率不能作為臺灣女性參政普遍提高的說明。也就是説，總體上，臺灣女性參政的比率仍是偏低的，距離25%-30%的關鍵比例尚有一段距離。同時，還有一個問題值得我們關注，就是女性參選率偏低的問題。綜觀本文中各級各次民意代表的選舉（本章表格5-1，5-2，和第三章的表3-5和3-6），有一個共同點，就是90年代以後政治機會增加和社會上兩性平等意識普及之後，女性參政表現積極，在總候選人和總當選人中的比例都在提高，但女性參選比率增長的速度幾乎都低於女性代表率提高的速度。也就是説，在政治環境開放和社會風氣形成之後，女性參選意願提升有限，並沒有隨著政治機會的大幅度增長而快速提高，甚至還比女性當選的代表率提升來得緩慢。這意味著，女性參選率的提升有限也是影響女性當選率提升的一個因素。試想，如果參選人增加不多，又何來當選人的預期增加？至於是什麼因素使女性的參政意願提升有限？為什麼在政治機會增加的情況下女性的參政意識及在政治職位上的實質代表權都仍遠遠落後於男性？接下來，本文將引進社會性別差距理論的解釋框架來試圖解答這些問題。

第二節　性別差距理論對兩性參政的分析

縱觀半個多世紀來臺灣女性參政的演變，無論在戒嚴時代，還是在政治轉型之後，女性參政在興趣意願方面和政治職位代表率方面普遍遠遠落後於男性。戒嚴時代固然守限於威權體制下政治體系的封閉，但在政治轉型之後的90年代至今，女性參政的增長仍遠落後於政治空間的增長，表現為參政意願提升有限，政

治職位上女性代表率提升亦有限。對於兩性政治參與表現上的巨大差異，許多婦女組織和研究人員進行過深入研究，從歷史、文化、機制等不同角度分析婦女參政水平普遍低於男性的原因，提出了不同的解釋，最常見的有政治社會化理論、資源論和結構論，[322]正好與周碧娥所引用的社會性別差距理論相一致。對於兩性參政表現的差異，性別差距理論也提出了三個主要的解釋框架，分別從政治社會化理論、資源論和結構論的角度進行闡釋，試圖從社會文化層面和制度性因素方面來分析造成女性參政表現落後的各種障礙。

一、政治社會化理論與女性參政

政治社會化理論從社會文化和人們的心理方面來分析兩性對政治參與的意願。這一理論認為女性的低政治化傾向是家庭為主的社會角色影響的結果。由於大部分社會和文化普遍將婦女的角色定位於家庭領域，女性從小就被家庭、學校和社會文化教育為適合於扮演妻子和母親角色的人格特質和價值取向，結果使得女性自孩提時代起就對政治缺乏興趣，長大成人後也不具備某些適合參政的特質和能力，甚至還可能導致婦女對政治的排斥[323]。

追根究底，政治社會化的理論其實源自女性主義關於性別社會化的相關論述。所謂社會化，是指一個人學習群體文化、學習承擔社會角色，透過參與社會，從而與社會文化規範相適應的過程[324]。易言之，就是一個「自然人」被整合到社會中，成為「社會人」的過程。在這個過程中，人必須適應社會，並且會被所在的社會環境塑造成具有特定觀念、價值和行為方式的群體中的一員；另一方面，一個社會或群體為了使自己的群體發展延續下去，必須要按照一定的方式方法培養下一代，這樣才能使整個群體得以按預期方式維繫下去。相應地，性別社會化就是個人關於性別角色和性別規範的學習過程，它是個人對自身的性別認同與社會所規定的性別角色、性別分工有機結合的過程。對於社會而言，性別社會化是使個體對性別規範認同的最基本機制，它透過個人和社會的互動使現存的社會性別制度得以延續。

持建構論的女性主義理論者認為，人類本質具有難以置信的可塑性，兩性性格差異的形成完全取決於後天的文化規訓，一旦這種文化所制定和教導的規範成

為習慣，兩性將終生受此影響，甚至世世代代傳承下去[325]。在現實生活中，社會性別的生物差異性經過社會制度化力量的作用，透過一系列行為規範的制約，最終成為我們所認知到的社會性別觀念。因此，社會性別實際上是一種以性別規範和社會角色為基礎的文化建構。在這個文化建構過程中，社會產生了一系列的性瞥氣質與性別角色分工，如，女性的性瞥氣質是軟弱、溫柔，與之相符的角色分工則是女人負責操持家務、照料老人和孩子；男人的性瞥氣質是堅強、勇敢等，因此他們操持生產、參與競爭，由此形成了「男主外、女主內」的傳統性別分工。在此基礎上所形成的性別秩序就是我們所說的社會性別制度，它涵括物質的、政治的和文化的各個領域，充斥在人們生活的各個層面，是一種最基本、最持久的社會制度，並在代代相傳中沉澱為傳統文化的一部分。

　　不論社會發展程度和社會制度的差異如何，東西方社會的傳統文化中，都有歧視婦女參與公共事務的習俗。這一習俗的形成主要有兩方面的原因：一方面，緣於傳統性別分工中男性對政治擁有的專屬權利。由於傳統的性別分工是以「男主外、女主內」為準則的，而「外」的界定一般是指家庭以外的公共領域，「內」的界定為家庭這樣的私人領域。因而，政治在性別分工中是屬於男性的領域。另一方面，女性自身也在某種程度上強化了這種性別分工。在傳統的社會文化下，大多數婦女受性別社會化的教育，形成性別刻板的印象，認為政治勾心鬥角利益至上，與女孩子的本性特質不符，因而在心理上厭惡政治，產生排斥感。同時，面對把女性角色和地位界定於家庭或私領域的傳統文化，女性涉足屬於公領域的政治，與原先家庭義務為主的角色期望難免不符，在協調處理家庭和社會角色關係的過程中難免引發內心的衝突。這些內心衝突和社會對傳統女性母職或人妻角色期待的外在壓力，共同導致了女性在參政形態上明顯的邊緣性。因此，大部分的女性的參政意願不強，少數參政的女性通常是在家庭的大力支持下走向政壇，對於政治職位一般不會有太高的追求。

　　事實上，社會性別中這種關於男人—女人、公—私的劃分貫穿於整個人類社會文明發展過程中。公元前5世紀，在西方文明發源地之一的古希臘，男女二分法的性別制度已經開始影響兩性在政治上的參與了。雅典城邦民主制度的參與者為成年男性中的自由公民，婦女沒有參政權。因為，雅典的政治學家們認為擁有

政治發言權的人都是有經濟和法律上的獨立的自由人，只有自由人才具有獨立思考能力和足夠的理性決定公共事務，婦女不具備這一條件。柏拉圖《理想國》中關於文化與自然二元對立的論述也許可以為此論證。柏拉圖認為，男性與理性和文化相聯繫，女性與自然相聯繫，與男性相比，相對來說，女性更不適合過有哲理性的政治生活[326]。亞里士多德則很明確地把性別關係與這一區別聯繫起來，在他《政治學》開篇名言「人是政治的動物」裡，婦女是不包括在有關「人」的論述中的[327]。所以，「私人領域與公共領域的構建對我們理解古希臘政治學是如此重要，以致從實質上說，女性作為妻子和奴隸，要麼被排除在公共領域之外（如在亞里士多德那裡），要麼只允許她們進入護衛者階層，但首先必須使她們成為男人（如柏拉圖所言）。」[328]近代思想繼承了這種二分法。在標榜「天賦人權」、「法律面前人人平等」的西方啟蒙運動時期，在啟蒙思想家們討論和要求平等權時，婦女也從來沒進入過他們的思考視野。18世紀，在資產階級的革命潮流中，思想家和政治家們更以道德低等的論述來回絕婦女的參政要求。美國的民主先驅托馬斯‧杰斐遜直言：「即使我們的國家是純粹的民主國家，婦女仍將被排除在我們深思熟慮的範圍之外，為了防止自己的道德被剝奪及防止問題的模糊性，婦女不應混雜於男人的集會之中。」[329]

在中國，母系氏族時期，參政權並沒和性別掛鉤。雖然當時是以母係為產品分配、居住和參與社會事務的依據，但男性並沒有受到任何歧視，兩性都可以平等地參與公共事務的決策。夏商時期，仍有貴族婦女介入公共事務的傳統，如參與管理農業、主持祭祀等。西周初期，以周禮為標誌的父權制建立起來。在性別分工上，周代貴族將「公」、「私」、「內」、「外」作了嚴格劃分，在國與家之間談公私，在家的範圍談「男主外、女主內」，外是男性的領地，內是女性的空間，與女人相聯繫的都為家事，屬私人事務[330]。男女間的等級關係和兩性秩序由此確立，並成為中國社會排斥女性參與政治的制度依據。隨著儒家文化的發展成熟，男尊女卑兩性分化的封建倫理綱常體系日漸完備。此後，直到19世紀末，在近三千年的歷史發展中，與性別相連的參政權基本上沿襲了周禮之制，期間偶有微變，但大體的格局沒有發生根本的變化，最集中的體現就是明令禁止女性參加科舉入仕。20世紀初，「女權主義作為現代化話語的一只號角被中國知

識男性所吹響，尤其是到了新文化運動，有話語權的男性更是把女權主義作為現代文明的標誌來宣揚，作為抵抗儒家三綱五常的有力思想武器來散播。正是因為女權主義在20世紀初是摻和在現代化和民族主義話語中由男性推上中國近代歷史舞臺的，它很快就進入了主流政治話語」[331]。但不久之後，人們發現，兩性對女權的理解和看法截然不同。隨之，在變動的政治局勢中，女權主義從「五四」時期的中心榮耀地位向負面含義和邊緣地位轉化。

　　臺灣自明鄭開發之日起就承繼了鑲嵌於中華文化中的社會性別制度，「婦無公事」成為人們耳熟能詳的社會傳統。19世紀末期，當世界婦女運動掀起第一次高潮時，包括臺灣在內的中國婦女也深受啟蒙，維新人士的女學運動、國民革命時期女權運動和新文化時期女權思潮曾先後衝擊過儒家文化下的性別觀念，但終究難以撼動根深蒂固的文化傳統。日據時期，殖民政府對於臺灣女性的「皇民化」教育只是要把女性納入戰爭動員的體制以讓她們為戰爭服務[332]，沒有挑戰傳統的性別觀念。甚至，據臺灣學者游鑑明的研究，日據期間先後由彰化婦女共勵會、臺灣文化協會、臺灣農民組合和臺灣共產黨所發起女性解放運動，在某種程度上源於日本殖民政府所倡導的興女學運動，「這群由殖民政府所刻意建構的新女性，發展出不是殖民政府所期待的女性解放運動」[333]。二戰結束後，臺灣回歸大陸，但不久之後，國民黨政權據臺，臺島成為國民黨軍事反攻基地，一切社會活動都被納入軍事反攻的論述中，臺灣進入了顧燕翎所稱的「女性意識斷層期」[334]。1970年代起，西方女性主義思潮傳入臺灣，婦女運動興起，並在80年代後期得到蓬勃發展。在婦女團體多年的努力下，人們的社會性別意識有所覺醒或改變。隨著80年代後期政治轉型的來臨，臺灣女性參政表現積極。但總體上，女性參政意願仍然不強，參政女性仍以有家族背景者居多。也就是說，能夠突破傳統男女二分法的藩籬，不受傳統性別分工觀念約束，不依靠家族的支持，純粹以政治為個人理想興趣或職業選擇的女性仍是極少數。在人們或女性對職業分工的看法上，社會的、歷史的、文化的因素仍然根深蒂固，傳統文化的影響力由此可見。聯合國第四次世界婦女大會通過的《行動綱領》指出：「社會化以及男女陳規定型的消極觀念，包括透過媒體傳播的陳規定型觀念，強化了政治決策仍是男性領域的傾向，……許多政黨和政府的傳統運作形態繼續成為妨礙婦女參

與公共生活的障礙。歧視性態度和做法、家庭和照顧子女的責任、爭取和擔任公職所需付出的高昂代價，都可能使婦女不願意爭取擔任政治職位」[335]，再次證明了改變傳統觀念重構性別制度的任重道遠。

二、資源論與臺灣女性參政中的資源因素

資源論從人們擁有的參政條件來分析兩性參政的難易程度。資源論認為婦女在參政條件上低於男性是導致婦女在參政中處於弱勢的原因，最常被提到的兩個不利條件是教育程度和職業地位[336]。因為，具備高等教育程度和專業職業經驗是爭取政治資源時很重要的條件，而婦女普遍缺乏較高的教育程度和合適的專業職業訓練，政治資源有限，在參與選舉時往往處於不利位置。從一般的意義上，資源論的分析確實指出了女性參政受限的原因之一。因此，有必要先考察一下臺灣教育資源在兩性分布方面的情況。

1.臺灣教育發展中兩性受益情況

得益於60年代以後的臺灣經濟起飛，臺灣的教育也得到了飛速的發展，並惠及廣大女生。1956年，臺灣當局即開始實施強迫義務教育，並在試點成功的基礎上於1968年開始全面推行「九年國民義務教育」，教育投資逐年大幅度增長。從1950年到1988年，教育經費增加了490多倍，教師人數增加了7倍，學校數增加了4.45倍[337]。在義務教育實施的年齡範圍內，學齡女童成為義務教育的直接受惠者。義務教育的實施對像是所有的學齡兒童，不存在性別差異對待，女生在這一階段獲得了與男生同等的受教育機會，不再因為父母的性別觀念和家庭的經濟狀況失去求學機會的可能。表現在學齡兒童就學率方面，如表5-3所示，女生的就學率迅速提升，與男生之間的差距在縮小，到1981—1982年間，兩性學齡兒童的就學率達到等同，此後幾年女生就學率還略略高於男生。「九年國教」的全面實施，相應帶動了此後女生小學畢業升學率的大幅度提高，到1991年，兩性畢業生的升學率已經不相上下，分別為女生：99.22%，男生99.34%[338]。

表5-3　1951—2000年6歲至11歲兩性兒童就學率（%）

年份	女生就學率	男生就學率	平均就學率
1951－1952	68.58%	93.44%	81.49%
1956－1957	90.31%	96.44%	93.82%
1961－1962	94.34%	97.54%	96.00%
1966－1967	96.36%	97.91%	97.16%
1976－1977	99.39%	99.45%	99.42%
1981－1982	99.76%	99.76%	99.76%
1991－1992	99.91%	99.89%	99.90%
1996－1997	99.94%	99.93%	99.94%
1999－2000	99.95%	99.90%	99.92%

資料來源：臺灣「教育部」編，《「中華民國」教育統計（1999年）》，臺北市教育局，2000年，32頁。

臺灣當局對教育資源的大力挹注共同為處於初等學習階段的女生接受教育提供了保障，初等教育的兩性平權享受為女生接受高等教育創造了條件，降低了兩性在接受高等教育上出現巨大落差的可能。早期，臺灣當局對於義務教育以上的教育投資是以配合經濟建設的人力需求為目的，並未考慮兩性教育的平等性，使女性在高等教育的就學率仍然偏低[339]。但隨著幾十年的經濟發展和社會整體教育水平的提升，女生在這方面受到的歧視已經有了改觀。資料顯示，在1991年－1992年間，高等教育的男女就學率就已經相當接近，分別提升到38.08%和37.74%[340]，表5-4則表明同一時期大學的女生所占比例約為44%，表示在高等學校的男女比例已經相當接近。到1980年代末90年代初，在臺灣當局的大力扶持下，臺灣民眾教育水準迅速提升，兩性從初等教育到高等教育，就學率基本相當，升學率大致接近，在讀學生性別比例大體均衡，顯示在受教育權方面，基本不再存在性別差異的問題。也就是說，如果女生願意，她們完全可以和男生一樣追求足夠高的學歷。

表5-4　1950－1997年大學與研究所在學女生比例（%）

	1950－1951	1992－1993	1994－1995	1995－1996	1996－1997
大學	10.9%	44.7%	45.5%	46.8%	48.1%
碩士	10.9%	27.9%	28.0%	28.3%	28.9%
博士	10.9%	16.6%	17.4%	18.6%	19.2%

資料來源：1.謝小芩，《教育：從父權的複製到女性的解放》，劉毓秀主編，《臺灣婦女處境白

皮書：1995》，臺北，時報文化出版公司，1996年，187頁。

2.《1998年臺灣婦女處境報告：婦女與教育篇》，蕃薯藤臺灣婦女資訊網，http://taiwan.yam.org.tw/womenweb/st/98/st_table22.htm。

但是，進一步觀察，就會發現，在受教育權已經基本實現兩性平等的情況下，仍然可以看到性別社會化的消極作用。在大學教育男女比例達到均等的同時，研究所階段則呈現出女性就學率偏低的現象。如表5-4所示，以1994—1997年為例，女性在大學的比例都維持在46%-48%之間，碩士班的比例卻下降到28%，博士班更降低到17%-19%之間，顯示女性教育程度愈高，所占的比例就愈低。雖然在縱向的時間分布上，碩士班和博士班的女生比例也在逐年增多，但增長速度緩慢，與大學階段女生比例的增長和當局教育投資提升的速度極不相稱。很明顯，在更高等學歷的層次，如碩士、博士，有機會獲得和願意或者需要獲得更高學歷是兩回事。也就是說，在本科學歷已經不算高學歷的90年代，當大部分的男生大學畢業後繼續深造時，女生情況未必如此。她們有更多的考量，或許來自家庭，或許源於自身，而臺灣學者的研究結論則表明，婚姻與生育是女性中斷教育的原因之一[341]，顯示傳統文化對女性母職或人妻的角色期待對於女性追求更高學歷仍有一定的影響力。社會性別化的另一個表現是與職業密切相關的兩性對就讀專業的選擇。雖然總體上兩性差距在逐步縮小，但總體上，目前學校的專業選擇中，仍是傳統的女生人文、社科，男生理工、政法，究其原因，教師、教材、父母等社會因素都有影響，一言以蔽之，還是性別分工觀念造成的性別刻板和對傳統性別制度的複製。結果，女生對大學以上高學歷的興致不高和對專業選擇的循規蹈矩，難免會成為她們參與傳統男性職業如政治等領域時的障礙。

2.立委選舉中的教育及其他資源因素

但是，就筆者對第五屆「立法委員」的兩性學歷情況所做統計（見表5-5），發現教育和職業對女性參與政治的阻礙作用似乎沒有上述論證中的嚴重。當選的「立法委員」中，各個學歷層次在兩性立委中的分布情況如下所示：無論女性或男性，90%以上的立委具有大學本科或本科以上的學歷或學位，兩性立委都以擁有碩士學位者或研究所學歷者所占比率最高，兩者相加分別為女性58%和

男性45%左右；專業方面則林林總總，政治、經濟、歷史、醫學、教育、新聞等等不一而足，其中看不出明顯的兩性差異的情況。反倒更值得注意的是，理論上應該具有性別劣勢的低教育程度的女性，如高中、高職，同樣出現在立委裡，比例也只比男性略略低一些，甚至大專學歷的立委人數在女性中的比例還高於男性。也就是說，雖然她們學歷不但不高於男性，甚至還遠遠落後於立委最普遍的碩士學歷或學位，她們仍然擠進了萬人矚目的立委行列，這部分女性立委的參政資本是什麼？顯然，在臺灣特定的社會歷史文化下，影響女性參政的必定還有教育和職業以外的其它因素。

表5-5 第五屆「立法委員」兩性受教育程度統計表

	高中	高職	大專	本科	研究班/所	碩士	博士	欄總
女	1	1	2	9	12	17	8	50
比率	2%	2%	4%	18%	24%	34%	16%	100%
男	6	4	6	38	38	41	42	175
比率	3.42%	2.28%	3.42%	21.71%	21.71%	23.42%	24%	100%
列總	7	5	8	47	50	56	50	225
	3.11%	2.22%	3.55%	20.88%	22.22%	24.88%	22.22%	100%

說明：1.資料來源，「第五屆立法委員簡介」，《臺灣黨政機構及重要人物簡況》，福建臺灣研究會編，2002年，396-599頁；臺灣立法院網站：http://www.ly.gov.tw/，立委學歷情況指的是2001年底當選時候的學歷，不包括2002年以後繼續進修的情況。

2.「高中」一列含高中以下；「研究院」一列，包括在各種研究所、研究班或研究院進修、培訓或結業者，主要是相對於獲得碩士學位者而言；博士一欄則包含準博士、榮譽博士在內。

3.每一欄內第二行的百分數是該學歷層次的人占該性別總人數的百分比，即該學歷人數與欄總數之比，如女性大專學歷2人，女立委總數即欄總為50人，比率為4%。

觀察這些低學歷當選立委的個人背景，發現很值得深入研究[342]。第五屆女性立委中當選時學歷最低者為高金素梅，1965年出生，臺灣少數民族代表，影視界藝人，畢業於青年高中影視科。作為一名出道很早的臺灣少數民族女藝人，這樣的學歷似乎也無可厚非。女性立委中學歷次低者為藍美津，1944年出生，畢業於臺北市高級商業學校，為民進黨創黨成員，婦女組織勵馨基金會顧

問[343]，1998年當選民進黨中央執行委員，1999年當選臺北市議員，夫為黃天福，民進黨元老黃信介胞弟，曾任「國大代表」和第三屆「立法委員」。可以說，藍美津身上具備了早期政治反對運動、婦女運動的色彩，丈夫從政經年，人脈資源豐沛，這些優勢抵消了她在學歷上的劣勢。大專學歷的兩位女性立委也具有類似的顯赫背景。侯彩鳳，1952年出生，電子工程專科畢業後活躍於臺灣南部政壇，是資深國民黨黨員、婦女工作和勞工福利的核心人物，早年受蔣經國提拔進入國民黨中央委員會，夫家為高雄望族，夫黃啟川，歷任高雄市議員、議長10多年；鄭美蘭，1957年出生，宜蘭人，臺北商業專科學校肄業，父兄曾分別任宜蘭漁會理事長、總幹事，1993年當選臺灣省漁會理事長，成為任此職務的首位女性，同年當選國民黨中央委員，1996年-2000年任「國大代表」，2001年當選「立法委員」。綜觀以上資料，不難發現，這些低學歷的女性立委，除了有名額保障的臺灣少數民族代表高金素梅外，或有婦女運動的經歷（婦女選票），或有政黨的支持（政黨輔選），或有家族的勢力（夫家或父家），其共同點就是背後都有著豐富的政治資源。可見，政黨、家族或婦女運動色彩等因素，相當多的時候，對女性參政的作用遠比教育和職業重要和關鍵。

8名具有大學本科學歷或學位的女性立委的情況再次證實了以上推論。許榮淑、周慧瑛和因繼續進修被歸類到「研究班」一欄的周清玉同為「高雄事件」受難者家屬。許榮淑自1980年起連任三屆增額「立法委員」；周清玉於1980年起三度當選「國大代表」，1998年任第四屆「立法委員」；周慧瑛則遲於1987年才投身反對運動，1994年起連任省議員、四屆立委。以上三人雖然後來也累積了自己的政治資源，但不可否認，「受難者家屬」同情票對她們參政的重要作用。對「政治受難者」角色的政治消費歷久彌新，堪稱臺灣政治發展史上的一大特色。此外，具有家族勢力或地方派系背景者有如下四位：廖婉汝、蘇治芬、唐碧娥和張花冠。廖婉汝出身屏東縣林派勢力；蘇治芬是雲林縣蘇家班勢力的代表；唐碧娥得到臺南市議員兄長力挺，從1991年起歷任民進黨第2、3屆「國代」和第4屆立委；張花冠的丈夫有「嘉義政治教父」之稱，曾連任第2、3、4屆立委，政壇人脈豐厚。上述四人的簡況再次見證了家族勢力、地方派系對於女性參政的莫大推動作用。最後，與婦女運動有聯繫的為趙良燕、廖婉汝、周雅淑

和周慧瑛。趙良燕為國民黨高雄縣婦女會理事，1992年起歷任「國代」、省議員等；廖婉汝除了具有地方派系身分，同時又是中華婦女聯合會屏東支會主任委員；周雅淑和周慧瑛分別為臺灣女性權益促進會理事長和民進黨臺北縣黨部婦女發展委員會會長，在當選第四屆立委前都有過省、縣議員的資歷。總而言之，以大學本科這樣略微偏低的學歷躋身高為「廟堂」的「國會」議場，8位幸運者的幸運其來有自，或是家族、派系或婦女組織，無不是在早年累積的基礎上再上層樓。

這樣一來，那些單槍匹馬闖蕩政壇的女性，只能依靠自身的更高學歷與過人才幹來積累參政資本，這樣的女性立委寥寥可數。根據表5-5，具有研究班、碩士和博士學歷或學位的女性立委共有37位，其中沒有任何社會背景而靠自己累積的資源登上立委之位的有6位，其中三位為連任成功者：江綺雯（美國博士）、洪秀柱（美國碩士）和沈智慧（南開大學碩士）。江綺雯原為教育界名人，1991年以全臺第一高票當選「國代」，後在高雄市政府任職並成功當選第四屆立委；洪秀柱原也從教，因其幹練、機智和善辯口才被國民黨提拔，1989年起五度連任立委；沈智慧由記者轉而從政，和洪秀柱一樣，1989年起五度連任立委。另外三位同樣沒有出身背景且首次當選的新人為：陳文茜（美國博士）、柯淑敏（美國碩士）和楊富美（美國碩士）。在三位新人中，即使個人魅力十足如陳文茜者[344]，也曾在早期為「高雄事件」家屬競選公職助選，後來陸續擔任傳媒主持人，「婦女救援基金會」公益廣告代言人等，最終依靠個人聲望以無黨籍身分參選成功；柯淑敏於1999年當選臺北縣蘆州市市民代表會主席，2001年當選親民黨立委；楊富美曾任海外超黨派聯盟共同主席，維華中文學校校長，2001年當選親民黨「僑選立委」。實際上，上述六位所謂沒有背景的女性立委，只有陳文茜一人是真正單槍匹馬依靠自身名氣選上，其餘五位均為泛藍陣營，為國民黨或親民黨代表，選舉過程中均得到所在政黨的大力支持。也就是說，即使沒有家族勢力、地方派系或婦女組織和其它社會資源，政黨還是絕大部分政治人物的最後庇護所，再次從另一個角度證明了立委議政中政黨因素的重要影響。

最後，簡單瀏覽一下低學歷男性立委的情況，以對前面的結論加以印證。在

大學本科以下學歷的16名立委中，仍以地方實力派人士為多，如許登宮、劉銓忠、陳杰等；早期黨外反對運動者也不乏其人，如林豐喜、林文朗等；還有零星的民間宗教人士，如顏清標等。家族勢力、地方派系和政黨因素摻雜其間，甚至交叉出現，和女性立委的情況幾無二致，只是少了婦女運動參與這一資歷。因此，可以得出結論：資源論在分析臺灣女性參政情況時，對資源的討論除了通稱的教育、職業以外，還應該加上女性參政人物的社會背景分析，如有無家族勢力、地方派系的出身背景，有無早期的政治反對運動及所屬黨派，有無參與婦女運動或婦女工作。這是實行西方代議民主卻又缺乏悠久憲政傳統的臺灣所特有的現象，也是傳統東方文化中人倫關係、人治思想與現代西方資產階級民主制度結合的奇特產物。

三、結構論與臺灣立委選舉制度

結構論強調透過不同的渠道、以不同的方式表現出來的政治體制結構上的限制對女性參政所產生的阻礙[345]。最常見的是政黨和政治領袖對女性候選人在提名和競選方面的支持（包括經費）不夠積極，或者提名女性參與不利的選區和職位。其它如，選民和媒體在傳統觀念的影響下經常對女性候選人的政見和政治能力表現出不信任和不熱心；職務的性別化阻礙女性進入權力結構核心和數量的增加，等等。此外，政治體制的結構性限制還可以透過選舉制度的規定影響婦女對選舉政治的參與，如「立法委員」選舉中選區的劃分，其對應的應選名額多寡會影響女性的參選與當選，婦女當選名額保障制度在不同的社會發展階段對女性參政有不同的作用等。本小節將以臺灣的「立法委員」選舉制度為例，詳加探討這一制度性設計對女性參政的影響作用。

1.攸關女性參政的立委選舉制度和婦女保障名額

臺灣「立法委員」的產生，長期採用的是複數選區單記不可讓渡制（即Single Non-Transferable Vote，以下簡稱「SNTV」）的選舉制度。所謂複數選區單記不可讓渡制，即將全臺灣劃分為數個選區，以複數選區為主，單數選區為輔，每個選區的席次（也稱「應選名額」）視人口而定，每位選民只能投一張有效票且選票不能在候選人之間互相轉移，依票數高低決定當選人[346]。SNTV制的

主要特點是：一是以複數選區為主，絕大部分的選區應選名額大於1，通常習慣上將應選2-5名的選區稱為中選區，而將應選6名或以上的選區稱為大選區；二是選票進行單記，即不論選區應選名額為多少，每位選民均只享有投一票的權利，必須把選票投給幾個候選人中的唯一一位，每位候選人的得票單獨計算；三是選票「不可讓渡」，即不管是當選者超過當選所需最低票數的多餘選票還是落選者獲得的無用選票，均不能轉讓給同黨或同聯盟的其他候選人，形同廢票。1991年「修憲」後，為維護這一「中央民意代表」選舉「代表全中國」的「法統」地位，開始在「立法委員」選舉部分以「全國不分區及僑選代表」取代原有的職業團體代表，並採「一票制的政黨比例代表制」產生。所謂「一票制」就是指政黨比例代表的產生，並非選民在區域立委選舉部分之外再對政黨另行投票，而是將政黨比例代表依附在區域立委的選票上，凡區域立委選舉總得票率超過5%的政黨，即可根據得票率分配到一定的「全臺不分區及僑選立委」名額。如在2001年第五屆立委選舉中，新成立的臺聯黨就因跨過了5%的政黨門檻，在「不分區及僑選代表」部分按照該黨8.3%的得票率分到了8席僑選代表中的1席，41席不分區代表中的4席。總體上，由於政黨比例代表席次僅占席次總數的20%左右，因此複數選區單記不可讓渡制對選舉起著舉足輕重的影響作用。

除了SNTV制度，婦女保障名額制度也對女性參選立委有一定的影響。婦女保障名額制度已在第一章予以介紹，此不贅述，其於立委選舉的實際規範就是：「立法院於選區應選名額在五人以上十人以下者，設有婦女保障名額一席，超過十人者，每滿十人再增一席」[347]。但在實際的運作層面，由於臺灣多為中小型選區，多數選區應選名額未超過五名，沒有達到保障標準，不存在按照保障制度分開計票的必要。從1992年第二屆立委選舉以來歷屆立委的選舉結果來看，如果將所有的選區平均起來一起計算，則大約有10%左右的婦女保障名額。SNTV制度下的婦女保障名額制度對女性參政的影響主要體現在女性參政意願、政黨提名態度和選民投票心理傾向方面。

2.SNTV和保障名額制度對女性參政的制約

SNTV為臺灣特有的選舉制度，對臺灣選舉文化的形成影響至深。作用所

及,婦女參政亦不可避免地受這一制度的影響。筆者試從以下幾個方面進行分析。

首先,SNTV下的派系政治和黑金政治成為婦女參政難以踰越的障礙,影響了婦女參政的機會。派系政治的產生有其特殊的歷史淵源,最早緣於國民黨治臺初期,為維護政權之需,以一定的恩惠利益換取地方勢力的支持,給了派系政治生存發展的空間;民進黨內部則存在著源於創黨初期路線之爭的「山頭主義」。而後臺灣特殊的選舉制度則對這一現象起了強化作用,學者們的研究已有結論,「SNTV選制對派系政治的強化造成了推動作用」[348]。在SNTV的設計下,票源有限並且具有排他性,候選人只要獲得選區內部分選票就有機會當選。除了不同政黨之間的候選人互相競爭,同一政黨提名的數名候選人之間,面對同樣的政黨認同的支持者,更存在著嚴重的挖票或搶票等票源分流的威脅,由此導致黨內同室操戈的現象屢屢發生。為了確保當選,候選人往往絞盡腦汁,在鞏固已有票源的同時儘量挖走他人的選票,同黨候選人為了選票反目成仇的事屢見不鮮。這樣,整個選舉過程需要調動起龐大的社會政經資源,並透過複雜的人際關係網絡來運作,建立在宗親、鄉朋關係基礎之上的派系勢力則在其中扮演著關鍵的角色。派系勢力向選民固票時所給予的往往是特殊的政經利益而非候選人的選舉政見,即以利益買票取代政策拉票,這就是黑金和派系並行的由來,而黑金的背後是財團勢力或者黑道集團。

在臺灣的選舉中,派系、黑金、買票、賄選之間向來有著千絲萬縷的聯繫。這種強調關係網絡所建立起來的選舉政治,嚴重影響了基層的選舉文化模式以及女性在基層的政治影響力與參政的機會。從基層選舉文化來看,地方派系林立、惡鬥,金權與黑道橫行,這樣的環境對有豐厚資源的大黨或執政黨有利,但對實力不足的小黨或處於邊緣地帶的弱勢族群(如女性)明顯不利。此外,在傳統的地方關係網絡中,女性多依附於家族或丈夫的人脈關係上,且經營人際關係不如男性活躍,所能累積的人際資源極其有限。在這種派系與黑金盛行的選舉環境中,女性若無任何派系或家族的豐厚資源支持,要想憑藉自身的才能與參政意願獨立參選並透過選舉脫穎而出,簡直是寸步難行。這一點在前文資源論部分關於立委出身背景的分析已經得到證明。臺灣學者梁雙蓮的研究也表明,臺灣的婦女

參政，若非獲得政黨提名依靠政黨組織支持，就是出身地方派系有政治勢力的家族，利用家族的豐厚資源參與競選，或者是政治受難者的家屬代夫出征，容易獲得社會的同情與支持[349]。可以說，SNTV選舉制度所造成的劣質選舉文化對女性參政明顯不利。

其次，SNTV下選區規模的大小也對婦女參選形成制約。臺灣現行選區於1989年重劃，按行政區域來劃分，以縣市為單位，全省21個縣市，加上福建省的金門縣、連江縣，以及臺北、高雄兩市，共有29個選區（面積大、人口多的臺北市、高雄市和臺北縣內部又分為2至3個選區），不同選區依人口多寡而有不同的應選名額。目前雖以複數選區為主，但選區規模大小不等，應選名額1—20不等，仔細觀察，仍能發現選區規模的變化對女性候選人的當選有微妙的影響。

表5-6　區域立委選舉各種選區規模下婦女當選人數（1992—2001）

選區規模	1992（第二屆）個數	席次	女性	1995（第三屆）個數	席次	女性	1998（第四屆）個數	席次	女性	2001（第五屆）個數	席次	女性
1	5	5	0	5	5	0	4	4	0	4	4	0
2	5	10	1	5	10	1	2	4	1	2	4	1
3	3	9	0	3	9	1	3	9	2	3	9	2
4	3	12	1	3	12	2	4	16	1	4	16	2
5	2	10	0	1	5	0	1	5	1	1	5	0
6	3	18	3	4	24	4	3	18	5	3	18	6
7	3	21	3	2	14	1	2	14	4	2	14	4
8				1	8	1	1	8	0	2	16	2
9	2	18	2	2	18	6	3	27	5	2	18	5
10							4	40	11	4	40	11
11–15							2	23	4	2	23	4
16–20	1	16	2	1	17	2						
總數		119	12		122	18		168	34		168	37

說明：1.資料來源：臺灣政治大學選舉研究中心http://vote.nccu.edu.tw/cec/cechead.asp的統計數據以及（臺）《聯合報》1992年12月20日，1995年12月2日，1998年12月6日，2001年12月2日相關資料。

2.表中選區規模為應選名額，個數指的是各種選區規模的數目；席次＝選區規模×選區個數；女性指的是各種選區規模下女性當選的總數。如1992年應選名額為1的選區有5個，即有5個席次當選機會，而女性為0，顯示5個單一選區裡都沒有女性當選。

3.表格中歷屆「區域立委」的總數變動情況：1995年第三屆席次比1992年第二屆多了三名，因墾

北縣、臺南縣、桃園縣隨人口增加應選名額分別比原來多了一名，共計多了三名；後在1997年「修憲」中朝野協商一致同意將立委席次增至225名，其中「區域立委」席次由原來122名增至168名。

從表5-6來看，總體而論，立委席次的增加也提高了女性立委的當選人數及女性在總當選人數中所占比例，但選區應選名額的變動會影響到女性的參選機會。先大致把選區規模分為應選名額為1的單數選區（或稱小選區）和多於1的複數選區進行觀察。一般而言，在單數選區，如金門縣、連江縣、臺東縣、澎湖縣，都是單數選區，連續四屆立委選舉中都沒有女性當選。其次，在複數選區中，應選名額為2-5的中選區與應選名額為5以上的大選區相比，女性在大選區的當選機率比較高。如表5-6所示，第二屆「區域立委」選舉中，12位女性當選者中就有10位產生於選區規模大於5的大選區；第三屆中，18位女性當選者有14位產生於大選區；到第四屆，34位中有29位來自大選區；第五屆，37位有32位來自大選區。女性在大選區的所占席次比例遠高於其整體計算的平均值，如在規模為6的選區，其席次比例甚至高達33%（第五屆），遠遠高於當年女性立委席次（37席）所占總席次（168）的比例22%。表格中的數據排列雖然未能說明女性當選機率隨選區規模成正比例遞增，但可以初步判斷，大選區較之中小選區更有利於女性當選，自然也就更能鼓勵女性的參政意願。

選區的大小與女性當選的難易程度有密切關係，源於婦女保障名額制度的設計。在SNTV和保障名額的共同作用下，中小選區和大選區影響女性參政的關鍵之處主要體現在政黨提名上，這是女性參選的第一步。在中小選區和大選區兩種劃分中，女性很難在中小選區出頭，存在保障名額的大選區對女性參政有利，而婦女保障名額的雙面刃作用也展現無遺。

從政黨提名策略角度來分析，一般情況下，政黨在單一選區傾向不提名女性，擔心唯一的中標機會被女性浪費。而在複數選區尤其是應選名額為5以上的大選區，有保障名額的設計，女性有另外計票的可能，不提名女性則造成資源浪費；同時，應選名額多個，提名時就要考慮候選人的多樣性、層次性、代表性，以吸引選民的注意。在這種情況下，學有專長、形象清新的婦女候選人就很有機會獲得政黨提名。以第五屆立委選舉為例，民進黨共在11個選區各提名1名女性候選人，11個選區全部為有保障名額的大選區；親民黨在8個選區提名9名女性

候選人，8個選區中有7個為大選區；國民黨女性提名較多，分布的選區較廣泛，在19個選區提名23位女性候選人，14個為大選區[350]。總體上，在單數選區，政黨基本上不考慮提名女性候選人，在中選區，提名意願也不高，而中小選區規模皆未達保障名額要求，提名時不存在這一顧慮。只有在大選區，政黨要考慮婦女保障名額制度，同時要考慮候選人的代表性以吸引選民拓寬票源，女性比較容易獲得政黨提名。可見，婦女保障名額制度造成了促進政黨提名女性的作用。

表5-7　第五屆立委選舉各政黨提名女性候選人及當選情況（2001年）

政黨	提名候選人數 總數	提名候選人數 女性	提名候選人數 比例	當選人數 總數	當選人數 女性	當選人數 比例	各黨當選率 平均	各黨當選率 女性
國民黨	97	23	23.7%	53	16	30.2%	54.6%	69.6%
民進黨	83	11	13.3%	69	9	13%	83.1%	81.8%
親民黨	61	9	14.8%	35	7	20%	57.4%	77.8%
總計	241	43	17.8%	157	32	20.4%	65.1%	74.4%

資料來源：《中央日報》2001年12月2日第七版部分統計數據以及整理統計奇摩網站 http://www.kimo.com 上各政黨候選人相關資料。

但另一方面，婦女保障名額的消極作用也在提名中體現。婦女保障名額制度的設立，一直被認為是對女性參政的有力保障。在傳統社會「男主外、女主內」的性別分工觀念下，保障名額成為過去四十年來臺灣婦女參政的底線，本文對半個世紀女性政治代表權的描述（第一、二、三章的選舉情況統計）也證明了臺灣學者的研究結論：「在過去四十年選舉中，女性候選人至少維持了與保障名額接近或者略高的當選率」[351]。從當時的政治氣氛來看，封閉的政治體制下，壟斷政經資源的國民黨願意提名一定的女性候選人，在很大程度上要歸功於保障名額的存在。但90年代以來，女性的參選能力逐步提高，可政黨的女性提名比例卻仍徘徊在保障名額的門檻，原意為保障的下限額度反而成為提名的上限。如表5-7所示，三大政黨中的國民黨、親民黨女性候選人當選率均高於男性，這不免使人想到女性提名比例是否偏低。需要提出的是，早在1996年12月透過公職人員提名採用四分之一性別比例原則的民進黨，在提名該黨83名候選人中卻只有11

位女性候選人，而該黨低額度提名以及成功的配票策略使該黨當選率極高，竟達82.13%，即使11位女性候選人有9位當選，其當選率仍略低於政黨整體當選率，筆者認為不具有普遍代表性。同時，值得注意的是，所有當選的女性候選人，都沒有依靠保障名額當選，可見，女性的參政實力，已遠超過保障名額的限度，政黨的女性提名，卻仍徘徊不前。過低額度規定的婦女保障名額制度，已失去原來保障婦女參政的積極意義和實質作用，有待於做進一步修正。

此外，在選民投票過程中，保障名額制度也有可能成為女性候選人選票流失的原因。如上文分析，在SNTV選制和保障名額的共同作用下，只有大選區，女性容易獲得政黨提名，也容易當選，這些選區較之中小選區，更能鼓勵女性參政意願，也更有機會看到女性參政的踴躍現象。但同樣在這些選區，由於保障名額的存在，同一選區的男性候選人往往以此為由，呼籲選民不必把選票「浪費」給單獨計票的女候選人，稱她們的當選已另有保障，使選民投票時容易排除女性候選人，無形中造成女性候選人的選票分流。在第五屆立委選舉中，所有的女性候選人都憑自己的實力當選，甚至不少當選者為選區內的第一、第二高票，對她們來說，保障名額的存在，只會讓她們為此付出代價，也就是讓她們很有可能在男性候選人的呼籲聲中，失去部分的選票。在這裡，婦女保障名額再次顯示出其不合時宜之處。

最後，結合選民投票心態和女性參選意願來看女性參政。在應選名額為1的單數選區，特別有利於大黨的操作，國民黨長期以來穩操勝券，不利於小黨和邊緣地位的弱勢族群，婦女參政亦受影響。從選民的角度而言，因當選人唯一，他們更願意把選票投給最有可能當選的候選人，婦女往往居於被排除或被犧牲之列。如表5-6，連續四屆小選區沒有婦女當選的結果無疑是對上述分析的佐證。同時，對於女性政治人物而言，這也是極具示範作用的教材，造成打擊婦女參選積極性的負面作用。而在這種不言自明的暗示下，女性對這種選區的畏懼心理會歷屆相傳，形成一種不良循環。在應選名額多於1的複數選區，尤其是應選名額在5以上的選區，特別有利於女性參政，除了制度的保障和政黨的積極提名，這也可以從選民投票傾向得到說明。從選民的角度，當選人有多位時，可以考慮將選票投給自己喜歡的候選人，幫助其成為當選人之一，連帶成為鼓勵女性積極參

政投身選舉的動因。

表5-8　各種規模選區對女性參選區域立委影響

選區規模	政黨提名態度	選民投票	女性參政意願
單一選區（應選名額為1）	不積極	傾向不支持	弱
複數選區（應選名額多名）	積極	傾向支持	強

說明：筆者自製。

綜合因選舉制度而對女性參政產生影響的以上幾項因素，可以製作出上表5-8。總體上，單一選區不利於女性參政，複數選區較有利於女性獲得出頭的機會。確切地說，其中的大選區（應選名額在5名以上，設有婦女保障名額）最有利於女性參選。這是本屆立法院改選前相當一段時間內臺灣的「立法委員」選舉制度。隨著2008年初舉行的立委換屆選舉，新的單一選區兩票制度開始實施。在這一新的制度下，原有的選區將進行重新劃分，全部劃為應選名額只有一名的單一選區。根據以上的分析，女性候選人的選情必定受到衝擊，具體的表現值得進一步觀察研究。

3.單一選區兩票制對女性參選的影響

如前文所述，臺灣從2008年第七屆「立法委員」選舉開始採用新的單一選區兩票制。單一選區兩票制的選舉制度，使原有的婦女保障名額制度自動失效，連帶地，也使婦女在這一部分多元代表性的優勢不再，政黨提名意願下滑。雖然過去幾屆女性候選人的當選，幾乎都沒有依靠過保障名額的惠顧，但女性候選人畢竟得面臨黨內更嚴酷的競爭。「修憲」條文強制要求不分區部分各政黨女性當選人不得低於二分之一，讓女性「失之桑榆，收之東隅」，至少，在這一屆的女性「立法委員」中，其整體的新高比例完全得益於不分區部分的高比例。

觀察選舉結果，單純從平面數字上來看，第七屆女性立委人數達到34名，所占比例為30.09%，為歷屆最高。表面上看起來，似乎新的選舉制度延續了政治轉型後女性在立法院比例一路走高的趨勢，甚至還上升得更快。當然，仔細研究一下，細心的觀察者會發現，在第七屆立委選舉中，女性立委的新高比率與選

舉制度的變化有著某種微妙的關係。

表5-9 2008年第七屆「立法委員」選舉女性參選情況

選舉區別	候選人數 總人數	候選人數 女性	候選人數 所占百分比	當選人數 總人數	當選人數 女性	當選人數 所占百分比
總計	423	121	28.61%	113	34	30.09%
區域選舉	283	57	20.14%	73	16	21.92%
台灣少數民族	12	3	25%	6	1	16.67%
不分區	128	61	47.66%	34	17	50%

資料來源：臺灣政治大學選舉研究中心http://vote.nccu.edu.tw/cec/cechead.asp的統計數據以及臺灣《聯合報》2008年1月13日相關資料。

如表3-3所示，在不同的選舉區劃裡，女性在相應總人數里所占的百分比各不相同，而在候選人和當選人統計欄目共同的表現則是女性在「不分區及僑選代表」部分所占的百分比最高，128名候選人裡有61名是女性，占總數將近一半，34名當選人裡則有一半是女性。也就是說，第七屆女性參加立委選舉的當選成績，完全得益於各政黨在不分區部分的高提名率。而這部分的高提名率也帶動了女性在當選人中的比率，如在不分區當選部分，國民黨的20名中就有10名女性，民進黨的14名也有7名是女性，女性占總數的50%，兩性比例達到1：1之高，為歷屆立委選舉所首見。由此可以推算的是，在區域選舉部分，無論是候選人還是當選人，女性在總人數中所占的百分比則難免偏低。上表的統計結果則顯示，這一比例在20%左右徘徊，接近舊選舉制度下歷屆選舉中的性別比率，也與舊選舉制度下各政黨傾向於在中等規模以上選區（設有婦女保障名額）提名女性而在單一選區降低女性提名率的提名策略有一致趨向。可以這麼說，即使在新的選舉制度下，單一選區部分，女性仍面臨了舊選制下政黨在小選區對女性提名意願不高的困境。

表5-10 2008年「立法委員」選舉單一選區部分兩大政黨女性提名參選情況

政黨	提名情況			當選情況			當選率		女性提名率
	女	男	總	女	男	總	女	平均	
國民黨	13	61	74	11	50	61	84.6%	82.4%	17.6%
民進黨	11	58	69	5	8	13	45.5%	18.8%	15.9%

資料來源：同上。

繼續觀察單一選區部分兩大政黨的女性提名與參選情況。如表5-10所示，國民黨提名的13名女性候選人有11人當選，女性候選人當選的比率約達八成五，高於該黨的平均當選率，自然更高於該黨男性候選人的當選率。民進黨則是提名11名女性候選人，結果當選5人，當選比率達四成，遠高於該黨不足二成的平均當選率。兩黨女性候選人的當選情況表明女性候選人的參選能力並非泛泛。而與之相對的則是兩大政黨在這部分女性候選人提名比例的嚴重偏低。故而本文特意把兩大政黨的女性提名率單獨列出，和其超高的當選率形成鮮明對比，以凸顯兩大政黨在這方面的不作為。婦女當選比率遠高於同黨的男性，再次印證了女性參選甚至從政的首要障礙不在於選民的信任與支持，而在於政黨守門人所設下的限制。易言之，只有政黨的初選機制、提名策略有所改變，黨內的傳統父權文化有所瓦解，女性在單一選區這部分的選戰潛能才能得到更好的發揮，從而得以和不分區部分一樣實現真正的性別主流化。

總體上，隨著政黨政治的發展和女性主義思潮的深入人心，臺灣女性參政正在持續發展中。作為臺灣社會變遷發展的結果之一，臺灣的女性參政既見證著臺灣民眾特別是女性集體生活境遇的變遷，又體現出臺灣的社會特質：西方現代思想元素與東方傳統文化因子的結合。源自西方社會的女性主義思潮帶起了女性參政的風潮，與西方民主代議制幾無二致的政治制度促進了政黨政治的成型與發展，共同成為推動當代臺灣女性參政的動因。在對影響女性參政的社會性、制度性因素的討論中，傳統文化的影子也無處不在：政治運作過程中悲情式、民粹式的政治動員距西方政黨政治中冷靜、理性的政策辯論相去甚遠，有時甚至意識形態鬥爭高於一切；在政治參與的實際條件中，出身背景遠比教育、職業和能力等個人因素更為重要；選舉過程中宗親、鄉朋關係和地方勢力的綿密運作更是東方文化傳統中人際關係網絡的再現，選舉制度的制定也從保護而非鼓勵的角度看待

女性從政。當前臺灣女性參政現況是臺灣社會固有的東方傳統文化與西方現代民主政治制度結合的奇特產物，是當代臺灣政治發展的階段性表現。

結語

　　2006年12月9日，喧鬧一時的臺北市、高雄市市長、市民意代表選舉落下帷幕，民進黨的女性候選人陳菊以些微優勢當選高雄市長，成為臺灣地方自治史上首位女性高雄市長；市議員選舉部分，女性市議員的席次比率雙創新高，臺北、高雄分別為36.5%和36.4%。作為本文觀察半個多世紀以來臺灣女性參政史的一個重要時間點，這一結果對於女性參政無疑具有重要的指標意義。臺灣女性參政的發展，是半個多世紀臺灣社會發展變遷的結果之一。在這期間，臺灣經歷了經濟政治的巨大變動，首先，經濟起飛帶動了教育發展和社會結構的變化，而後，政治轉型開啟了臺灣政治的新時代，給女性參政提供了廣闊的政治空間。臺灣女性參政的演變，始終與臺灣社會發展的時代脈動息息相關，直接或間接地表現著、見證著臺灣社會的形態轉型，以及臺灣民眾特別是女性集體生活境遇的變遷。

　　對於當代臺灣社會的發展變遷，筆者認為經濟的發展變化是其根本動因。始於60年代後期的經濟騰飛為日後的現代化奠定了物質基礎，並造就了與現代化相關的一系列社會要素：都市化的產生、教育的快速發展、中產階級的出現、多元化的社會發展趨勢和人們對現有政治體制的不滿，「經濟增長以某種速度促進物質福利提高，但卻以另一種更快的速度造成社會的怨憤……社會和經濟變革必然分裂傳統的社會和政治團體並破壞對傳統權威的忠誠」[352]。早期婦女運動的先驅如李元貞和婦女新知多位創辦人等，無疑是中產階級的一份子，她們有機會接觸並引進西方女性主義思潮，歸根結底得益於臺灣經濟的整體成長。至於80年代後期的政治自由化浪潮，自然也是在經濟、社會等諸多因素共同作用下國民黨被迫呼應的結果。因此，經濟、社會、文化等因素的描述成為本文關於婦女運動和女性參政分析的基礎。

在經濟、社會發展基礎上歷經漸變繼而激變的臺灣政治體制，其所提供的政治環境成為影響婦女運動發展的重要因素，與政治運動的緊密關係成為臺灣婦女運動的一大特色，而政治體系的開放度則成為制約女性參政最關鍵的外在條件。1950、60年代，兩岸處於軍事對峙下，國民黨軍事反攻的話語一統天下，婦女工作被納入這一論述中，臺灣社會處於女性意識斷層期，婦女保障名額制度保證了極其有限的參政空間，婦女參政成為政治點綴。70、80年代，經濟起飛帶來的各種社會變化開始出現，中產階級開始形成並日益不滿國民黨對臺灣政經資源的壟斷。同時，兩岸敵對關係有所變化，大陸取代國民黨在聯合國的席位，由此造成國民黨當局的「外交」危機，迫使其致力於臺灣統治正當性的經營，逐步開放臺灣政治體系以換取民眾的支持。在此環境下，源於西方女性主義思潮的新女性主義運動興起，打破了以往女性話題一元化的話語空間，一定程度上顛覆了傳統黨國體制下婦女運動的家國論述主題，奠定了臺灣現代婦女運動發展的思想基礎。隨後的婦女新知以辦雜誌社的方式將婦女運動的薪火傳承下來，以緩慢漸進的方式繼續傳播女性主義思想。漸次開放的政治體系使婦女參政的空間有所擴大，藉助政治反對運動的能量，女性在各級公職人員選舉中的代表率有所提升。90年代後，上述一切繼續深化，並進入了量變到質變的階段，集中表現為政治轉型所帶來的社會轉型：「政治革新」、解除戒嚴、「憲政改革」等釋放了極大的政治空間，搭乘政治反對運動合法化的順風車，婦女運動蓬勃發展，女性參政表現積極，政黨政治逐漸發展，女性參政與政黨政治結下不解之緣。

以男性為參照體系，臺灣女性的政治參與無論從抽象的政治職位代表率還是具體的參政表現方面來看，都表現出明顯的兩性差異，這是當代臺灣政治發展過程的階段性特徵，是臺灣社會固有的東方傳統文化與西方現代民主政治制度結合的奇特產物。80年代末政治轉型之後，臺灣政黨政治逐漸發展，政治結構和政治文化上的多元特徵使臺灣政體在形式上與西方的民主代議制幾無二致。但臺灣畢竟缺乏悠久的憲政傳統，充斥其中的悲情式、民粹式政治動員距西方政黨政治中冷靜、理性的政策辯論相去甚遠，選舉過程中宗親、鄉朋關係和地方勢力的綿密運作更是東方文化傳統中人際關係網絡的再現，造成在政治參與的實際條件中，出身背景較之教育、職業和能力等個人因素更為重要。易言之，即使個人條

件未必允許，只要具備足夠的社會背景，如家族勢力、地方派系、早期政治反對運動的資歷等，仍有機會晉身各級公職人員。如早期臺灣選舉中特有的「代夫出征」、「代父出征」現象，就是女性藉助家族勢力或夫家資源躋身政壇的表現。這部分女性，或是地方家族勢力的利益代言人，或是丈夫政治反對運動累積資源的繼承者，如「美麗島事件」家屬等。儘管大部分這類女性後來能在歷練中形成自己的政治主張，但這種無視個人政見、甚至以利益買票取代政策拉票的低劣選風無疑延緩了臺灣所謂民主政治的發展成熟。

女性參政不等同於女性主義者參政，即，政治職位上女性代表的增多不必然代表女性利益的增長。女性進入政壇後，大部分不刻意彰顯自己的性別因素，雖然她們較之男性更支持婦女權益法案，更關心弱勢、民生議題，也更遠離利益糾葛，但這部分特質仍只是大多數女性政治性格的一部分。在這個傳統上屬於男人專有的競技場裡，她們或被傳統文化所整合，或在堅守女性價值的同時與之抗衡或有所妥協。更多時候，女性和男性一樣，淪為政黨鬥爭的工具，迷失於男性的遊戲規則裡。女性參政本是女性主義運動的主要訴求之一，但在臺灣，參政後的女性顯然逐漸偏離了女性主義對於女性參政的初衷，被政黨鬥爭的議題所吸納而失去了女性參政的主體性。如何找回參政女性的群體自我，以其對具體生命經驗的關切、包容性的政策立場，降低臺灣政黨政治帶來的社會對立，促使關係民眾福祉的民生、福利議題成為公共政策的主流，既是當前臺灣女性政治人物群體所面對的重大課題，也是臺灣婦女運動者乃至全臺灣民眾對女性政治人物的殷切期待。

作為全球女性主義運動的一環，臺灣的婦女運動和女性參政的發展豐富了全球女性主義運動的經驗。儘管對「政治」的觀念解構和重建將是一個漫長的歷史過程，但隨著女性主義思想的傳播和性別平等意識的普及，女性參政的美好前景仍值得預期：女性弱勢關懷的道德特質、以包容取代對抗的思維方向，對於當前臺灣臺灣政治鬥爭的降溫、未來兩岸政治僵局的化解乃至長遠的將來兩性和諧平等的人類社會的建立，都將具有難以估量的積極意義和推進作用。人類社會文明的發展本身就是一個自我更新和不斷完善的進程，歷史上曾經長期失語的女性，如今正逐步與男性比肩，進入一度遠離的公共領域，在新的兩性契約下，和男性

一起擔負起未來社會發展的重任。因此，我們有理由期待，女性主義為未來設計的美好藍圖：「政治」不再是傳統意義上的「國家政治」、「黨派政治」，而是指各種社會體制和領域中不平等的權力關係以及維繫這種關係的機制，人們學會用全新的眼光審視自己的生存環境……那時，距離真正意義上的兩性和諧社會就不會太遙遠了。

附錄

臺灣婦女運動大事記（1971-2008）

1971年

10月23日　呂秀蓮《傳統的男女社會角色》在《聯合報》副刊連載8天。

1972年

1月初　呂秀蓮《兩性社會的風向》在《聯合報》副刊刊登。

3月8日　呂秀蓮在臺灣大學法學院的演講中首次正式提出「新女性主義」。

4月間　《幼獅》月刊召開「婦女的時代角色」座談會，宣揚呂秀蓮新女性思想。

7月　《幼獅》月刊出版「新女性主義專輯」，繼續宣揚呂秀蓮新女性思想。

7月25日　呂秀蓮等人向臺北市社會局提出申請成立「時代女性協會」。

8月　新女性主義思想得到當時知名專欄作家薇薇夫人的認可和推薦。

10月9日　呂秀蓮等人在臺灣大學法學院旁成立「拓荒者之家」。

1973年

3月1日　呂秀蓮在臺大法學院演講，反響熱烈，《婦女雜誌》、《女性》、《臺灣日報》蜂擁採訪。

3月8日　《婦女新聞》為新女性主義開闢「時代女性專頁」，三個月後終

止。

5月14日　臺北市政府社會局函覆呂秀蓮駁回「時代女性協會」成立申請。

5月31日　「拓荒者之家」因財務危機歇業。

12月1日　在呂秀蓮支持下「職業婦女信箱」開通，半年後因呂秀蓮癌症住院而告終。

1974年

4月15日　國際職業婦女協會臺北分會成立，呂秀蓮為籌備人之一。

12月　因理念不同，呂秀蓮退出職業婦女協會，赴美、日、韓等地參訪，1975年底返臺。

1976年

2月10日　呂秀蓮在高雄基督教福澤社會服務中心創辦「保護你」電話專線。

2月15日　呂秀蓮《新女性主義》出版。

3月8日　拓荒者出版社成立；「拓荒者之家」策劃舉辦「男士烹飪大賽」及「廚房外的茶話會」，反響熱烈。

6月　呂秀蓮等在高雄連續四次舉辦「愛、婚姻、性」講座。

10月　拓荒者出版社因資金及政府機關介入等因素解散，隨後呂秀蓮赴美進修。

1979年　呂秀蓮返臺，後因「高雄事件」入獄，新女性主義運動歸於沉寂。

1982年

2月1日　婦女新知雜誌社成立。

6月4日　婦女新知舉辦「優生保健法草案」座談會。

1984年

6月20日　婦女新知發動七個婦女團體聯合簽署「墮胎合法化」的「婦女意見書」送進立法院，促成「優生保健法」獲得通過並於1985年1月日公布實施。

1985年

5月　婦女新知組織人力對「民法親屬編」中財產權進行修正。

9月　臺灣大學人口研究中心婦女研究室成立。

1987年

1月10日　婦女新知聯合32個婦女、少數民族、人權、教會團體，舉行「反對販賣人口——關懷雛妓」的示威遊行。

8月2日　臺灣婦女救援會成立。

8月6日　婦女新知發表「反對不合理的夫妻合併報稅制度」聲明。

8月18日　婦女新知等十多個婦女團體聲援臺北市國父紀念館女服務員，抗議該館女性年滿30歲或懷孕就必須辭職的規定。

8月31日　臺北市孫中山先生紀念館、高雄市文化中心女性員工代表一造成「行政院」人事行政局請願，要求成立「男女僱用均等法案小組」。

12月　婦女新知等33個婦女團體集體發表反對選美的共同聲明。

1988年

1月9日　婦女新知、婦女救援基金會集結55個婦女及人權團體，發起救援雛妓華西街千人遊行，並推派6位代表，分別到「司法院」、「法務部」遞交抗議書。

3月7日　婦女新知等34個婦女團體發表「維護女工權益共同聲明」。

3月8日　婦女新知、主婦聯盟、彩虹專案等婦女團體共同發起「消滅色情汙染、重建健康環境」掃黃行動。

6月5日　臺北市晚晴婦女協會成立。

8月19日　婦女新知、婦女救援、主婦聯盟、彩虹專案等婦女團體集體到「法務部刑法修正委員會」要求懲處販賣人口、逼良為娼並廢止告訴乃論。

1989年

2月17日　臺北市政府捷運局技正韓清溪，因一再利用職權對多名女職員性騷擾，經臺北市長逕送「司法院」公懲會懲戒，公懲會決議予以停職一年。

3月3日　婦女新知基金會召開「男女工作平等法草案總結報告」公聽會。

3月8日　成立兩年的「主婦聯盟」為擴大社會服務，正式成立「臺北市主婦聯盟環境保護基金會」，將繼續致力於推動環境保護及教育正常化。由「立法委員」謝美惠提案，並經多次修改的「婦女福利法草案」正式在立法院提出。婦女新知基金會聯合婦女團體公布「本屆增額立委關心婦女權益之問政評估」報告。

3月30日　數十名殘障孩童的母親組成「媽媽遊說團」到立法院拜訪「立法委員」，展開爭取提高社會福利預算。

4月7日　鄭美蘭當選頭城區漁會理事長，成為「全國第一位漁會女性決策者」。

4月27日-28日　新竹地檢處主任檢察官林朝榮以語言暴力羞辱，並攻擊女同事陳金寶，婦女團體及女律師等連署發表譴責聲明。

5月11日　數十名資深女性「國代」成立非正式結盟團體，國民黨「國大」部擬增設一名女性副書記長，以作為協調。

5月22日　呂秀蓮成立淨化選舉聯盟，舉辦「舞弊聽證會」。

6月5日　「經濟部」所屬機構人員考試在30項科目中，13項限制女性錄取名額，9項限制女性報考，令女性公務員大為不平，婦女團體提出抗議。

7月15日　婦女新知等婦女團體召開記者會，正式向外界公布「十大婦女聯合政見」，並決定在競選期間組成政見宣導團印行手冊，積極向候選人遊說婦女政見。

8月8日　婦女團體赴臺北市市議會請願，督促嚴格執行「臺北市管理娼妓辦法」。

10月初　婦女新知基金會與淨化選舉聯盟合辦「女性參政對政治的影響」座談會。

10月21日　第一家庭雜誌社與婦女團體合辦「臺灣女性看兩黨的婦女政策」研討會。

11月4日　清華大學人文社會學院成立「兩性與社會研究室」，是臺灣首度正式為大學生開設兩性問題的研究課程。

12月1日　「行政院」院令通過所得稅法修正草案，規定夫妻薪資所得分開計算申報。

12月7日　臺灣省政府由蔡麗雪正式接任社會處副處長，是省府成立以來第一位女性副首長。

1990年

2月　婦女救援基金會發起「不讓臺北有色無情」第一波行動，設立檢舉色情申訴專線。

3月　婦女救援基金會發起「不讓臺北有色無情」第二波行動，散發「拒絕色情汙染，只要情不要色」黃絲帶、卡片及海報。

3月18日　婦女新知基金會、主婦聯盟為抗議「中國媽媽」選拔以標榜「中國媽媽」之名，行商業販賣之實，至基隆市文化中心決選會場抗議。

5月　婦女救援、彩虹、勵馨、婦女新知基金會等團體發表聯合聲明，要求政府就掃蕩色情研擬措施，並拜會各「部會」及市長。婦女團體發表「婦女團體對軍人組閣的聲明」，參與反軍人干政會師大會。

7月　婦女救援基金會發起「色情海報大獵殺」活動，呼籲民眾檢舉色情海報，並向環保局告發，向地檢署告訴。

7月8日　婦女新知基金會在臺北及高雄兩地舉辦「兩性平等教育演習

營」。

8月3日　主婦聯盟臺中工作室成立，呼籲臺中市民共同參與垃圾資源回收及有毒物質收集。

8月6日　臺北市社會局宣布將規劃多功能的「臺北婦女保護中心」，提供不幸婦女醫療、心理輔導及法律諮詢等復健服務。

9月8日　臺北市女性工會領袖成立臺北市勞工婦女協會，將致力於促進婦女勞工福祉。

9月11日　「內政部」及「中央選委會」決定將婦女團體名額從「中央民意代表」全國不分區名額中取消，明訂婦女保障名額。

10月　婦女救援、婦女新知、進步婦盟抗議少年隊刑囚雛妓，建議改由女警擔任筆錄，並應有第三公正人士在場。

10月20日　婦女新知、晚晴協會、臺北市律師公會婦女問題研究委員會第一次集會，討論民法親屬編修法內容。

12月8日-15日　婦女團體兩度抗議遠東製衣廠解僱工會領袖彭菊英。

12月22日　婦女救援基金會在臺大校園舉辦「還我們一個平安夜」活動，呼籲女性有免於性暴力的自由，並在各大專院校發起反性暴力周。

1991年

1月12日　婦女新知基金會召開「從彭菊英解僱案談女性勞工的工作保障」座談會。

2月6日　「行政院」院會通過「兒童福利法修正草案」。婦女團體與勞工法律支援會舉辦「臺灣女性勞工的困境」座談會。

3月8日　呂秀蓮籌組之「臺北市新女性聯合會」成立。

4月1日　婦女新知等八個婦女團體至「內政部」遞抗議書，對政府合併婦女節與兒童節為「婦幼節」表示不滿。

4月6日-22日　婦女團體發起「婦女團體對憲政革之聯合聲明」。

4月9日　婦女救援基金會向立法院請願，要求罰娼亦應罰嫖。

5月4日　全女聯發起反核四聲明。

5月15日　婦女團體發表「婦女團體反政治迫害聯合聲明」。

8月18日　主婦聯盟與婦女新知合辦「鼓勵婦女參政，支持陳秀惠參選『國代』」記者會，並拜會民進黨中央黨部及新潮流辦公室，成立「婦女界支持陳秀惠參選第二屆『國代』後援會」。

9月5日-8日　全女聯舉辦「大專姊妹幹訓營」。

9月30日　淨化社會文教基金會與婦女團體合辦「誰是殺害子女的真兇——現代婦女的壓力」座談會。

10月28日　婦女團體支援華航空姐反對性騷擾。

12月21日　「國大」代表首次全面民選，在總額325位「國大」代表中，女性占42位，陳秀惠順利成為不分區「國代」。

1992年

2月29日　新女性聯合會、婦女新知、臺大婦女研究室主辦「憲法與婦女人權」學術研究會，針對婦女社會權、經濟權、政治權三個主題進行深入探討。

3月　婦女團體制定婦女憲章，出版《婦女憲章——一千萬女性的心聲》小冊子。全女聯舉辦「你的身體，誰的控制」跨校聯展。

4月　婦女新知基金會與臺灣立報社合辦「學術、性別與權力」座談會。

4月5日　清華大學小紅帽發起反性騷擾運動。

5月6日　臺大社會系女生反對林義男老師性騷擾。

5月22日　社會福利聯盟成立，邀婦女新知基金會為發起人。

5月30日　婦女團體參加中山堂前「為國大送終告別式活動」。

6月10日　婦女團體至立法院聲援殘障聯盟，抗議「選罷法」對殘障人士不公平。

6月16日　婦女新知、晚晴協會、主婦聯盟、新女性聯合會發表「婦女保障名額聲明」。

7月5日　全女聯及婦女新知基金會舉辦「要尊嚴，不要性騷擾」座談會。

8月10日　婦女參政小組開會，正式改名為「婦女選民政見連線」。

8月29日—31日　全女聯舉辦「反性騷擾姊妹營」。

9月18日　婦女團體召開「1992年十大婦女聯合政見」記者會，發表「現任立委問政評估」。

11月6日　婦女新知基金會舉辦「婦女新領袖，邁向『立院』大出擊」座談會。

11月7日　高雄市婦女新知協會成立。

11月10日　婦女新知出版及廣寄「十大婦女聯合政見手冊」予聯署團體及立委候選人。

11月12日　婦女團體參加勞工「立法委員會」主辦之三法一案大遊行。

12月7日　臺中市婦女新知協會籌備會在臺中市舉辦「立委候選人發表婦女政見座談會」。

12月26日　婦女團體參加由澄社發起之「社會團體針對第一屆增額『立委』問政評鑑」初步結果簡報會議。

1993年

2月17日　現代婦女基金會及十個婦女團體舉辦「何不請她們入閣？」座談會，提出「男女聯合內閣」的主張，希望「行政院副院長」能由女性出任，並要求2／5閣員應由女性擔任。

3月　婦女團體關懷李姓女祕書被調查局專員強暴事件。

3月7日　婦女新知基金會展開「系列婦女健康講座」。

3月25日　呂秀蓮及葉菊蘭立委合辦「性暴力犯罪與女性尊嚴」公聽會。

4月29日　政大公企中心舉辦「開拓婦女問政空間——從婦女保障名額談起」座談會。

5月　勵馨基金會、婦女救援會及彩虹專案等十三個團體完成「雛妓防治法草案」。

5月15日　婦女新知及晚晴協會舉辦「民法親屬編修法」第一次公聽會，並與女立委謝啟大合辦「邁向21世紀兩性平等的家事審判制度」。

6月9日　婦女團體赴立法院旁聽「男女工作平等法」討論及進行請願活動。

6月27日　臺中市婦女新知協會正式成立。

9月1日-4日　全女聯舉辦「全國大專女生姊妹營」。

9月28日　女學會成立。

10月16日　社區婦女才能發展協會成立。

11月12日　婦女新知基金組織勞動者小紅帽大隊，參加工人秋鬥大遊行。

11月25日　婦女團體召開「女人不是投票工具」婦女選民政見連線選前記者會。

12月1日　婦女新知基金會舉辦「檢視臺灣愛滋病環境」公聽會。

12月2日　婦女新知基金會及晚晴協會展開「終結舊民法種子培訓」課程。

1994年

2月5日　臺北市婦女權益促進會成立。

2月16日-28日　婦女團體聲援殺夫案之鄧如雯，前往板橋地院旁聽開庭，拜訪「法務部長」馬英九，召開防治婚姻暴力公聽會。

3月6日　婦女新知及晚晴協會在臺北市新公園舉辦「牽手出頭天，修法總動員」活動，三萬人聯署支持「民法親屬編」修法。

3月6日-9日　「一九九四世界婦女高峰會議」在臺北舉行，主題為「婦女與政治領導」。

3月8日　女學會舉辦「三八講座」。

3月24日　女學會與婦女新知基金會抗議師大及「教育部」漠視校園性騷擾。

4月1日　女學會及葉菊蘭立委合辦「校園性暴力」公聽會，全女聯發表「女大學生權利宣言」。

4月16日　臺北市婦女新知協會成立。

4月17日　女書店成立，成為「國內第一家由女人投資、經營、專賣女性書籍的書店」。

4月30日　女學會與葉菊蘭立委合辦「落實校園性侵犯防治」公聽會。

5月1日　婦女團體參加高雄五一勞動節工人春鬥大遊行。

5月6日　女學會舉辦「從警政、社工與醫政落實性暴力防治」公聽會。

5月3日-21日　婦女新知基金會、女學會及全女聯展開反性騷擾校園巡迴講座。

5月22日　婦女團體及全女聯組成女人連線，舉辦「反性騷擾大遊行」。

5月29日　婦女團體參加反核遊行。

6月1日　女學會召開「女人唾棄三字經」記者會。

6月6日　臺北市婦女新知協會及其他婦女團體召開「女人不是政治鬥爭工具」記者會。

7月8日　臺北市婦女新知協會及其他婦女團體參加「婦女投票行為研究發表會」。

7月15日　婦女團體發表婦女對大法官資格的意見。

7月16日　謝啟大立委、羅瑩雪律師及婦女團體送「民法第1089條釋憲文」至大法官會議，後大法官「釋憲」宣布「民法第1089條」違背兩性平權原則，須予以修訂。

7月18日　臺北市婦女新知協會及婦女團體連署「對第六屆大法官提名人選聲明」。

8月15日　婦女團體展開「十問大法官」連署活動。

8月18日　婦女團體發起「女人上草山，面試大法官」活動，赴陽明山「國民大會」送交問卷予大法官被提名人，並遊說「國代」行使同意權時注重大法官之兩性平權觀念。

10月15日-16日　臺北市婦女新知協會舉辦「第一屆參政生活營」，邀請三黨女性市議員候選人發表政見，並進行假投票。

10月27日　新女性聯合會及其他婦女團體舉辦「女市民vs男市長」活動，送婦女政策問卷給三黨市長候選人。

11月　婦女團體參加陳秀惠、楊祖珺、陳惠琪等女性市議員候選人競選活動。

11月12日　婦女團體參加工人鬥陣大遊行。

11月22日　臺北市婦女新知協會等婦女團體召開「女選民三反三要，一二三行動」記者會。

12月1日　婦女團體及社運團體召開催票行動聯合記者會。

12月3日　北高兩市市長及市議員選舉，陳水扁及吳敦義分別當選市長，臺北市市議會共有12位女性當選，占23％，成為臺灣女性比例最高之議會。

1995年

1月　婦女團體赴臺中第二信用合作社抗議單身條款。

2月25日　婦女新知、晚晴協會及臺北市律師公會就「民法1016、1020條」聲請「釋憲」。

3月7日　粉領聯盟、女工團結生產線發動「反單身、禁孕條款遊行」。

3月8日　婦女新知基金會與晚晴協會合辦「送新晴版民法修正草案進『立法院』」大行動。

3月18日　婦女新知與晚晴協會組織「婆婆媽媽遊說團」到立法院旁聽「民法親屬編」修法。

4月28日　女學會召開「廢除國家特考的性別歧視」公聽會。

5月初　臺北市政府成立臺北市婦女權益促進委員會。

5月12日　女學會召開「落實兩性平等教育」公聽會。

5月14日　施寄青宣布參選「總統」，成為「第一位女性總統候選人」，並表示第一件要做的事是「解放家奴運動」。

5月21日　婦女團體參加施寄青「媽祖出巡」遊行。

6月17日　女學會出版《臺灣婦女處境白皮書》，針對婦女之法律、人身安全、工作、參政、教育等處境發表論文。

8月12日　婦女新知「男女工作平等法」第五次修正完稿，增列防治工作場所性騷擾條款。

8月23日　臺北市警察局送「臺北市管理娼妓辦法」至市議會審議，成為廢娼案討論之始。

9月4日-15日　聯合國第四屆世界婦女大會在北京舉行，臺灣婦女團體代表出席NGO會議。

9月15日　婦女新知基金會、主婦聯盟、新女性聯合會、女工團結生產線、臺北市婦女新知協會召開「女選民行動」籌備會，決定廣邀婦女團體參與。

10月14日　臺北市婦女新知協會舉辦「第二屆婦女參政生活營」，晚間之

「政壇傑出婦女之夜」有三十多位政壇女性出席，美國女性政治學者Jo Freeman發表演說。

10月15日　參政生活營第二天上午，由婦女團體就六大議題檢討三黨婦女政策，下午臺北縣市三黨女性立委候選人發表政見，並舉行假投票。

10月21日　「總統」候選人陳履安決定邀請女性王清峰作為副手。

10月27日　婦女團體召開「女選民行動記者會」之籌備會議，討論行動策略及分工。

11月10日　婦女團體召開「女選民行動」記者會，公布「女選民行動」實施方案。

11月12日　婦女團體參加工人秋鬥大遊行。

11月29日　婦女新知及晚晴協會舉辦「推動民法誰最力？」記者會，評鑑立委候選人。

12月5日　「立法委員」選舉，共有23位女性當選，占13%。

12月6日　婦女團體舉辦「婦女團體談立委選舉結果」座談會。

1996年

2月2日　婦女團體陪同施寄青至「中央選舉委員會」進行參選登記，並抗議「總統」、「副總統」選罷法不公。

3月8日　女學會舉辦「火燒『考試院』行動」，抗議國家公務人員考試對女性不公。

3月17日　婦女團體參加反核遊行及工人春鬥遊行。

3月18日　婦女及社運團體聯合發表「支持婦女參政聲明」，公開推薦「副總統」候選人王清峰，「國代」候選人林美瑢、何穎怡、紀欣。

5月5日　民進黨中央黨部舉辦「女性參政與政黨政治」討論會。

5月22日　「中華婦女消費者協會」成立，章樂綺出任第一屆理事長。

7月2日　婦女及社福團體不滿立法院在通過民生法案前休會，發表抗議聲明。

7月19日　第六屆大法官會議對夫妻財產作出「釋憲」，宣告違反「憲法」男女平等原則。

8月5日　臺北市市議會退回「臺北市管理娼妓辦法」，要求市府重新研擬再送議會審議。

11月30日　民進黨婦女發展部主任彭婉如在高雄失蹤，三日後被發現遇害身亡。

12月1日　民進黨臨時全國黨員代表大會通過「婦女四分之一參政保障條款」。

12月4日　南北婦女團體連線記者會——討伐暴力犯罪，要求婦女人身安全。

12月8日　婉如行動在高雄舉辦「讓婦女安全地走在路上」遊行。

12月11日　婦女團體參加「婉如行動」——拜會「警政署長」，要求立即破案及改善治安。

12月17日　婦女團體婉如行動——拜訪三黨「立院」黨團，要求盡速通過婦女人身安全等法案。

12月21日　「女權火，照夜路」夜間大遊行在臺北市舉行，有數千人參與。

12月31日　立法院通過「性侵害防治法草案」，規定「內政部」應設立性侵害防治委員會，各縣市地方政府亦應設立性侵害防治中心。

1997年

1月14日　臺北市政府婦女權益促進委員會舉辦「如何建立安全的城市與社區」公聽會。

1月18日　婦女團體拜會高雄市長吳敦義討論治安問題；彭婉如七七慰靈行

動在高雄舉行。

2月3日　臺北市政府提「臺北市管理娼妓辦法」廢止案，送第七屆市議會審議。

2月27日　「考試院」決定，以後各類考試取消女性錄取名額的限制或說明職缺所需條件。

3月4日　高雄市女性行動臨會召開「女性行動——高雄市婦女處境報告書記者會」。

3月7日　婦女團體拜會「國大議長」，爭取提高女性參政保障名額「入憲」。

3月8日-9日　「第二屆全國婦女國是會議」在高雄舉行，就婦女福利、教育、健康等議題討論。

4月28日　知名藝人白冰冰女兒白曉燕遭綁架，後遇害身亡。

4月29日　臺北市婦女新知協會與婦女團體舉辦「修憲與婦女保障名額」記者會。

5月2日　十餘所大專院校學生組成「菅芒花學生聯盟」。

5月4日　117個民間團體參加「504悼念曉燕為臺灣而走」大遊行，共有近十萬人參加。

5月6日　「行政院」成立「婦女權益促進委員會」，由「內政部長」葉金鳳擔任召集人。

5月8日　婦女團體前往陽明山「國民大會」請願，要求1/4婦女保障名額「入憲」。

5月9日　「內政部」「性侵害防治委員會」成立，以建構完整的性侵害防治體係為工作目標。

7月1日　綠黨及婦女團體召開「女里長參選計劃討論會」。

7月4日　婦女團體第三度赴「國民大會」爭取四1/4婦女保障名額。

7月16日　「修憲」通過「國大」代表不分區婦女1/4保障條款，立委部分未定。

7月19日　婦女團體於立法院舉辦「爭取婦女保障名額四分之一入憲」記者會。

7月30日　女學會、女權會、婦女新知、彭婉如基金會舉辦「三黨婦女保障名額公聽會」。

8月1日-3日　彭婉如基金會主辦「1997婦女領導人才暨工作夥伴避夏活動」，婦女團體參加。

8月2日　臺北市議會決定同意廢止公娼，北市政府9月4日發布命令，公娼開始抗爭。

8月6日　婦女團體就陳文茜「香爐事件」舉辦座談會「談婦女參政大反挫」。

8月25日　彭婉如基金會及綠黨共同主辦「女里長輔選會議」，鼓勵婦女積極參與里長選舉。

9月6日　婦女新知基金會成員參加臺北市公娼向市議會陳情大會。

9月20日　「內政部」性侵害防治中心成立。

9月30日　彭婉如基金會及綠黨主辦「女人與社區經營」座談會。

10月18日—19日　臺北市婦女新知協會舉辦「第三屆婦女參政生活營」。

10月29日　臺北市議會制定公娼管理辦法並三讀通過，給予緩衝廢娼兩年時間。

11月10日　高雄市婦女團體合辦「天黑半邊——消失在辯論臺上的婦女政策」。

11月11日　臺北縣媽媽讀書會舉辦「臺北縣女選民問政大會」並就縣長候

選人進行假投票。

12月　縣市長選舉，呂秀蓮、張溫鷹及張博雅分別當選桃園縣、臺中市及嘉義市市長，使「臺灣首次出現三位女性地方行政省長」。

12月2日　婦女團體拜會「內政部長」葉金鳳，督促其重視治安及婦女權益工作。

12月6日　彭婉如基金會舉辦「社區治安DIY傳授座談會」。

12月6日—7日　紀念彭婉如遇害一週年，婦女團體舉辦座談會及紀念晚會。

1998年

2月3日　婦女新知基金會抗議「行政院長」蕭萬長撤換女性「內政部長」葉金鳳。

3月6日　婦女新知召開記者會，公布「1998各縣市政府婦女權益狀況調查報告」。

3月7日　婦女團體舉辦「全國婦女國是會議」。

3月7日　臺北市公娼自救會、女工團結生產線、粉領聯盟三團體，發起「反汙名」大遊行。

3月7日-14日　「第三屆全國婦女國是會議」在臺北市舉行，主題定為「婦女權益行動年」。

3月12日　婦女團體參加社會立法運動聯盟成立大會。

4月11日　大法官做成第542號解釋令，婦女新知基金會召開「嫁夫不再隨夫居」記者會。

5月14日　婦女新知舉辦「體檢『行政院』婦權會記者會」，要求婦權會修改其設置要點。

5月20日　婦女團體拜會「行政院」婦權會主委林澄枝，商談婦權會體制改

革。

5月29日 「民法親屬編」夫妻財產制溯及既往條款屆滿，婦女新知基金會與晚晴協會舉辦「鹹魚再翻身，女人再加油」記者會。

6月23日 婦女新知與臺北市社福聯盟共同舉辦「體檢陳水扁市長市政白皮書研討會」。

6月26日 婦女新知等4個婦女團體召開記者會，要求「女性監委不得少於四分之一」。

6月30日 婦女團體開記者會推薦尤美女等5位女性「監委」候選人，並送表至「總統府」。

7月19日 婦女團體參與第一屆全國社會福利會議。

8月16日 臺中市社區婦女成長協會成立。

10月6日 婦女新知基金會、晚晴婦女協會與綠黨共同召開「拒喝花酒的政治文化」記者會。

10月26日 婦女新知與臺北市社會福利聯盟共同拜會三黨市長候選人，談北市社福政策。

10月30日 婦女團體舉辦「社福團體體檢三黨市長候選人政見記者會」、「建立社會支持網絡協助未婚媽媽返校」公聽會。

11月3日 婦女新知與開拓文教基金會、蕃薯藤開記者會，公布「1998女選民大集合」網址。

11月7日-8日 臺北市婦女新知協會舉辦第四屆婦女參政生活營，剖析各市長候選人婦女政策。

11月12日 婦女新知基金會參與工人秋鬥大遊行。

11月23日 婦女新知基金會與社會立法運動聯盟共同舉辦「超級選民投票手冊發表會」。

12月1日　婦女新知與社會福利聯盟共同召開「三黨市長候選人社福政見總評比記者會」。

12月11日　「監察委員」提名名單出爐，27位中僅有3位女性，婦女團體提出抗議。

12月19日　婦女新知與晚晴、粉領聯盟、公娼自救會舉辦「婦女團體對馬市長建言記者會」。

12月22日　婦女團體上陽明山遊說三黨「國大」黨團嚴格審查監委被提名人。

12月23日　臺北市婦女會館開幕。

12月25日　馬英九就任臺北市長，宣布一個月後公布臺北市公娼管理辦法。

1999年

1月13日　婦女團體再上陽明山「國民大會」，使女性「監委」被提名人張富美順利過關；「地方制度法」頒布，規定地方各級民意代表選舉1／4婦女保障名額。

1月29日　高雄市女性行動委員拜會高雄市勞工局長談「職場性騷擾防治要點」推動事宜。

1月　吳碧珠當選臺北市議會議長，成為臺灣地方自治史上第一位女性議長。

2月10日　婦女新知基金會發表「臺北市政府中階女性主管托育狀況調查報告」。

2月11日　婦女團體出席「民進黨女性『立委』為婦女法案催生記者會」。

3月4日　「行政院」通過「兩性勞工工作平等法」，把軍公教人員排除在外。

3月5日　婦女團體召開「催生男女工作平等法」記者會，攻擊「行政院」

版本多項缺失。

3月8日　婦女團體發起「催生男女工作平等法，三八女人前進『立法院』」街頭陳情活動。

3月12日-14日　跨世紀全島婦女團體博覽會。

3月18日　臺北市女權會舉辦人工協助生殖辦法座談會。

3月19日　「教育部」公布校園性侵犯防治辦法，要求各校設立申訴管道制定處理辦法。

3月25日　婦女救援基金會主辦「刑法妨害風化罪章臨門一腳活動」。

3月26日　臺北市議會通過公娼接客費率，通過安全檢查的公娼戶於28日重新開業。

3月28日　婦女團體參與反核大遊行。

4月12日　婦女新知基金會與立委葉菊蘭召開「體檢公私部門懷孕歧視公聽會」。

4月22日　婦女新知舉辦公聽會，抗議三所軍校自費生明文拒收未婚媽媽。

5月1日　婦女新知基金會發起萬人連署男女工作平等法街頭活動。

5月13日　婦女新知與立委周慧瑛舉辦公聽會，譴責金融機構錄取僱員的性別歧視。

5月27日　臺北科技大學一女生在婦女新知及立委葉菊蘭陪同下，指控男教授性騷擾。

5月31日　婦女新知基金會等5個婦女團體共同召開「三分之一性別比例原則入憲公聽會」。

6月13日　彭婉如文教基金會成立社區保姆支持系統，在臺北縣設立8個維護站。

6月17日　大專女生行動聯盟舉辦「體檢校園性騷擾申訴管道記者會」。

6月24日　家庭暴力防治法開始實施；民進黨婦女發展部舉辦家庭暴力防治研討會。

7月1日　臺大婦研室發起「白絲帶運動」，呼籲全民反對男性以暴力侵犯女生。

7月8日　高雄市女性行動協會舉辦記者會，公布該市42位市議員在婦女權益議題上表現。

7月9日　婦女救援基金會舉辦「慰安婦新書發表會」。

7月24日　婦女新知基金會參與「公民廢『國大』大遊行」。

8月24日　婦女新知對「教育部」決定不公布臺北科技大學性騷擾案調查結果表示不解與憤怒。

8月28日　婦女團體舉辦「婦女看戰爭」座談會，以民調結果呼籲兩岸領導人多聽女性聲音。

9月4日　婦女團體召開記者會，抗議「國大」修憲再度封殺1／4婦女保障名額條文。

9月14日　彭婉如基金會對北高小學家長進行問卷調查，發動全民反制媒體暴力及色情活動。

9月16日　臺北市環保局委託主婦聯盟對臺北市近7700座公廁總體檢並提出具體改善策略。

9月17日　婦女新知赴「監察院」控「教育部」性騷擾案處理不當，要求調查官員是否瀆職。

10月13日　臺北市婦女權益促進會進行兩性平等教育實施狀況調查，發現問題仍多。

11月11日　婦女新知向「監察院」檢舉，請其糾正政府部門招考時對女性名額的刻意限制。

11月26日　婦女團體出席馮滬祥立委之「體檢『行政院』婦權公聽會」。

12月10日　婦女團體召開「總統」大選策略會議。

12月15日　婦女團體參與愛滋感染者權益促進會主辦的「迎接千禧年、全民抗愛滋」遊園會。

12月20日　婦女新知基金會舉辦「1999臺灣女權報告」發布會，檢視婦女人權狀況。

2000年

1月18日　「內政部」家庭暴力防治委員會宣稱將加強執行公權力介入家務事。

1月24日　臺北市政府通過「臺北市政府公教人員育嬰留職停薪互助補助要點」。

2月1日　臺北市就業歧視評議委員會確定北市郵政總局招考郵務人士有性別歧視。

3月　女學會理監事前往東吳大學與政治系教授座談，瞭解選舉政治相關分析。

3月8日　婦女新知推出三八女人戰車，提出女選民八大訴求支票，要求候選人簽署。

4月「全國婦女人身安全會議」舉行。

4月　婦女新知舉辦「修法四月天」活動，將新晴版夫妻財產制修正草案送入立法院。

4月24日　臺北市政府市政會議通過「臺北市政府性騷擾事件處理要點」。

5月1日　婦女新知公布體檢各縣市就業評估委員會調查報告，同時設立性騷擾申訴專線。

5月20日　陳水扁、呂秀蓮出任「總統」、「副總統」，呂秀蓮成為臺灣首位女性「副總統」。

9月　婦女新知籌拍《玫瑰的戰爭》，一部反性騷擾紀錄片。

9月28日　女學會在「人權婚禮」前夕召開記者會，對臺灣的婚姻制度進行反省與批判。

11月12日　女學會等多個婦女團體上街頭參加反核大遊行。

12月18日　女學會張錦華撰文《還童的女性？弱智的男性？》批瘦身美容廣告引發熱烈討論。

2001年

1月12日　反性騷擾紀錄片《玫瑰的戰爭》舉行首映式。

2月　女學會在游鑑明引介下，與「中央研究院」近代史所座談「女性情慾與父權關係」。

2月21日　兩岸婦女界代表在臺中縣大甲鎮座談，就工作、家庭與人際關係等問題進行交流。

3月8日　女學會移師高雄師院上演《麻辣女教師》，挑戰師院的傳統師道。

4月17日　婦女團體聯合聲明抨擊「行政院婦女權益促進委員會」運作不良。

4月23日　婦女新知開始舉辦《玫瑰的戰爭》反性騷擾紀錄片校園巡迴放映。

5月21日　舉行「婦女團體檢視新政府的婦女政策」記者會，對新政府婦女政策提出看法。

5月25日　淡江大學與女學會合辦「性別、心理及文化——本土女性主義的開展」學術研討會。

6月6日　婦女新知舉辦「爭取子女從母姓權利」公聽會。

8月20日　臺「內政部長」張博雅率團到北京參加2001年APEC婦女領袖會

議。

10月23日　婦女新知發表「第三屆婆婆媽媽法院觀察報告」，檢視法官的性別平等意識。

11月14日　立委選舉在即，婦女團體聯合舉行記者會，呼籲選民以行動抵制選舉亂象。

12月19日　針對璩美鳳遭偷拍事件，婦女團體聯合發表聲明，強烈譴責八卦媒體父權心態。

12月21日　「兩性工作平等法草案」在立法院獲得三讀通過。

2002年

1月18日　女學會等團體舉行討論會，探討民進黨執政後婦女運動的主體性問題。

1月25日　婦女團體與新科立委新春茶敘，籲請盡速審議「民法親屬編」夫妻財產制。

2月27日　婦女新知推出「女人戲法‧作夥玩」戲劇表演暨法律講座巡迴活動。

3月5日　女學會會員投書《中國時報》揭露「行政院婦權會」黑箱操作，反響巨大。

3月8日　婦女新知與女學會舉辦記者會，檢討兩性平權實施情況，提出3個「批判與期望」。

4月9日　婦女新知、晚晴等將「新晴版夫妻財產制修正草案」送進立法院。

5月11日　母親節前夕，婦女新知召開記者會，提醒社會應該給母親一個安適的哺乳環境。

6月4日　「民法親屬編」夫妻財產制的修改獲得立法院三讀通過，婦女團體表示欣慰。

7月1日　婦女新知「原住民婦女生活工作坊」開始招生，開設臺灣少數民族婦女成長課程。

8月15日　七夕情人節前，婦女團體特別針對愛情暴力事件發文，呼籲健康美好的情愛關係。

9月9日　女學會舉行成立大會，慶祝「進入體制」，接受「內政部」、「國稅局」管轄。

9月11日　「兩性工作平等法」實施屆滿半年，婦女新知舉辦記者會檢視施行情況。

9月28日　女學會在高雄召開年會暨「檢視大專教科書性別意識」研討會。

10月3日　因一大陸新娘縱火，婦女團體關注外省籍新娘的生存困境，檢討制度和社會因素。

11月17日　女學會舉辦「婦女與性別行政組織」座談會，推動政府成立「中央」專職機構。

11月30日　婦女新知舉辦「女人參政，改造臺北」記者會，推薦7名女性市議員候選人。

12月12日　婦女新知副董事長黃長玲結合市議員選舉結果撰文批判婦女保障名額缺乏前瞻性。

2003年

1月　婦女團體與政府官員座談建言成立「性別平等部」，後協商為「性別平等委員會」。

2月15日　婦女團體與多個社會團體聯合行動並發表反戰宣言，反對英美侵占伊拉克。

2月26日　女學會與東吳大學舉辦「女性與臺灣民主運動」座談會，「二‧二八」家屬引言。

3月8日　女學會、婦女新知舉辦記者會，提出「性別主流化，成立中央一

級專責專職機關」。

3月23日　婦女團體舉辦「反戰靜走為和平」記者會，和社會團體一起參加反戰遊行。

3月底　婦女權益促進發展基金會以「性別主流化」為題舉辦「2003國際婦女論壇」。

4月-5月　婦女團體在全臺北、中、南、東舉辦4場「設立中央性別事務專責機關」公聽會。

5月11日　女學會等舉行「正視護理人員犧牲的代價」記者會，為SARS護理人員維權。

7月9日　婦女團體參與「改造國會行動聯盟」活動，提出1／3性別比例政黨提名制度。

7月24日　婦女團體聯合舉行記者會「優秀的女生進不了軍校」，抗議性別歧視的軍校招生。

8月10日　由各類社會運動團體共同發起的公平正義（泛紫）聯盟成立，婦女新知加入。

9月27日　女學會等團體在清華大學舉辦「意識・認同・實踐——2003年女性主義學術研討會」。

12月24日　婦女新知、人權、外籍新娘協會等參加發起參加「移民／移住人權修法聯盟」行動。

2004年

1月初　何春蕤因學術網絡動物戀網頁連接被公訴，婦女新知聲明捍衛性別言論民主空間。

3月7日　婦女團體共同舉辦「婦團檢視藍綠陣營的婦女政策——催生性別平等委員會」記者會。

3月16日　「總統」選舉將至，婦女新知所在的泛紫聯盟呼籲選民理性投票

「停、看、聽」。

4月8日　婦女團體聯合舉辦記者會，抗議警校招生考試與海巡公務員特考性別名額限制。

4月29日　泛紫聯盟發布「稅制不公全民嗆聲」手冊，呼籲合法和平抗稅。

5月6日　婦女團體聯合記者會「兩性共治深化民主」呼籲陳水扁兌現「女性參政突破三成」承諾。

5月21日　婦女新知參加「改造『國會』行動聯盟」活動，強烈要求提高不分區席次。

5月25日　婦女新知舉辦「多元姊妹閃亮新知」募款茶會。

6月4日　「性別平等教育法」獲得立法院三讀通過，婦女團體以新聞稿表示肯定與感謝。

9月1日　學生、婦女團體聯合聲明，抗議三立同志新聞侵害性別人權，呼籲重視專業倫理。

11月17日　立委選舉在即，婦女團體辦記者會推薦一些長期支持婦女性別權益的候選人。

12月1日　婦女新知發表新聞稿，強烈譴責桃園縣議會男議員暴力問政推打女校長。

12月17日　婦權會辦「女人發展，國家發展——中國性別平等專責機構」北區公聽會。

2005年

3月8日　晚晴、新知、勵馨等團體在高雄舉行「三八女人天‧彩繪女人心」婦女節活動。

3月29日　臺灣女人連線邀集婦女團體及「立院」辦公室舉辦「生育保健法草案」座談會。

4月　女權會、新知、外籍新娘協會等關注「新移民女性」在臺處境及問題。

5月　婦女團體聯合舉行「臺灣人口販運現況初探」專題討論。

6月29日　臺女連、女權會等共同提出婦團版「生育保健法」，籲請婦女團體大力支持。

9月20日　婦女新知「女人西法‧作夥玩」——社區巡迴列車活動在臺東社會教育館舉行。

10月1日　婦女新知「94年度家庭暴力防治宣導巡迴座談」北區活動在桃園中壢市舉行。

10月2日　女學會與臺大人口性別中心辦年會，舉行「性別主流化，權力與機制」等研討會。

10月12日　婦女新知「94年度家庭暴力防治宣導巡迴座談」中區活動在南投縣舉行。

10月14日　婦女新知「94年度家庭暴力防治宣導巡迴座談」南區活動在屏東縣舉行。

10月15日　臺大性別與空間研究室十週年慶，「都市性別與空間政策」系列圓桌會議開辦。

10月　婦女團體提出「性別與就業經濟」圖像整理及國際比較報告書。

11月　針對年底地方選舉，「乾淨選舉促進會」與婦團舉行「全面終結賄選」系列活動。

12月15日　「性別平等教育多原」——臺灣少數民族地區校園推動性別平等教育法座談活動在花蓮召開。

2006年

2月5日　「性騷擾防治法」正式施行，婦女團體密切關注。

3月8日　婦女新知發起「一萬元徵一句話」，廢除「美麗統一綱領」，向「標準化美」宣戰。

3月31日　針對菲律賓政治動亂，東吳大學人權協會遞交請援信，聲援人權鬥士，婦團連署。

4月22日　婦女新知「多元的美‧彩色的身」系列講座第一場：尺寸政治中的科技、美容。

4月30日　婦女新知系列講座第二場：美女經濟的解讀與解構——從林志玲名模現象談起。

5月6日　婦女新知系列講座第三場：打造文化公民權——媒體再現批判與創造。

5月12日　婦團就育嬰津貼和懷孕歧視辦母親節記者會，檢視「兩性工作平等法」實施情況。

6月「家庭暴力防治法」實施八年，婦女團體嚴格檢視施行情況。

7月15日　親綠學者發表「民主政治和臺灣認同的道德危機」聲明，促扁下臺，婦運人士參與。

7月　婦女新知董事長黃長玲在《中時‧時論廣場》撰文批扁《政治人物有道德高度嗎？》。

9月22日　第三屆海峽兩岸婦女發展交流研討會在北京結束。

11月　婦女權益促進會出版《女人知法一百問》幫助女性解決婚姻中的法律問題。

12月9日　北、高兩市市長、市民意代表選舉結束，民進黨人陳菊成為首位女性民選市長。

2007年

3月6日　婦女團體參加臺灣「拒領公投票社會聯盟」活動，推舉婦女代表多人，在立法院前集會，發起「真愛臺灣，反公投入聯」活動。

3月　臺灣立法院完成「人工生殖法」三讀通過，3月23日開始實施，婦女團體為此舉行慶祝活動。

3月-4月　適逢婦女新知基金會成立25週年，為了慶祝此一盛事，並延伸「多元美」的概念與精神，婦女新知策劃了「廢除美麗統一綱領」系列活動，4月特別策劃了「瘦身整形大自爆」徵文活動。

5月4日　臺灣立法院三讀通過「民法親屬編」1059條有關子女姓氏的規定，23日開始施行生效，修正子女姓氏條文，改由父母書面約定，不再以從父姓為原則，而以雙方約定的平等協商為主，成為婦女團體推動多年的「子女姓氏修法」活動的重要成果。

10月2日-4日　女學會呼應國際婦女運動反對人口與勞工販賣的活動，在臺灣大學舉行了一系列反人口販運影展。

11月30日　「移民法」修正草案三讀通過，婦女新知等婦女團體熱烈祝賀。

12月19日　「兩性工作平等法」修正案三讀通過，原名改為「性別工作平等法」。

2008年

3月9日　婦女團體聯合舉辦記者會「臺灣女性還當不了大學校長？」，檢視2004年「性別平等教育法」實施以來「教育部」推動性別平等教育的績效。

5月11日　婦女新知基金會與高雄市婦女婦女新知協會聯合舉辦「歡喜從母姓？困難知多少」聯合記者會，回顧梳理「民法親屬編」1059條修改以來子女從母姓的進展情況。

參考文獻

一、專著

1.胡佛，《政治學的科學探究（三）：政治參與與選舉行為》，臺北，三民書局，1998年。

2.呂亞力，《政治學》，臺北，五南圖書出版社，1978年。

3.秋永，《政治學方法論研究專集》，臺北，臺灣商務印書館，1988年。

4.邱仁宗，《女性主義哲學與公共政策》，中國社會科學出版社，2004年。

5.王政，《越界——跨文化女權實踐》，天津人民出版社，2004年。

6.〔美〕羅斯瑪麗·帕特南·童著，艾曉明等譯，《女性主義思潮導論》，華中師範大學出版社，2002年。

7.〔加〕巴巴拉·阿內爾著，郭夏娟譯，《政治學與女性主義》，東方出版社，2005年9月。

8.陳順馨等選編，《婦女、民族與女性主義》，中央編譯出版社，2004年。

9.奕裴，《被建構的女性——當代社會性別理論》，上海人民出版社，2005年。

10.中華全國婦女聯合會婦女運動史研究室編，《五四時期婦女問題文選》，三聯書店，1981年。

11.陳孔立主編，《臺灣研究十年》，廈門大學出版社，1990年。

12.顧燕翎主編，《女性主義理論與流派》，臺北，女書文化，2000年。

13. 顧燕翎等主編，《女性主義經典——18世紀歐洲啟蒙，20世紀本土反思》，臺北，女書文化出版，2002年。

14. 鮑曉蘭主編，《西方女性主義研究評介》，三聯書店，1995年。

15. 李銀河主編，《婦女：最漫長的革命——當代西方女權主義理論精選》，三聯出版社，1997年。

16. 石之瑜，《女性主義的政治批判：誰的知識？誰的國家？》，臺北，正中書局，1994年。

17. 王政等主編，《社會性別研究選譯》，三聯出版社，1999年。

18. 魏國英主編，《女性學概論》，北京大學出版社，2000年。

19. 杜芳琴，《婦女學和婦女史的本土探索——社會性別視角和跨學科視野》，天津人民出版社，2002年。

20. 杜芳琴等主編，《婦女與社會性別研究在中國1987-2003》，天津人民出版社，2003年。

21. 余寧平主編，《不守規矩的知識——婦女學的全球與區域視界》，天津人民出版社，2003年。

22. 孟憲範主編，《轉型社會中的中國婦女》，中國社會科學出版社，2004年。

23. 梁旭光主編，《民主政治進程與婦女參政》，濟南出版社，2004年。24. 呂秀蓮，《新女性主義》，臺北，敦理出版社，1986年。

25. 王雅各，《臺灣婦女解放運動史》，臺北，巨流圖書公司，1999年。

26. 子宛玉編，《風起雲湧的女性主義批評》，臺北，谷風出版社，1988年。

27. 王麗容，《婦女與社會政策》，臺北，巨流圖書出版，1995年。

28. 王雅各主編，《性屬關係（上）——性別與社會、建構》，臺北，心理

出版社，1999年。

29.王雅各主編，《性屬關係（下）——性別與文化、再現》，臺北，心理出版社，1999年。

30.梁雙蓮等著，《婦女與政治參與》，臺北，婦女新知基金會，1989年。

31.馬心韻，《三民主義婦女政策與中國婦女政治地位之研究》，臺北，正中書局，1992年。

32.劉毓秀主編，《臺灣婦女處境白皮書：1995》，臺北，時報文化出版事業有限公司，1995年。

33.紀欣，《女人與政治：90年代婦女參政運動》，臺北，女書文化有限公司出版，2000年。

34.楊國樞等主編，《臺灣的社會問題》，臺北，巨流圖書公司，1991年。

35.葉至誠，《社會科學概論》，臺北，揚智文化事業有限公司，2000年。

36.彭懷恩，《臺灣發展的政治經濟分析》，臺灣風雲出版社，1990年。

37.若林正丈，《轉型期的臺灣》，臺灣故鄉出版社，1989年。

38.中國論壇編輯委員會主編，《女性知識分子與臺灣發展》，臺北，中國論壇雜誌出版社，1989年。

39.錢劍秋，《自由中國的婦女》，臺北，婦女社，1956年。

40.錢劍秋，《三十年來中國婦女運動》，臺北，中國國民黨中央婦女工作會，1976年。

41.臺灣省婦女會編，《臺灣婦女會概況》，臺北，臺灣省婦女會，1970年。

42.中國國民黨中央婦女工作會編，《指導長蔣夫人對婦女訓詞輯要》，臺北，中國國民黨中央婦女工作會，1956。

43.「中華婦女反共聯合會」編，《婦聯四十年》，臺北，「中華婦女反共

聯合會」，1990年。

44.中國國民黨中央婦女工作會編，《我們的工作》，臺北，中國國民黨中央婦女工作會，1976年。

45.王亞權編，《蔣夫人言論集》，「中華婦女反共聯合會」，1977年。

46.皮以書，《中國婦女運動》，臺北，三民書局，1973年。

47.趙永茂，《臺灣地方政治的變遷與特質》，臺北，翰蘆圖書出版有限公司，2002年。

48.李松林，《晚年蔣經國》，九州出版社，2006年。

49.陳孔立主編，《臺灣歷史綱要》，九州出版社，1996年。

50.黃建寅主編，《中國國民黨史》，西安交通大學出版社，1990年。

51.蕭新煌，《臺灣的未來不是夢？》，臺北，不二出版公司，1992年。

52.〔法〕西蒙·波娃著，陶鐵柱譯，《第二性》，中國古籍出版社，1998年。

53.〔法〕西蒙·波娃，《第二性（第二卷）：處境》，臺北，晨鐘出版社，1973年。

54.〔法〕西蒙·波娃，《女人，女人：第二性——女人之一》，臺北，晨鐘出版社，1979年。

55.李文，《縱橫五十年——呂秀蓮前傳》，臺北，時報文化出版事業有限公司，1996年。

56.荒林等主編，《中國女性文化No.2》，北京，中國文聯出版社，2001年。

57.李元貞，《婦女開步走》，臺北，婦女新知基金會，1990年。

58.徐正光等主編《臺灣新興社會運動》，臺北，巨流圖書公司，1989年。

59.陳柔縉，《臺灣西方文明初體驗》，臺北，麥田出版社，2005年。

60.劉霓，《西方女性學——起源、內涵與發展》，社會科學文獻出版社，2001年。

61.陳燁，施叔青主編《女人治國》，臺北，圓神出版社，1995年。

62.黃嘉樹，《國民黨在臺灣1945-1988》，南海出版公司，1991年。

63.彭懷恩，《臺灣政治變遷40年》，臺北，自立晚報出版社，1987年。

64.康寧祥，《臺灣的憲政危機》，臺灣，八十年代出版社，1983年。

65.〔美〕丹尼·羅伊著，何振盛等譯，《臺灣政治史》，臺北，臺灣商務印書館，2004年。

66.趙永茂，《臺灣地方派系與地方建設之關係》，高雄，德馨室出版社，1978年。

67.許世銓等編，《臺灣研究年度報告·2000》，北京，時事出版社，2001年。

68.劉國深，《當代臺灣政治分析》，九州出版社，2002年。

69.金泓釩，《臺灣的政治轉型——從蔣經國體制到李登輝體制》，香港社會科學出版社，1998年。

70.黃俊杰，《戰後臺灣的轉型及其展望》，臺北，正中書局，1995年。

71.范希周主編，《臺灣政局與兩岸關係》，九州出版社，2004年。

72.郭偉鋒，《觸摸真實的臺灣》，臺海出版社，1998年。

73.陳孔立，《觀察臺灣》，華藝出版社，2003年。

74.韋政通，《立足臺灣　關懷大陸》，臺灣，東大圖書出版社，1991年。

75.李英桃，《社會性別視角下的國際政治》，上海人民出版社，2003年。

76.蘇永欽，《走向憲政主義》，臺北，聯經出版事業公司，1994年。

77.蘇紅主編，《多重視角下的社會性別觀》，上海大學出版社，2004年。

78.馬元曦主編,《社會性別與發展譯文集》,三聯書店,2000年。

79.馬元曦主編,《社會性別‧族裔‧社區發展譯選》,中國古籍出版社,2001年。

80.〔英〕索菲亞‧孚卡著,王麗譯,《後女權主義》,文化藝術出版社,2003年。

81.〔英〕瑪麗‧沃斯通克拉夫特著,王瑛譯,《女權辯護——關於政治和道德問題的批評》,中國編譯出版社,2006年。

82.李銀河,《女性權力的崛起》,文化藝術出版社,2003年。

83.孫關宏主編,《政治學概論》,復旦大學出版社,2004年。

84.肖立國主編,《政治學》,電子科技大學出版社,1994年。

85.浦興祖主編,《西方政治學說史》,復旦大學出版社,1999年。

86.趙玉霞等著,《外國政治制度史》,青島出版社,1998年。

87.北京大學社會學系,《社會學教程》,北京大學出版社,1987年。

88.周華山,《閱讀性別》,江蘇人民出版社,1999年。

89.朱易安,《女性與社會性別》,上海教育出版社,2003年。

90.〔法〕皮埃爾‧布迪厄,《男性統治》,海天出版社,2002年。

91.〔美〕梅裡‧E、威斯納‧漢克斯,《歷史中的性別》,東方出版社,2003年。

92.林聚任,《社會性別的多角度透視》,羊城晚報出版社,2003年。93.應克復等著,《西方民主史》,中國社會科學出版社,1997年。

94.全國臺灣研究會編,《臺灣選舉縱橫談》,臺海出版社,1998年。

95.張文生、王茹,《民進黨選舉策略研究》,九州出版社,2004年。

96.〔義〕薩爾沃‧馬斯泰羅內主編,黃華元譯,《當代歐洲政治思想》,

社會科學文獻出版社，1998年。

97.殷嘯虎，《近代中國憲政史》，上海人民出版社，1997年。

98.臺灣八十年代出版社編，《臺灣的憲政危機》，臺灣，八十年代出版社，1983年。

99.彭懷恩，《「中華民國」政治體系的分析》，臺北，時報文化出版事業有限公司，1985年。

100.若林正丈，《轉型期的臺灣》，臺灣，故鄉出版社，1989年。

101.彭懷恩、胡祖慶編譯，《進入政治學的世界》，臺灣洞察出版社，1989年。

102.邱垂亮：《亞洲的政治文化》，臺灣，前進出版社，1988年。

103.高希均，《新臺灣人之路——建構一個乾乾淨淨的社會》，臺灣，天下遠見出版股份有限公司，1999年。

104.蕭全政主編，《改革憲政》，臺灣「國家政策研究中心」，1990年。

105.楊世雄，《憲政改革的理論與實踐》，臺灣，五南圖書出版社，1998年。

106.齊光裕，《「中華民國」的憲政發展》，臺灣，揚智文化事業股份有限公司，1998年。

107.李炳南，《憲政改革與國民大會》，臺灣，月旦出版股份有限公司，1994年。

108.若林正丈，《臺灣：分裂國家民主化》，臺灣，月旦出版股份有限公司，2000年。

109.黃文雄，《臺灣人的價值觀》，臺灣，前衛出版社，1993年。

110.陳芳明，《臺灣人的歷史與意識》，臺灣，敦理出版社，1988年。

111.魏秀堂，《話說臺灣人》，時事出版社，1997年。

112.彭懷恩，《中國政治文化的轉型——臺灣政治心理取向》，臺灣，風雲論壇出版社，1992年。

113.石之瑜，《當代臺灣的中國意識——對集體認同的反思》，臺灣，正中書局，1993年。

114.戴國輝，《臺灣結與中國結——睪丸理論與自立、共生的構圖》，臺灣，遠流出版事業股份有限公司，1994年。

115.蕭新煌，《新臺灣人的心——國家認同的新圖像》，臺灣，月旦出版股份有限公司，1999年。

116.黃國昌，《中國意識與臺灣意識》，臺灣，五南圖書出版社，1995年。

117.張茂桂等著，《族群關係與國家認同》，臺灣，業強出版社，1992年。

118.姜南揚，《臺灣政治轉型之謎》，北京文津出版社，1993年。

119.常燕生、辛旗，《轉型期的臺灣政治》，北京華藝出版社，1990年。

120.陳其南，《公民國家意識與臺灣政治發展》，臺灣，允晨文化股份有限公司，1992年。

121.荊蕘、常燕生、辛旗合編，《九十年代臺灣政治》，華藝出版社，1991年。

122.韋政通，《衝破禁忌——1987年臺灣思想批判》，臺灣，敦理出版社，1988年。

123.〔德〕愛莉絲·史瓦澤著，羅麗君譯，《女性的屈辱與勛章》，臺北，臺灣商務出版社，1998年。

124.陳恆明，《「中華民國」政治符號之研究》，臺北，臺灣商務印書館，1986年。

125.盧非易，《臺灣電影：政治、經濟、美學》，臺北，遠流出版社，

1998年。

126.蕭新煌主編,《臺灣的社會福利運動》,臺北,巨流圖書有限公司,2001年。

127.張茂桂,《社會運動與政治轉化》,臺北,業強出版社,1994年。

128.何春蕤,《豪爽女人》,臺北,皇冠文化出版有限公司,1994年。

129.何春蕤,《呼喚臺灣新女性》,臺北,元尊文化股份有限公司,1997年。

130.王滬寧,《比較政治分析》,上海人民出版社,1987年。

131.孫代堯,《臺灣威權體制及其轉型研究》,中國社會科學出版社,2003年。

132.「中央選舉委員會編」,《「中華民國」選舉史》,臺北,「中央選舉委員會」,1987年。

133.蕭全政主編,《改革憲政》,臺灣「國家政策研究中心」,1990年。

134.婦女新知基金會主編,《1999臺灣女權報告》,婦女新知,2000年。

135.陳必照等著,《當前憲政改革方案》,臺北,業強出版社,1992年。

136.陳春生,《臺灣憲政與民主發展》,臺北,月旦出版社股份有限公司,1996年。

137.程玉鳳主編,《戰後臺灣民主運動史料彙編》,臺北縣國史館印行,2001年。

138.曾濟群,《「中華民國」憲政法制與政黨關係》,臺北,五南圖書出版,1995年。

139.蘇永欽,《「國會」改革:臺灣民主憲政的新境界》,臺北,新臺灣人基金會,2001年。

140.羅傳賢,《立法程序與技術》,臺北,五南圖書出版,1998年。

141. 「中國婦女參政的足跡」編寫組,《中國婦女參政的足跡》,中共黨史出版社,1998年。

142. 金一虹主編,《世紀之交的中國婦女與發展》,南京大學出版社,1998年。

143. 石之瑜等,《當代臺灣憲政文化省思》,臺北,五南圖書出版,2002年。

144. 〔美〕艾倫‧D著,何廷璋譯,《女性的代價》,臺北,中華書局,1973年。

145. 鮑家麟編著,《中國婦女史論集》,臺北,牧童出版社,1979年。

146. 劉人鵬,《近代中國女權論述——國族、翻譯與性別政治》,臺灣,學生書局,2000年。

147. 李銀河主編,《婦女:最漫長的革命——當代西方女權主義理論精選》,三聯書店,1997年。

148. 李銀河,《女性權力的崛起》,文化藝術出版社,2003年。

149. 卜衛,《媒介與性別》,江蘇人民出版社,2001年。

150. 李小江等,《女性?主義——文化衝突與身分認同》,江蘇人民出版社,2000年。

151. 王健文主編,《政治與權力》,中國大百科全書出版,2005年。

152. 李貞德等主編,《婦女與社會》,中國大百科全書出版,2005年。

153. 林志斌等,《性別與發展導論》,中國農業大學出版社,2001年。

154. 劉霓,《西方女性學》,社會科學文獻出版社,2001年。

155. 蕭新煌,《臺灣向前看》,臺北,生活文化事業有限公司,1988年。

156. 吳豐山,《臺灣社會心理改造論》,自立晚報社,1985年。

157. 余寧平等主編,《不守規矩的知識——婦女學的全球與區域視界》,天

津人民出版社，2003年。

158.劉德厚，《廣義政治論——政治關係社會化分析原理》，武漢大學出版社，2004年。

159.戴國輝，《臺灣總體相》，臺北，遠流出版公司，1989年。

160.陳孔立主編，《臺灣研究十年》，廈門大學出版社，1990年。

161.林濁水，《統治神話的終結》，臺灣，前衛出版社，1991年。

162.黃美英，《臺灣文化斷層》，臺灣，稻鄉出版社，1990年。

163.謝長廷，《謝長廷新文化教室》，臺灣，月旦出版股份有限公司，1991年。

164.楊祖珺，《玫瑰盛開——楊祖珺十五年來時路》，臺北，時報文化出版事業有限公司，1992年。

165.陳菊，《黑牢嫁妝》，臺北，月旦出版股份有限公司，1993年。

166.余陳月瑛，《余陳月瑛回憶錄》，臺北，時報文化出版事業有限公司，1996年。

167.〔美〕塞繆爾‧亨廷頓，《變化社會中的政治秩序》，三聯書店，1989年。

168.呂亞力，《政治學方法論》，臺灣，三民書局，1979年。

169.彭錦鵬，《政治安定的設計家亨廷頓》，臺灣，允晨文化股份有限公司，1982年。

170.Weihung LIN and Hsiaochin HSIEH, Gender, Culture&Society: Womens Studies in Taiwan, Esha Womans University Press, 2005.

171.Anne Phillips, The Politics of Presence, Oxford, Clarendon Press,1995.

172.Hanna Fenichel Pitkin, The Concept of Representation, Berkeley, University of California Press, 1967.

二、論文

1.邰寶林,《臺灣婦女問題綜述》,《臺灣研究集刊》,1986年第3期。

2.邰寶林,《臺灣新女性主義的特徵及其影響》,《臺灣研究集刊》,1988年第2期。

3.儀纓,《臺灣婦女研究論點簡述》(上、下),《婦女研究論叢》,1996年第1、3期。

4.何笑梅,《臺灣婦女運動初探》,《臺灣研究》,1999年第1期。

5.王秀雲,《評介王雅各＜臺灣婦女解放運動史＞》,臺灣大學婦女與性別研究組主編的《女學學志》,2004年第18期。

6.范雲,《評介王雅各＜臺灣婦女解放運動史＞》,臺灣大學婦女與性別研究組主編的《女學學志》,2004年第18期。

7.俞彥娟,《美國第二波婦女運動歷史研究之回顧：兼評王雅各＜臺灣婦女解放運動史＞》,臺灣大學婦女與性別研究組主編的《女學學志》,2004年第18期。

8.顧燕翎,《從週期理論與階段理論看中國婦女運動與女性意識的發展》,《中山社會科學譯粹季刊》,1987年第2卷第3期。

9.顧燕翎,《檢討臺灣女性主義論述——三十年來婦運的理論、路線與策略》,荒林等主編《中國女性文化》No.2,中國文聯出版社,2001年。

10.朱立立,《女性話語‧國族寓言‧華人文化英雄》,《臺灣研究集刊》,2006年第3期。

11.陳惠蓮,《中國現代婦女運動之研究》,臺灣東海大學社會學研究所,碩士論文,未刊稿,1988年。

12.楊婉瑩,《選舉制度對婦女參政影響之評估》,《理論與政策》,2004年第44卷第4期。

13.黃長玲《從婦女保障名額到性別比例原則——兩性共治的理論與實

踐》,《問題與研究》,2001年第40卷第3期。

14.黃秀政,《戰後臺灣婦女參政問題的檢討（1949-2004）：以婦女保障名額制度為例》,《臺灣文獻》,2005年第56卷第1期。

15.胡藹若,《從資源動員理論的觀點論臺灣婦女體制外的政治參與》,《復興崗學報》,2005年第83期。

16.游鑑明,《當外省人遇到臺灣女性：戰後臺灣報刊中的女性論述（1945-1949）》,「中央研究院近代史研究所集刊」,2005年第47期。

17.郭秋永,《強勢民主：新時代的政治參與》,《問題與研究》,1999年第38卷第6期。

18.顧燕翎,《從移植到生根：婦女研究在臺灣（1985-1995）》,臺灣,《近代中國婦女史研究》,1996年第4期。

19.楊婉瑩,《性別重組或解組？比較歐美投票性別差距的解釋模式》,《問題與研究》,2006年第45卷第3期。

20.范希周,《1990年以來國民黨的「憲政改革」及對其大陸政策的影響》,《臺灣研究集刊》,1992年第4期。

21.劉國深,《臺灣「國會」改革運動研究》,《臺灣研究集刊》,1990年第2、3期合刊。

22.劉國深,《臺灣婦女問題初探》,《臺灣研究集刊》,1987年第2期。

23.李清,《社會歷史變遷下的臺灣電影女性形象》,《臺灣研究集刊》,2006年第3期。

24.趙建民,《臺灣主體意識與中國大陸民族主義的對抗：面向二十一世紀的兩岸關係》,臺灣《中國大陸研究》,1998年第41卷第1期。

25.朱志宏,《遵守規則、重視倫理——健全國會根本之道》,《理論與政策》,1996年秋季號。

26.王定村,《論國會改革與立法委員專業倫理的建立》,《思與言》,

2004年第42卷第1期。

27.陳昭如，《創造性別平等，抑或與父權共謀？——關於臺灣法律近代西方法化的女性主義考察》，《思與言》，2002年第40卷第1期。

28.洪惠芬，《照顧者正義：性別正義不只是法律平等》，《臺灣社會研究季刊》，2003年第51期。

29.傅大為，《臺灣女性科學家的九零年代風貌——試析「科學/女性/社會脈絡」諸相關領域》，《臺灣社會研究季刊》，1996年第22期。

30.楊雅慧，《日據末期的臺灣女性與皇民化運動》，《臺灣風物》，1993年第43卷第2期。

31.趙剛，《認同政治的代罪羔羊——父權體制及論述下的眷村女性》，《臺灣社會研究季刊》，1995年第19期。

32.成露茜，《婦女、外銷導向成長和國家：臺灣個案》，《臺灣社會研究季刊》，1993年第14期。

33.劉毓秀，《男人的法律，男人的『國』『家』，及其蛻變的契機》，《臺灣社會研究季刊》，1995年第20期。

34.羅燦煐，《魚與熊掌：女性主義反性暴力論述之困境與省思》，《臺灣社會研究季刊》，1999年第43期。

35.陳美華，《公開的勞務，私人的性與身體：在性工作中協商性與工作的女人》，《臺灣社會學》，2006年6月。

36.盛治仁，《從2004年立委選舉結果看選後政局的發展》，《臺灣民主季刊》，2004年第1卷第4期。

37.王雯君，《婚姻對女性族群認同的影響——以臺灣閩客通婚為例》，《思與言》，2005年第43卷2期。

38.曾濟群，《立法院常設委員會運作之評析》，《中山人文社會科學》，2003年第11卷第1期。

39.陳瑞學，《誰的政治思想？為何研究？——臺灣政治學界政治思想研究之初步回顧：1988-1998》，《思與言》，1999年第37卷3期。

40.黃毓民，《百年政黨淪落如斯——國民黨三中全會的亂象》，香港《星島日報》，1992年3月17日。

41.王昌甫，《臺灣反對運動的共識動員：一九七九至一九八九年兩次挑戰高峰的比較》，《臺灣政治學刊》，1997年7月創刊號。

42.趙建民，《臺灣主體意識與中國大陸民族主義的對抗：面向二十一世紀的兩岸關係》，臺灣《中國大陸研究》，1998年第41卷第1期。

44.李元貞，《女學會十年，婦運萬水千山》，臺灣，《歷史月刊》，2003年9月號。

45.周碧娥《女人\性別，臺灣\1995（一）》，《婦女與兩性研究通訊》1996年37期。

46.范雲，《政治轉型過程中的婦女運動：以運動者及其生命傳記背景為核心的分析取向》，《臺灣社會學》，2003年第5期。

47.林芳玫，《當代臺灣婦運的認同政治：以公娼存廢爭議為例》，臺灣，《中外文學》，1998年第27卷第1期。

48.劉仲冬，《路線之爭與行動轉折》，臺灣，《歷史月刊》，2003年9月號。

49.劉毓秀，《女性主義國家/社會藍圖的繪製》，臺灣，《歷史月刊》，2003年9月號。

50.張晉芬，《制度化之下的女性主義實踐》，臺灣，《歷史月刊》，2003年9月號。

51.林芳玫，《彩色與無色：女性主義者多重身分的衝突與對話》，臺灣，《歷史月刊》，2003年9月號。

52.楊立憲，《臺灣「法統」問題研究》，《臺灣研究》，1993年第1期。

53. 張文生，《臺灣「國民大會」制度的歷史演變》，《臺灣研究集刊》，2000年第4期。

54. 範曉軍，《民進黨急劇衰敝的政治發展脈絡——臺灣「二次政黨輪替」的民意逐漸浮現》，《臺灣研究集刊》，2006年第2期。

55. 杜芳琴，《婦女史研究——女性意識的「缺席」與「在場」》，《婦女研究論叢》，1996年第4期。

56. 裔昭印，《婦女史對歷史學的貢獻》，《史學理論研究》，2004年第3期。

57. 閔冬潮，《從婦女史到性別史的發展》，《世界歷史》，1994年第1期。

58. 周兵，《美國婦女史研究的回顧與展望》，《史學理論研究》，1999年第3期。

59. 劉軍，《美國婦女史學的若干理論問題》，《世界歷史》，1999年第1期。

60. 胡曉紅，《女性主義研究理念的現代轉向》，《浙江學刊》，2004年第2期。

61. 張立平，《當代美國女性主義思潮述評》，《美國研究》，1999年第2期。

62. 陳彩雲，《從「平等」、「社會性別」到「公民資格」——西方女性主義的理論轉向》，《婦女研究論叢》，2002年第4期。

63. 劉霓，《社會性別——西方女性主義理論的中心概念》，《國外社會科學》，2001年第6期。

64. 杜芳琴，《婦女/社會性別史對史學的挑戰與貢獻》，《史學理論研究》，2004年3期。

65. 高世瑜，《發展與困惑——新時期中國大陸的婦女研究》，《史學理論

研究》，2004年3期。

66.劉文明，《社會性別史：學理建構及其開放性》，《史學理論研究》，2004年3期。

67.榮維毅，《馬克思主義婦女理論與社會性別理論關係探討》，《婦女研究論叢》，2003年4期。

68.劉文明，《「新婦女史」在中國大陸的興起》，《史學理論研究》，2003年1期。

69.雷頤，《「女性主義」、「第三世界女性」與「後殖民主義」》，《史學理論研究》，2004年3期。

70.江建文，《從政治解放到性別解放》，《婦女研究論叢》，2003年4期。

71.戴雪紅，《女性解放的哲學思考》，《福建論壇》，2005年3期。

72.王瑞芹，《婦女參政行為與政治行為文明》，《婦女研究論叢》，2005年4期。

73.劉霓，《賦予灰色理論以生命的活力：女性研究的理論發展與爭論》，《國外社會科學》，1999年5期。

74.左維遠，《西方女性主義理論流變》，《贛南師範學院學報》，1997年4期。

75.楊日青，《為立法院常委會把脈》，《理論與政策》，1996年第10卷3期。

76.張小虹，《女人鬥陣快樂行》，《歷史月刊》，2003年9月號。

77.陳惠馨，《快快樂樂做婦運》，《歷史月刊》，2003年9月號。

78.阮若缺，《「變天」的那一年……》，《歷史月刊》，2003年9月號。

79.王麗容，《臺灣婦女就業影響因素分析》，《理論與政策》，1997年第

11卷第2期。

80.趙永茂,《臺灣省基層政治精英之個人背景分析》,《思與言》,1988年第25卷第6期。

三、相關網絡資源

1.臺灣女性學學會（女學會資訊網）：http://www.feminist.sinica.edu.tw/。

2.臺灣「行政院」婦女權益促進會：http://cwrp.moi.gov.tw。

3.現代婦女基金會：http://www.38.org.tw。

4.婦女新知基金會：http://www.awakening.org.tw。

5.蕃薯藤臺灣婦女資訊網,http://taiwan.yam.org.tw/womenweb/st/98/sttable22.htm。

6.臺灣女學會的網站：http://feminist.org.tw/。

7.婦女聯合網http://www.womenweb.org.tw/wrp.asp。

後記

　　書稿付印在即，心內感慨萬千。無論多少缺憾，它終究凝聚了我多年來的研究心得，要和大家見面了。

　　感謝我的博士生導師林國平教授為此付出的辛勤勞動。同時感謝我的碩士生導師，廈門大學臺灣研究院的周翔鶴教授，他引導我走上臺灣研究的學術之路。兩位導師在我的學術乃至人生之路上的關愛與鞭策，是我前行的動力，學生將終生銘記。感謝母校的劉國深老師，不僅感謝他百忙中慨然允諾為我作序，更感謝他所代表的母校老師對一名畢業多年的學生一如既往的關心與鼓勵。感謝福建師範大學閩臺區域研究中心的謝必震主任和全體同仁，感謝中心的經費資助與同事們的關心與幫助。感謝臺灣研究院文獻信息中心的潘晉明主任和華姿、敏娟、宇華在查資料過程中的熱情幫助；臺灣的李世偉教授、同事徐斌都曾在寫作過程中帶來臺灣學術界的最新成果；臺灣大學的黃長玲教授，在我赴臺參訪期間贈送許多資料，為本書提供寶貴的資料線索及思路啟發；好朋友臺灣研究院的彩霞以及福建社科院的張潔則在任何我需要的時候提供資料上的方便，閩臺中心的研究生曉雯、宛真、陽露、永江、羅彬、龍山在成書之際幫助校對了部分書稿，在此一併致謝。

[1] The Concise Oxford English Dictionary, 7th edn, Oxford: Clarendon Press, 1982, P.793.

[2] 1969年，凱特・米利特（Kate Millett）的博士論文《性的政治》出版，一版銷售8萬冊，並在20年內再版8次，米利特一舉成為全美婦女運動的代言人和領袖人物。——以上文字和正文中的引文均摘自《性的政治》（米利特著，鐘良明譯，社會科學文獻出版社，1999年）扉頁。李英桃稱此書為「激進女性主義代表作」，見李英桃《社會性別視角下的國際政治》，上海人民出版社，2003年，88頁；羅斯瑪麗・帕特南・童稱米利特為「激進自由派女性主義者」，見羅斯瑪麗・帕特南・童著，艾曉明等譯，《女性主義思潮導論》，華中師範大學出版，2002年，72頁。

[3] 參見〔加〕巴巴拉・阿內爾（Barbara Arneil）著，郭夏娟譯，《政治學與女性主義》，東方出版社，2005年。

[4] 見中華全國婦女聯合會婦女運動史研究室編《五四時期婦女問題文選》（北京，三聯書店，1981年）中王劍虹、李大釗、沈雁冰等人的文章。

[5] 目前，學術界一般把女性主義思想流派作如下劃分：自由主義女性主義（第一波，19世紀後期到20世紀初期）；馬克思和社會主義女性主義；激進女性主義；存在主義女性主義；精神分析和社會性別女性主義（第二波，1960、70年代）；後現代女性主義；生態女性主義（第三波，1980年代末90年代以來）。參見羅斯瑪麗・帕特南・童《女性主義思潮導論》（華中師範大學2002年）、顧燕翎主編《女性主義理論與流派》（臺北女書文化，2000年）、巴巴拉・阿內爾《政治學與女性主義》（東方出版社，2005年）和李銀河主編《婦女：最漫長的革命——當代西方女權主義理論精選》（北京，三聯書店，1997年）等。

[6] 美國到2000年已有250多個婦女和社會性別研究中心，700所大學建立了婦女學系，每年設3萬多門課程，1995年授予10786人次婦女學博士學位；歐盟在1995年有1500所大學開設600多門婦女學課程。

[7] 梁雙蓮、顧燕翎《臺灣婦女的政治參與——體制內與體制外的觀察》，劉毓秀主編《臺灣婦女處境白皮書：1995》，臺北，時報文化出版股份有限公司，1998年，111頁。

[8] 呂亞力，《政治學》，臺北，五南圖書出版社，1984年，61-62頁。

[9] 1995年在北京舉行的聯合國第四屆世界婦女問題國際會議通過的《行動綱領》明確提出以社會性別主流化作為提高兩性平等的一項全球性策略並要求與會各國政府實施。隨後，聯合國經濟及社會理事會給社會性別主流化下了定義：所謂社會性別主流化是指在各個領域和各個層面上評估所有有計劃的行動（包括立法、政策、方案）對男女雙方的不同含義。作為一種策略方法，它使男女雙方的關注和經驗成為設計、實施、監督和評判政治、經濟和社會領域所有政策方案的有機組成部分，從而使男女雙方受益均等，不再有不平等發生，納入主流的最終目標是實現男女平等。

[10] 大陸方面：三聯書店出版了鮑曉蘭主編《西方女性主義研究評介》（1995）、李銀河主編《婦女：最漫長的革命——當代西方女權主義理論精選》（1997）、王政等主編《社會性別研究選譯》（1999）；北京大學出版了魏國英主編的《女性學概論》（2000）；天津人民出版社出版了杜芳琴的《婦女學和婦女史的本土探索——社會性別視角和跨學科視野》（2002）、杜芳琴等主編的《婦女與

社會性別研究在中國》（2003）、余寧平等主編的《不守規矩的知識-婦女學的全球與區域視界》（2003）、王政的《越界-跨文化女權實踐》（2004）；還有中央編譯出版社出版了陳順馨等選編的《婦女、民族與女性主義》（2004）、瑪麗‧沃斯通克拉夫特著，王瑛譯的《女權辯護——關於政治和道德問題的批評》（2006）、〔美〕羅斯瑪麗‧帕特南‧童著，艾曉明譯《女性主義思潮導論》（華中師範大學出版社2002年）；李銀河《女性權力的崛起》（文化藝術出版社2003）以及邱仁宗《女性主義哲學與公共政策》（中國社會科學出版社2004）；巴巴拉‧阿內爾《政治學與女性主義》（東方出版社2005年）和沈奕斐《被建構的女性——當代社會性別理論》（上海人民出版社2005），等。臺灣譯介西方女性思潮的有：顧燕翎主編，《女性主義理論與流派》，臺北，女書文化出版，2000年；顧燕翎等主編，《女性主義經典——18世紀歐洲啟蒙，20世紀本土反思》，臺北，女書文化出版，2002年；其他關於兩性或女性研究的學術成果將在後文中交代。

[11] 邰寶林，《臺灣婦女問題綜述》，《臺灣研究集刊》，1986年第3期。

[12] 邰寶林，《臺灣新女性主義的特徵及其影響》，《臺灣研究集刊》，1988年第2期。

[13] 何笑梅，《臺灣婦女運動初探》，《臺灣研究》，1999年第1期。

[14] 呂秀蓮，《新女性主義》，臺北，敦理出版社，1976年。

[15] 顧燕翎，《從週期理論與階段理論看中國婦女運動與女性意識的發展》，《中山社會科學譯粹季刊》，1987年，第2卷第3期。（高雄，中山大學中山學術研究所，1987年，37-59頁）。

[16] 顧燕翎，《檢討臺灣女性主義論述——三十年來婦運的理論、路線與策略》，荒林等主編《中國女性文化》No.2，中國文聯出版社，2001年。

[17] 陳惠蓮，《中國現代婦女運動之研究》，臺灣，東海大學社會學研究所，碩士論文，未刊稿，1988年。

[18] 王雅各，《臺灣婦女解放運動史》，臺北，巨流圖書公司，1999年。王雅各，美國伊利諾州羅耀拉大學社會學博士，臺北大學社會學教授，專長為社會學理論、男性研究、媒體與文化批判等。

[19] 相關文章參見臺灣大學婦女與性別研究組主編的《女學學志》第18期（2004年12月）上王秀雲、范雲和俞彥娟的書評。

[20] 參見《歷史月刊》2003年9月號上李元貞、張小虹、劉毓秀、林芳玫、劉仲冬、陳惠馨、阮若缺、張晉芬等人的文章。

[21] 范雲，《政治轉型過程中的婦女運動：以運動者及其生命傳記背景為核心的分析取向》，《臺灣社會學》第5期，2003年6月，133-194頁。

[22] 論文集《風起雲湧的女性主義批評》（子宛玉編，谷風出版社，1988年）把女性主義的批判視角引入了社會學、哲學、心理學、文學和大眾電影等領域；專著《婦女與社會政策》（王麗容著，巨流圖書出版，1995年）檢討了婦女的工作平等、勞動參與、社會福利、人身安全、社會參與等問題，有較小篇幅對婦女組織與婦女政策提出建言；論文集《性屬關係：性別與社會、建構》上下冊（王雅各主編，心理出版社，1999年）分析了婚姻家庭、教育領域、勞動市場、娛樂休閒、醫學體系、法律等領域中的性別不平等現象；而臺灣大學人口研究中心婦女研究室1995年編印的《臺灣婦女與兩性研究

《學者名錄》則顯示，1994年，在臺灣，專門從事婦女或兩性的大專院校與研究機構的專職人員（副教授或教授）就有102位，分別從事兩性歷史、女性文學、兩性醫學、婦女人力資源、性別與發展、性別與農村、性別與都市等方面的研究。

[23]張輝潭，《臺灣當代婦女運動與女性主義實踐初探》，臺中，印書小舖，2006年。

[24]梁雙蓮等著，《婦女與政治參與》，臺北，婦女新知基金會，1989年。

[25]馬心韻，《三民主義婦女政策與中國婦女政治地位之研究》，臺北，正中書局，1992年。

[26]劉毓秀主編，《臺灣婦女處境白皮書：1995》，臺北，時報文化出版事業有限公司，1995年。

[27]紀欣，《女人與政治：90年代婦女參政運動》，臺北，女書文化有限公司出版，2000年。

[28]胡藹若，《臺灣婦女人權運動與政治參與》，臺北，大航家企業出版，2005年。

[29]楊婉瑩，《選舉制度對婦女參政影響之評估》，《理論與政策》第44卷第4期，2000年12月。

[30]黃長玲，《從婦女保障名額到性別比例原則——兩性共治的理論與實踐》，《問題與研究》第40卷第3期，2001年6月。

[31]黃秀政，《戰後臺灣婦女參政問題的檢討（1949-2004）：以婦女保障名額制度為例》，《臺灣文獻》第56卷第1期，2005年6月。

[32]參見2005年漢城梨花女子大學舉辦的第九屆世界婦女跨學科大會（WW2005）上發行的8卷「亞洲婦女學叢書」之三（臺灣卷）：Gender, Culture & Society: Womens Studies in Taiwan, Edited by Weihung LIN and Hsiaochin HSIEH, Esha Womans University Press, 2005, P.273-301。

[33]楊婉瑩，《婦女的政治機會結構析論》，《中山大學社會科學季刊》，第2卷4期，2000年。

[34]楊婉瑩，《政治參與的性別差異》，《選舉研究》，第14卷第2期，2007年11月。

[35]楊祖珺，《玫瑰盛開——楊祖珺十五年來時路》，臺北時報文化公司，1992年12月。

[36]陳菊，《黑牢嫁妝》，臺北，月旦出版股份有限公司，1993年12月。

[37]余陳月瑛，《余陳月瑛回憶錄》，臺北，時報文化出版事業有限公司，1996年9月。

[38]余登發，臺灣省高雄縣人，其政治生涯跨臺灣光復前後兩個時空，歷任里長、鄉長、「國大代表」、高雄縣長等，1979年因主張兩岸和平統一被臺當局以「匪諜罪」入獄（稱「余登發事件」），後保外就醫。1989年被發現死亡，臺灣當局鑒定為自殺，家屬不服，一直要求重新調查，是為「余登發懸案」。

[39]葉至誠著，《社會科學概論》，臺北，揚智文化事業有限公司，2000年，242-244頁。

[40]轉引自周碧娥對這一觀點的定義和概括，參見周碧娥《婦女問題》，載於楊國樞等主編的《臺灣的社會問題》，臺北，巨流圖書公司，1991年。

[41]也有些學者譯為「性別差異理論」，如王嵩音。關於這一理論的內容參見王雅各主編《性屬關係》，臺北心理出版社，1999年，340-343頁；王嵩音《再看性別政治——從跨選舉資料探討性別與政治行為》，2005年臺灣政治學年會暨「臺灣民主的前景與挑戰」學術研討會論文，2005年12月10-

11日，http://www.defence.org.cn/aspnet/vip-usa/uploadfiles/2006-1/200612514290316.pdf。需要指出的是，大陸學者對於性別差異理論的概念與臺灣乃至西方學者有所不同，如蘇紅主編的《多重視角下的社會性別觀》（上海大學出版社，2004年，35-36頁）中的性別差異理論指建立在性差異說之上對有關性別差異知識的表述，與女性參政無關。

[42] Chen Yanghao,《禁！禁！禁！》,《暖流》第19期，1984年1月。轉引自〔美〕丹尼·羅伊（Denny Roy）著，何振盛等譯,《臺灣政治史》，臺灣商務印書館，2004年，122頁。

[43] 彭懷恩,《臺灣發展的政治經濟分析》，臺北，風雲出版社，1990年，183頁。

[44] 轉引自若林正丈,《轉型期的臺灣》，臺北，故鄉出版社，1989年，71頁。

[45]（臺灣）《中央日報》，1988年7月15日。

[46] 康寧祥,《臺灣的憲政危機》，臺灣，八十年代出版社，1983年，203頁。

[47] 陳孔立主編,《臺灣歷史綱要》，九州出版社，1996年，453頁。

[48] http://www.china.com.cn/zhuanti2005/txt/2005-12/31/content_5439177.htm。

[49] 戴國輝,《臺灣總體相》，臺北，遠流出版公司，1989年，129頁。

[50] 陳孔立主編,《臺灣歷史綱要》，九州出版社，1996年，447頁。

[51] 黃嘉樹,《國民黨在臺灣1945-1988》，南海出版公司，1991年，390頁。

[52] 顧燕翎,《女性意識與臺灣婦女運動的發展》，中國論壇編輯委員會主編,《女性知識分子與臺灣發展》，臺北，中國論壇雜誌出版社，1989年，91-128頁。

[53] 游鑑明,《明明月照來時路：臺灣婦運的歷史觀察》，王雅各主編,《性屬關係（下）——性別與文化、再現》，臺北，心理出版社，1999年，197-225頁。

[54] 游鑑明,《當外省人遇到臺灣女性：戰後臺灣報刊中的女性論述（1945-1949）》,「中央研究院」近代史研究所集刊，第47期，2005年3月，165-224頁。

[55] 顧燕翎,《女性意識與臺灣婦女運動的發展》，中國論壇編輯委員會主編,《女性知識分子與臺灣發展》，臺北，中國論壇雜誌出版社，1989年，106頁。

[56] 錢劍秋,《自由中國的婦女》，臺北，婦女社，1956年，57頁。

[57] 錢劍秋,《三十年來中國婦女運動》，臺北，中國國民黨中央婦女工作會，1976年，28-31頁。

[58] 臺灣省婦女會編,《臺灣婦女會概況》，臺北，臺灣省婦女會，1970年，7-10頁。

[59] 轉引自羅汀蘭,《中華婦女反共抗俄聯合會組織功能之研究》，臺灣政治作戰學校政治研究所，碩士論文，1991年，23-26頁，未刊稿。

[60] 中國國民黨中央婦女工作會編,《指導長蔣夫人對婦女訓詞輯要》，臺北，中國國民黨中央婦女工作會，1956年，32頁、126頁。

[61]「中華婦女反共聯合會」編,《婦聯四十年》，臺北,「中華婦女反共聯合會」，1990年，33頁。

[62] (臺灣)《聯合報》，1977年6月6日，第19版。

[63] 中國國民黨中央婦女工作會編，《我們的工作》，臺北，中國國民黨中央婦女工作會，1976年，7頁。

[64] 轉引自王雅各，《臺灣婦女運動解放史》，臺北，巨流圖書公司，2001年，28頁。

[65] 中國國民黨中央婦女工作會編，《指導長蔣夫人對婦女訓詞輯要》，臺北，中國國民黨中央婦女工作會，1956年，67頁。

[66] 蔣介石於1953年5月17日婦女幹部訓練班第一期開學典禮訓詞，參見國民黨黨史會編，《總裁對婦女訓詞輯要》，1991年，26頁。

[67] 王亞權編，《蔣夫人言論集》（下），「中華婦女反共聯合會」，1977年，821頁。

[68] (臺灣)《中央日報》，1954年3月8日。

[69] 《婦友》月刊創刊號社論，第1期，1954年12月。

[70] 游鑑明，《明明月照來時路：臺灣婦運的歷史觀察》，王雅各主編，《性屬關係（下）——性別與文化、再現》，臺北，心理出版社，1999年，210頁。

[71] 《中國國民黨的婦女工作》提要大綱，婦工檔案卷156，3-4頁，轉引自謝媛倫《誰的婦女政策？中國婦女政策中「婦女」的論述分析（1949-2000）》，臺灣大學政治學研究所，碩士論文，2000年，32頁，未刊稿。

[72] 王亞權編，《蔣夫人言論集》（下），「中華婦女反共聯合會」，1977年，802頁。

[73] 此為當時臺灣省主席吳國楨在1952年答覆留日華僑觀光團所提的人口問題時所表示，見(臺灣)《中央日報》，1952年4月1日。

[74] (臺灣)《中央日報》，1959年3月2日，2版。

[75] (臺灣)《中央日報》，1960年2月20日，2版。

[76] 皮以書，《中國婦女運動》，臺北，三民書局，1973年，103-104頁。

[77] 臺灣「中央社」2005年6月7日臺北報導。

[78] 《臺灣省各縣市實施地方自治綱要》，第一章總則，第二條，《臺灣省政府公報》，1950年夏字第20期。

[79] 《臺灣省各縣市議會組織規程》第二條第二項，轉引自劉鐵錚《婦女團體及法定當選名額之選舉制度》，載於梁雙蓮等著《婦女與政治參與》，臺北，婦女新知基金會，1989年，97-98頁。

[80] 《臺灣省鄉鎮民代表會組織規程》，第四條，《臺灣省政府公報》，1950年秋字第14期。

[81] 李筱峰，《臺灣戰後初期的民意代表》，臺北，自立晚報出版，1986年，272頁。

[82] 《臺灣省議會組織規程》第二條第二項，轉引自劉鐵錚《婦女團體及法定當選名額之選舉制度》，載梁雙蓮等著《婦女與政治參與》，臺北，婦女新知基金會，1989年，100-101頁。

[83]《議壇風雲五十二年》，臺灣省議會編印，1995年，257頁。

[84]馬心韻，《三民主義婦女政策與中國婦女政治地位之研究》，臺北，正中書局，1992年，178頁。

[85]趙永茂，《臺灣地方政治的變遷與特質》，臺北，翰蘆圖書有限公司，1997年，257頁。

[86]辛旗，《時代悲情、文化變遷、兩岸關係》，臺北，海峽學術出版社，2003年，第5頁。

[87]趙永茂，《臺灣基層政治精英之個人背景分析》，《思與言》，25卷6期，1988年3月。

[88]劉國深，《當代臺灣政治分析》，九州出版社，2002年，277頁。

[89]（臺灣）《「立法院公報」》，86卷43期，1985年9月，79頁。

[90]（臺灣）《中央日報》，1972年5月21日。

[91]李松林，《晚年蔣經國》，九州出版社，2006年，http://book.qq.com/s/book/0/4/4840/58.shtml。

[92]http://www.china.com.cn/zhuanti2005/txt/2005-12/31/content_5439177.htm。

[93]http://www.china.com.cn/zhuanti2005/txt/2005-12/31/content_5439177.htm。

[94]陳孔立主編，《臺灣歷史綱要》，九州出版社，1996年，485頁。

[95]黃建寅主編，《中國國民黨史》，西安交通大學出版社，1990年，548頁。

[96]轉引自潘晉明《臺灣中產階級的成長及其特徵》，《臺灣研究》，1990年第2期。

[97]蕭新煌，《臺灣的未來不是夢？》，臺北，不二出版公司，1992年，203頁。

[98]徐正夫，《社會運動的理性運作》，（臺灣）《中國時報》1990年8月15日。

[99]楊美惠，筆名南珊，曾譯介西蒙‧波娃著作《第二性（第二卷）：處境》，臺北，晨鐘出版社，1973年；並編譯《婦女問題新論（第二冊）》，晨鐘出版，1975年。洪智惠，筆名歐陽子，曾與南珊等譯介德‧波伏娃著作《女人，女人：第二性——女人之一》，晨鐘出版，1979年。

[100]呂秀蓮，《新女性主義》，臺北，敦理出版社，1986年，228-229頁。

[101]李文，《縱橫五十年——呂秀蓮前傳》，臺北，時報文化出版社，1996年，88頁。

[102]呂秀蓮，《新女性主義》，臺北，敦理出版社，1986年，232頁。

[103]呂秀蓮，《新女性主義》，臺北，敦理出版社，1986年，82-104頁。

[104]呂秀蓮，《新女性主義》，臺北，敦理出版社，1986年，87頁。

[105]呂秀蓮，《臺灣新女性主義的特徵及其影響》，《臺灣研究集刊》，1988年第2期。

[106]呂秀蓮，《臺灣新女性主義的特徵及其影響》，《臺灣研究集刊》，1988年第2期。

[107]（臺灣）《中央日報》，1977年3月8日，社論。

[108]呂秀蓮，《新女性主義》，臺北，敦理出版社，1986年，239頁。

[109]呂秀蓮，《新女性主義》，臺北，敦理出版社，1986年，148-151頁。

[110]顧燕翎，《檢討臺灣女性主義論述——三十年來婦運的理論、路線與策略》，荒林等主編，《中

國女性文化》No.2，中國文聯出版社，2001年，172頁。

[111]李元貞，《婦女開步走》，臺北，婦女新知基金會，1990年，序言。

[112]周碧娥、姜蘭虹，《現階段臺灣婦女運動的經驗》，徐正光等主編《臺灣新興社會運動》，臺北，巨流出版社，1989年。

[113]胡藹若，《從資源動員理論的觀點看臺灣婦女體制外的政治參與》，臺北，《復興崗學報》第83期，2005年12月。

[114]王雅各，《臺灣婦女解放運動史》，臺北，巨流圖書公司，1999年，63頁。

[115]王雅各，《臺灣婦女解放運動史》，臺北，巨流圖書公司，1999年，69頁。

[116]顧燕翎，《檢討臺灣女性主義論述——三十年來婦運的理論、路線與策略》，荒林等主編《中國女性文化》No.2，中國文聯出版社，2001年。

[117]（臺灣）《聯合報》，1984年6月21日。

[118]子宛玉編，《風起雲湧的女性主義批評》（臺灣篇），臺北，谷風出版社，1988年，6頁。

[119]子宛玉編，《臺灣新女性主義的特徵及其影響》，《臺灣研究集刊》，1988年第2期。

[120]（臺灣）《聯合報》，1985年9月2日。

[121]顧燕翎，《從移植到生根：婦女研究在臺灣（1985-1995）》，臺灣，《近代中國婦女史研究》，第4期，1996年8月。

[122]顧燕翎，《檢討臺灣女性主義論述——三十年來婦運的理論、路線與策略》，荒林等主編，《中國女性文化》No.2，中國文聯出版社，2001年，174頁。

[123]《十九世紀以來亞洲的形勢和我們復國建國的要道》，載於《先總統蔣公言論選集》，臺北，中央文物供應社編著，1978年，244頁。

[124]（臺灣）《聯合報》，1972年5月3日。

[125]黃嘉樹，《國民黨在臺灣1945-1988》，南海出版公司，1991年，549頁

[126]蔣經國1983年2月12日電視講話，轉引自黃嘉樹《國民黨在臺灣1945-1988》，南海出版公司，1991年，546-547頁。

[127]范希周，《1990年以來國民黨的「憲政改革」及對其大陸政策的影響》，《臺灣研究集刊》，1992年第4期。

[128]《「中華民國」年鑒》（1950年）「憲政」部分，臺灣，中正書局，1951年。

[129]《「中華民國」年鑒》（1952年）「憲政」部分，臺灣，中正書局，1953年。

[130]郎裕憲等，《「中華民國」選舉史》，臺北，「中央選舉委員會」，1987年，260頁。

[131]「釋字第三十一號解釋」，載《月旦六法全書》，臺北，元照出版有限公司，2001年，2826頁。

[132]黃嘉樹,《國民黨在臺灣1945-1988》,南海出版公司,1991年,75頁。

[133]劉國深,《臺灣「國會」改革運動研究》,《臺灣研究集刊》,1990年第2、3期合刊。

[134]按「憲法」規定,「國大代表」和「監察委員」每屆任期六年,「立法委員」任期三年。臺灣當局於1969年舉辦了臨時性的「國大代表」補選和「立法委員」增選,1972「增額中央民意代表選舉辦法」將這一選舉固定化,「中央民意代表機構」從此開始定期增選。1978年為因應中美建交美臺斷交,臺灣當局宣布暫停選舉,「國大代表」和「立法委員」的增額選舉都推遲至1980年舉行。

[135]劉鐵錚,《婦女團體及法定當選名額之選舉制度》,載於梁雙蓮等著《婦女與政治參與》,臺北,婦女新知基金會,1989年,101頁。

[136]董翔飛編著,《「中華民國」選舉概況》,臺北,「中央選舉委員會」,1984年,614-616頁。

[137]董翔飛編著,《「中華民國」選舉概況》,臺北,「中央選舉委員會」,1984年,766-777頁。

[138]《「中華民國」67、69年增額「立法委員會」選舉概況》,臺北,「中央選舉委員會」編印,1990年,231頁。

[139]董翔飛編著,《「中華民國」選舉概況》,臺北,「中央選舉委員會」,1984年,83頁。

[140]轉引自劉鐵錚,《婦女團體及法定當選名額之選舉制度》,載於梁雙蓮等著《婦女與政治參與》,臺北,婦女新知基金會,1989年,101頁。

[141]劉鐵錚,《婦女團體及法定當選名額之選舉制度》,載於梁雙蓮等著《婦女與政治參與》,臺北,婦女新知基金會,1989年,102頁。

[142]趙永茂,《臺灣地方政治的變遷與特質》,臺北,翰蘆圖書有限公司,1997年,258-259頁。

[143]張忠棟,《國民黨臺灣執政40年》,(臺灣)《中國論壇》第319期,1989年1月。

[144]王振環,《詭譎的九十年代社會圖景》,(臺灣)《中國論壇》第343期,1990年1月。

[145]南民編著,《國民黨無望論》,臺灣,文藝出版社,1987年,18頁。

[146]張靜倫,《臺灣的婦運議題與國家的性別政策:訴求與回應》,蕭新煌主編《臺灣的社會福利運動》,臺北,巨流圖書有限公司,2001年,368頁。

[147]劉國深,《當代臺灣政治分析》,九州出版社,2002年,4-5頁。

[148]金泓汎,《臺灣的政治轉型——從蔣經國體制到李登輝體制》,香港,社會科學出版社,1998年,17頁。

[149]金泓釩,《臺灣的政治轉型——從蔣經國體制到李登輝體制》,香港,社會科學出版社,1998年,18頁。

[150]黃毓民,《百年政黨淪落如斯——國民黨三中全會的亂象》,香港《星島日報》,1992年3月17日。

[151]黃嘉樹,《國民黨在臺灣1945-1988》,南海出版公司,1991年,368頁。

[152]王昌甫,《臺灣反對運動的共識動員:一九七九至一九八九年兩次挑戰高峰的比較》,《臺灣政

治學刊》，1997年7月，創刊號。

[153]林小芳，《臺灣經濟1999年回顧與2000年展望》，《亞太經濟》，2000年第2期。

[154]http://www.china.com.cn/zhuanti2005/txt/2005-12/31/content_5439177.htm。

[155]陳孔立主編，《臺灣歷史綱要》，九州出版社，1996年，492頁。

[156]盧非易，《臺灣電影：政治、經濟、美學》，臺北，遠流出版社，1998年，346頁。

[157]趙建民，《臺灣主體意識與中國大陸民族主義的對抗：面向二十一世紀的兩岸關係》，（臺灣）《中國大陸研究》，第41卷第1期，1998年1月。

[158]韋政通，《立足臺灣關懷大陸》，臺灣，東大圖書出版社，1991年，第61頁。

[159]（臺灣）《中國論壇》第361期，1990年10月，轉引自范希周主編《臺灣政局與兩岸關係》，九州出版社，2004年，83頁。

[160]劉國深等，《影響臺灣政治文化變遷的外部因素分析》，《臺灣研究集刊》2007年第3期。

[161]〔加〕巴巴拉‧阿內爾（Babara Arneil）著，郭夏娟譯，《政治學與女性主義》，東方出版社，2005年，284頁。

[162]2005年10月天津師範大學婦女研究中心秋季「社會性別課程」高級培訓班教材。

[163]李元貞，《女學會十年，婦運萬水千山》，（臺灣）《歷史月刊》2003年9月號。

[164]梁雙蓮語，轉引自張靜倫《臺灣的婦運議題與國家的性別政策：訴求與回應》，蕭新煌主編《臺灣的社會福利運動》，臺北，巨流圖書有限公司，2001年，370頁。

[165]周碧娥，《女人\性別，臺灣\1995（一）》，《婦女與兩性研究通訊》1996年，37期，13頁。

[166]周碧娥，《解嚴後臺灣的女性主義與性別政治：民主化與女性政治身分》，「行政院國家科學委員會」專題研究計劃成果報告，2004年5月31日，http://www.apecgender.org/Research Show.asp？Type ID=8。

[167]泛紫聯盟於2003年8月11日成立，發起者為臺灣九大社會福利和社會運動團體，包括婦女新知、全臺教師會、臺灣勞工陣線、銀行員工會全臺聯合會、伊甸基金會、智障者家長總會、臺灣促進和平基金會、老人福利聯盟、殘障福利聯盟，簡錫堦為召集人，該聯盟提出恢復富人稅、透過普及式「國民」年金、減輕薪資所得者負擔等主張，呼籲以公平正義的社會訴求超越藍綠陣營的統獨紛爭。

[168]其他參加連署的婦女團體包括：臺北市婦女救援基金會、高雄婦女新知、臺北市晚晴婦女協會、主婦聯盟、臺灣21世紀婦女協會等。

[169]這部分的材料來源，包括婦女新知基金會的網站：http://www.awakening.org.tw以及《歷史月刊》2003年9月號上的「女學會系列」——阮若缺等人的文章。

[170]張茂桂，《社會運動與政治轉化》，臺北，業強出版社，1994年，275-280頁。

[171]范雲，《政治轉型過程中的婦女運動：以運動者及其生命傳記背景為核心的分析取向》，《臺灣社會學》第5期，2003年6月，133-194頁。

[172]轉引自曹愛蘭《走過一九九八：婦運篇·新芽方露綠葉》，（臺灣）《自立早報》，1988年12月19日，14版。

[173]顧燕翎，《檢討臺灣女性主義論述——三十年來婦運的理論、路線與策略》，載於荒林等主編的《中國女性文化》，No.2，中國文聯出版社，2001年9月，180頁。

[174]范雲，《政治轉型過程中的婦女運動：以運動者及其生命傳記背景為核心的分析取向》，《臺灣社會學》第5期，2003年6月，133-194頁。

[175]80年代末臺灣各大專院校相繼成立女性主義研究社，積極展開各項活動，推動校園性別意識的提升，並順利成立跨校的全臺大專女生行動聯盟，簡稱「全女連」。

[176]何春蕤《豪爽女人》，臺北，皇冠文化出版有限公司1994年出版，何在此書中宣揚女性性解放，並把女性解放和性解放劃上等號，該書的中心詞是「情慾自主」，認為兩性關係應走出通行的「賺賠邏輯」，建立新的男女互動模式。

[177]顧燕翎，《性別政治與性慾政治：臺灣婦運策略之選擇》，「行政院國家科學委員會」專題研究計劃成果報告，1999年，http://www.apecgender.org/Research Show.asp？Type ID=8。

[178]林芳玫，《當代臺灣婦運的認同政治：以公娼存廢爭議為例》，（臺灣）《中外文學》，27卷第1期，1998年6月。

[179]卡維波，《「婦權派」與「性權派」的兩條女性主義路線在臺灣》，http://www.smth.edu.cn/bbsanc.php。

[180]何春蕤語，見http://www.douban.com/group/topic/1140186/。

[181]顧燕翎，《檢討臺灣女性主義論述——三十年來婦運的理論、路線與策略》，載於荒林主編的《中國女性文化》，No.2，中國文聯出版社，2001年9月，179頁。

[182]轉引自顧燕翎《性別政治與性慾政治：臺灣婦運策略之選擇》，「行政院國家科學委員會」專題研究計劃成果報告，1999年，http://www.apecgender.org/Research Show.asp？Type ID=8。

[183]林芳玫，《當代臺灣婦運的認同政治：以公娼存廢爭議為例》，（臺灣）《中外文學》，27卷第1期，1998年6月。

[184]林芳玫，《從邊緣戰鬥到體制內改革》，（臺灣）《中國時報》副刊，1997年12月1日。

[185]劉仲冬，《路線之爭與行動轉折》，（臺灣）《歷史月刊》，2003年9月號。

[186]卡維波，《「婦權派」與「性權派」的兩條女性主義路線在臺灣》，http://www.smth.edu.cn/bbsanc.php。

[187]周碧娥，《解嚴後臺灣的女性主義與性別政治：民主化與女性政治身分》，「行政院國家科學委員會」專題研究計劃成果報告，2004年5月31日，http://www.apecgender.org/Research Show.asp？Type ID=8。

[188]林芳玫，《當代臺灣婦運的認同政治：以公娼存廢爭議為例》，（臺灣）《中外文學》，27卷第1期，1998年6月。

[189]劉毓秀，《女性主義國家/社會藍圖的繪製》，（臺灣）《歷史月刊》，2003年9月號。

[190]轉引自卡維波《「婦權派」與「性權派」的兩條女性主義路線在臺灣》，http://www.smth.edu.cn/bbsanc.php。

[191]（臺灣）《聯合報》，1992年11月7日。

[192]范雲，《政治轉型過程中的婦女運動：以運動者及其生命傳記背景為核心的分析取向》，《臺灣社會學》第5期，2003年6月。

[193]王雅各，《臺灣婦女解放運動史》，臺北，巨流圖書公司，1999年，232頁。

[194]女權會理事長黃淑英的話，轉引自王雅各，《臺灣婦女解放運動史》，臺北，巨流圖書公司，1999年，245頁。

[195]顧燕翎，《檢討臺灣女性主義論述——三十年來婦運的理論、路線與策略》，載於荒林主編的《中國女性文化》，No.2，中國文聯出版社，2001年9月；同樣的辯論記錄見於張晉芬《制度化之下的女性主義實踐》，載於（臺灣）《歷史月刊》，2003年9月號。

[196]林芳玫是女學會第三屆理事長（1995-1996年），2000年後出任「行政院青輔會主委」，2004年底去職。

[197]林芳玫，《彩色與無色：女性主義者多重身分的衝突與對話》，（臺灣）《歷史月刊》，2003年9月號。

[198]張晉芬（女學會第九屆理事長，2001-2002年）語，見其《制度化之下的女性主義實踐》，載於（臺灣）《歷史月刊》，2003年9月號。

[199]王滬寧，《比較政治分析》，上海人民出版社，1987年，235頁。

[200]《「中華民國」年鑒》（1984年），「國民大會」部分，「中華民國年鑒社」編印，1984年12月，113頁。

[201]《「中華民國」年鑒》（1988年），「國民大會」部分，「中華民國年鑒社」編印，1988年12月，147頁。

[202]《「中華民國」年鑒》（1989年），「國民大會」部分，「中華民國年鑒社」編印，1989年12月，144頁。

[203]轉引自楊立憲《臺灣「法統」問題研究》，載於《臺灣研究》，1993年第1期。

[204]以上三組數據均出自孫代堯《臺灣威權體制及其轉型研究》，中國社會科學出版社，2003年，113頁。

[205]（臺灣）《中央日報》，1988年2月3日。

[206]朱雲漢，《「國會」結構、「國會」改革與政黨政治》，見蕭全政主編，《改革憲政》，臺灣「國家政策研究中心」，1990年版，第161頁。

[207]（臺灣）《中央日報》，1990年7月12日。

[208]（臺灣）《聯合報》，1991年4月23日。

[209]張文生，《臺灣「國民大會」制度的歷史演變》，《臺灣研究集刊》，2000年第4期。

[210]參見臺灣「中央選舉委員會」「選舉資料庫」；另參見範曉軍《民進黨急劇衰敗的政治發展脈絡——臺灣「二次政黨輪替」的民意逐漸浮現》，《臺灣研究集刊》，2006年第2期。

[211]本屆女性立委高達30%的創歷史紀錄的新高比例完全得益於國、民兩黨在不分區部分女性皆高達50%的提名比例（即在不分區當選部分，國民黨的20名就有10名女性，民進黨的14名也有7名是女性），區域選舉部分女性提名比例則嚴重偏低，國民黨提名女性比例為18%，13位女性候選人有11人上榜，民進黨提名女性比例為15%，11名女性候選人5人上榜，也就是說，兩黨女性候選人的當選比率都遠遠高於該黨的平均當選率，因此，能否獲得政黨提名成為女性參選立委的首道門檻。詳見拙作《從「立法委員」選舉看當代臺灣女性參政中的資源因素》，《臺灣研究》，2008年第2期。

[212]關於女性參政人數發揮作用的「關鍵比例」或「臨界點」，美國婦女運動領袖、知名的政治學者Jo Freeman女士在1995年赴臺參加「第二屆婦女參政生活營」時指出，只有當女性在議會與行政決策部門，占有25%到30%的比例時，從政女性才能真正發揮作用，對社會產生實質改變。參見《婦女新知通訊》第162期，1995年11月，第4頁，轉引自彭渰雯，《參政篇》，婦女新知基金會主編《1999臺灣女權報告》，婦女新知，2000年，83頁。但也有其他學者認為該比例為30%-35%，參見李英桃《社會性別視角下的國際政治》，上海人民出版社，2003年，329頁。

[213]楊婉瑩，《矛盾的女性關鍵多數》，（臺灣）《中國時報》，2008年1月31日。

[214]關於「國大」選舉部分，2000年4月臺當局第六次「修憲」後，「國大」進一步虛級化，虛化後的「國大」不再定期改選，成為非常設、功能性、任務型的復決機構，復決「修憲」案、「總統副總統」彈劾案等，根據議題需要臨時依政黨比例代表制選舉產生，不再保留婦女保障名額。因此，為最後一次集會而進行的2005年任務型「國大」選舉不在文本討論的範圍之內。

[215]（臺灣）《聯合報》，1998年12月6日。

[216]（臺灣）《中央日報》，2001年12月2日。

[217]（臺灣）《聯合報》，2004年12月12日。

[218]參見陳菊《臺灣婦女的政治參與》，http://taiwan.yam.org.tw/nwc/nwc4/papers/99nwc 301.htm。

[219]彭渰雯，《參政篇》，婦女新知基金會主編《1999臺灣女權報告》，婦女新知，2000年，83頁。

[220]參見拙文《試析臺灣立委選舉制度對女性參政的影響》，《現代臺灣研究》，2004年第3期。

[221]（臺灣）《聯合報》，1992年5月30日。

[222]陳朝建，《民主轉型與地方自治法律——論省縣自治法應有之修改》，載於《臺灣地方自治實施之回顧與展望學術研討會論文集》，臺灣，東海大學政治系編印，1997年。

[223]「中華民國憲法增修條文」，（臺灣）《中國時報》，1997年7月19日第4版。

[224]（臺灣）《聯合報》，1998年12月6日。

[225]王茹,《臺灣南部的社會政治環境與民進黨的政治版圖——兼對「南方政治」定義的探討》,《臺灣研究集刊》,2007年第2期。

[226]任卓宣,《五權憲法之理論與實際》,臺灣,帕米爾書店,1982年,第16頁。

[227]本小節和後文職能介紹部分主要參考彭懷恩《「中華民國」政治體系的分析》(臺灣時報文化,1985年出版)和臺灣立法院網站http://www.ly.gov.tw上的相關介紹資料。

[228](臺灣)《聯合報》,2000年4月18日。

[229]楊世雄,《憲政改革的理論與實踐》,臺灣,五南圖書出版社,1998年11月,第152頁。

[230]舒文,《「修憲」惡果擾亂政局》,香港,《大公報》,1999年3月7日。

[231]南方朔,《老字號「法統」專賣店——「國民大會」如何淪為權力交換與勒索的場所》,載於臺灣《新新聞》週刊,1990年3月19日-25日。

[232](臺灣)《聯合報》,2000年4月8日。

[233]轉引自羅傳賢《立法技術與程序》,臺北,五南圖書出版公司,1998年7月,391頁。

[234]這11人遭到黨內討伐的主要言行為:前民進黨團總召段宜康和羅文嘉聯手發起要求清廉改革的「新民進黨運動」;沈發惠主張召開強調政治人物道德操守的「黨是會議」;林岱樺呼籲身陷「機要費案」的陳水扁考慮請辭;李文忠、林濁水因不滿民進黨對「機要費案」的處理辭去立委職位;林樹山、沈發惠、蔡其昌等立委也曾表達陳水扁應下臺的意思;羅文嘉在美國發表演講時婉轉表達對陳水扁的批評等。

[235]任海鳴,《民進黨圍剿十一寇,引發臺灣輿論普遍憂慮》,http://news.china.com/zh cn/hmt/1004/20070104/13855200.html。

[236]《打馬有選票市場——民進黨打馬4悍將全上市議員》,中國評論新聞,見 http://www.chinareviewnews.com 2006-12-10。

[237]更多的臺灣學者採用更嚴謹的劃分,把立委議政過程中的質詢與發言分開,把立委就「行政院長」施政報告時進行的口頭提問稱為「口頭質詢」(相對於書面質詢而言),而發言則只指立委在各委員會審議法案及「國是論壇」上的發言,不包括質詢,如翟海源等著《透視立法院——2003年澄社監督國會報告》(臺北允晨文化股份有限公司,2004年),以及臺灣高校的一些研究生學位論文等。本文所依據資料涉及立委2001年底在委員會的發言,也涉及2002年初施政質詢的提問,為了不混淆其中的政黨、選區等劃分,故以「發言」統稱,把質詢與發言一併羅列,只區別其中的性別因素,此注。

[238]盛杏湲,《「立法委員」的立法參與:概念、本質、測量》,《問題與研究》,36卷3期,1997年3月,12頁。

[239](臺灣)《立法院公報》,91卷15期,52-71頁,2002年3月。

[240](臺灣)《立法院公報》,91卷6期,158頁,2002年1月。

[241](臺灣)《立法院公報》,91卷14期(上),160-170頁,2002年3月。

[242]（臺灣）《立法院公報》，91卷16期，72-77頁，2002年3月。

[243]（臺灣）《立法院公報》，91卷24期，51-52頁，2002年4月。

[244]（臺灣）《立法院公報》，91卷14期（上），105-110頁，2002年3月。

[245]（臺灣）《立法院公報》，91卷14期（上），66-70頁，2002年3月。

[246]（臺灣）《立法院公報》，91卷14期（上），143-146頁，2002年3月。

[247]（臺灣）《立法院公報》，91卷14期（上），62-66頁，2002年3月。

[248]（臺灣）《立法院公報》，91卷15期，65-71頁，2002年3月。

[249]（臺灣）《立法院公報》，91卷15期，112-120頁，2002年3月。

[250]（臺灣）《立法院公報》，91卷16期，38-42頁，2002年3月。

[251]（臺灣）《立法院公報》，91卷16期，48-52頁和91卷18期108-112頁。

[252]（臺灣）《立法院公報》，91卷12期，420-424頁，2002年2月。

[253]（臺灣）《立法院公報》，91卷14期（上），62-65頁，2002年3月。

[254]（臺灣）《立法院公報》，91卷14期，（上），130-135頁，2002年3月。

[255]（臺灣）《立法院公報》，91卷15期，28-31頁，2002年3月。

[256]（臺灣）《立法院公報》，91卷15期，62-71頁，2002年3月。

[257]（臺灣）《立法院公報》，91卷4期，34-36頁，2002年1月。

[258]（臺灣）《立法院公報》，91卷21期（上），61-65頁，2002年4月。

[259]（臺灣）《立法院公報》，91卷15期，72-81頁，2002年3月。

[260]（臺灣）《立法院公報》，91卷15期，108-112頁，2002年3月。

[261]（臺灣）《立法院公報》，91卷15期，124-129頁，2002年3月。

[262]（臺灣）《立法院公報》，91卷16期，143-147頁，2002年3月。

[263]（臺灣）《立法院公報》，91卷14期（上），143-146頁，2002年3月。

[264]（臺灣）《立法院公報》，91卷16期，38-42頁，2002年3月。

[265]（臺灣）《立法院公報》，91卷18期，73-75頁，2002年3月。

[266]（臺灣）《立法院公報》，91卷18期，98-100頁，2002年3月。

[267]（臺灣）《立法院公報》，91卷18期，143-138頁，2002年3月。

[268]黃長玲，《從婦女保障名額到性別比例原則——兩性共治的理論與實踐》，載《問題與研究》第40卷第3期，2001年6月。

[269]王雅各，《婦女解放運動和二十世紀的性別現象》，王雅各主編，《性屬關係》（上），臺北，心理出版社，1999年，第5頁。

[270]朱志宏,《遵守規則、重視倫理——健全國會根本之道》,《理論與政策》,1996年秋季號,14-20頁。

[271](臺灣)《聯合報》,2003年4月14日。

[272]王定村,《論國會改革與立法委員專業倫理的建立》,《思與言》,42卷第1期,2004年3月,31-64頁。

[273]見「財政部」營業登記資料公示:http://www.moea.gov.tw/doc/ce/cesc1004.html;「監察院」公報:http://egw20.mofdpc.gov.tw/bgq/index.jsp。

[274]鳳凰衛視2005年1月22日報導,
http://www.phoenixtv.com/phoenixtv/72624942037860352/20050122/491769.shtml。

[275]《臺灣議會又現群毆場面》,http://www.tianya.cn/publicforum/Content/no04/1/471384.shtml。

[276](臺灣)《中國時報》,2003年4月28日。

[277](臺灣)《聯合報》,2003年5月7日。

[278]本小節主要參考婦女新知基金會編的《1999催生男女工作平等法手冊》(婦女新知出版,1999年)和婦女新知基金會網站上的相關資料:http://www.awakening.org.tw。

[279]《男女工作平等法,「政院」退回重議》,(臺灣)《工商時報》,1995年2月17日。

[280]陳菊《臺灣婦女的政治參與》,1999年「第四屆婦女國是會議論文集」,http://taiwan.yam.org.tw/nwc/nwc4/papers/99nwc 301.htm。

[281]Hanna Fenichel Pitkin, The Concept of Representation, Berkeley, University of California Press,1967,P.60-61.

[282]政黨協商不像委員會審議那樣詳細記錄在《立法院公報》上,因此,協商過程中的發言無從查詢。

[283]《立法院公報》,80卷86期,1991年,157頁。

[284]《立法院公報》,80卷86期,1991年,158頁。

[285]《立法院公報》,81卷6期,1992年,263頁。

[286]《立法院公報》,80卷86期,1991年,159頁

[287]《立法院公報》,80卷86期,1991年,162頁。

[288]《立法院公報》,80卷86期,1991年,166頁。

[289]《立法院公報》,80卷86期,1991年,170頁。

[290]《立法院公報》,80卷86期,1991年,163-166頁。

[291]《立法院公報》,80卷86期,1991年,163-166頁。

[292]《立法院公報》,81卷6期,1992年,267-268頁。

[293]《立法院公報》,82卷41期,1993年,419-435頁。

[294]《立法院公報》,82卷41期,1993年,425-426頁。

[295]《立法院公報》,82卷41期,1993年,上述三則發言分別見428頁、429頁和431頁。

[296]《立法院公報》,87卷10期,1998年,315頁。

[297]《立法院公報》,87卷39期,1998年,6頁。

[298]《立法院公報》,87卷39期,1998年,8頁。

[299]《立法院公報》,87卷10期,1998年,332-333頁。

[300]《立法院公報》,87卷10期,1998年,332-333頁。

[301]《立法院公報》,82卷41期,1993年,423-424頁。

[302]《立法院公報》,82卷41期,1993年,426頁。

[303]《立法院公報》,87卷10期,1998年,320-322頁。

[304]《立法院公報》,87卷10期,1998年,314頁。

[305]《立法院公報》,87卷39期,1998年,319頁。

[306]整段詢答過程相當冗長,此處不錄,詳見《立法院公報》,87卷10期,1998年,322-325頁。

[307]這一時期的立委發言踴躍,詳見《立法院公報》,88卷33期,1999年,211-270頁;《立法院公報》90卷58期,2001年,237-345頁。

[308]《立法院公報》,88卷33期,1999年,220頁。

[309]《立法院公報》,88卷33期,1999年,227-228頁。

[310]《立法院公報》,88卷33期,1999年,217頁。

[311]《立法院公報》,88卷33期,1999年,249頁。

[312](臺灣)《聯合報》,2001年12月22日。

[313]顧昕,《臺灣民主政治的迷惑與啟示》,(新加坡)《聯合早報》,http://www.zaobao.com.,2002年1月4日。

[314]範曉軍,《在藍綠兩極化困局下「脫色政治」的努力》,《臺灣研究集刊》,2007年第3期。

[315]石之瑜,《女性主義的政治批判:誰的知識?誰的國家?》,臺北,正中書局,1994年,129頁。

[316]孫關宏主編,《政治學概論》,復旦大學出版社,2004年,415-416頁。

[317]關於婦女團體在這方面的努力,詳見陳昭如《創造性別平等,抑或與父權共謀?——關於臺灣法律近代西方法化的女性主義考察》,《思與言》,40卷第1期,2002年3月;劉毓秀,《男人的法律,男人的「國」「家」,及其蛻變的契機》,《臺灣社會研究季刊》,20期,1995年8月。

[318] 周碧娥，《臺灣婦女與政治：1985-1994》，王雅各主編《性屬關係（上）——性別與社會、建構》，臺北，心理出版社，1999年，348頁。

[319] 廖達琪，《臺灣女性地方精英政治參與的觀點與實際》，謝臥龍主編，《性別：解讀與跨越》，臺北，五南圖書出版公司，2002年，290-291頁。

[320] 黃長玲（Chang-ling Huang），Strength in Numbers: Increasing Womens Political Participation in Taiwan，參見2005年漢城梨花女子大學舉辦的第九屆世界婦女跨學科大會（WW2005）上發行的8卷本「亞洲婦女學叢書」之三（臺灣卷）：Gender, Culture & Society: Womens Studies in Taiwan, Edited by Weihung LIN and Hsiaochin HSIEH, Esha Womans University Press, 2005, P.293-294。

[321] 關於女性參政人數發揮作用的「關鍵比例」或「臨界點」，美國婦女運動領袖、知名的政治學者Jo Freeman女士在1995年赴臺參加「第二屆婦女參政生活營」時指出，只有當女性在議會與行政決策部門占有25%到30%的比例時，從政女性才能真正發揮作用，對社會產生實質改變。《婦女新知通訊》第162期，1995年11月，4頁，轉引自彭渰雯，《參政篇》，婦女新知基金會主編《1999臺灣女權報告》，婦女新知，2000年，83頁。但也有其他學者認為該比例為30%-35%，參見李英桃《社會性別視角下的國際政治》，上海人民出版社，2003年，329頁。

[322] 參見曹雲整理的文章《社會性別與政策研究》，http://www.westwomen.org/search/search content.asp？id=21&leaf id=236。

[323] 參見王嵩音《再看性別政治——從跨選舉資料探討性別與政治行為》，2005年臺灣政治學年會暨「臺灣民主的前景與挑戰」學術研討會論文，2005年12月11日，http://www.defence.org.cn/aspnet/vip-usa/uploadfiles/2006-1/20061251429 0316.pdf。

[324] 北京大學社會學系，《社會學教程》，北京大學出版社，1987年，60頁。

[325] 蘇紅主編，《多重視角下的社會性別觀》，上海大學出版社，2004年，50頁。

[326]〔加〕巴巴拉·阿內爾（Barbara Arneil）著，郭夏娟譯，《政治學與女性主義》，東方出版社，2005年，36-37頁。

[327]〔美〕梅裡·E.威斯納·漢克斯，《歷史中的性別》，東方出版社，2003年，182頁。

[328]〔加〕巴巴拉·阿內爾（Barbara Arneil）著，郭夏娟譯，《政治學與女性主義》，東方出版社，2005年，41頁。

[329] 轉引自蘇紅主編，《多重視角下的社會性別觀》，上海大學出版社，2004年，99頁。

[330] 杜芳琴，《婦女/社會性別史對史學的挑戰與貢獻》，《史學理論研究》，2004年3期。

[331] 王政，《越界：跨文化女權實踐》，天津人民出版社，2004年，22頁。

[332] 楊雅慧，《日據末期的臺灣女性與皇民化運動》，《臺灣風物》43卷2期，1999年3月。

[333] 游鑑明，《明明月照來時路：臺灣婦運的歷史觀察》，王雅各主編，《性屬關係（下）——性別與文化、再現》，臺北，心理出版社，1999年，197-220頁。

[334] 顧燕翎，《女性意識與臺灣婦女運動的發展》，中國論壇編輯委員會主編，《女性知識分子與臺

灣發展》，臺北，中國論壇雜誌出版社，1989年，106頁。

[335]轉引自吳青，《國際婦女參政的政策和措施》，《婦女研究論叢》，2001年增刊。

[336]周碧娥，《臺灣婦女與政治：1985-1994》，王雅各主編《性屬關係（上）——性別與社會、建構》，臺北，心理出版社，1999年，341頁。

[337]陳孔立主編，《臺灣歷史綱要》，九州出版社，1996年，486頁。

[338]臺灣「教育部」編，《「中華民國」教育統計（1999年）》，臺北市教育局，2000年，33頁。

[339]謝小芩，《臺灣兩性教育經驗的差異與變遷》，（臺灣）《當代》90期，1993年10月，25頁。轉引自李妙虹《戰後臺灣婦女的社會地位》，臺灣中興大學歷史系，2003年碩士論文，未刊稿。

[340]統計數據參見臺灣「教育部」編，《「中華民國」教育統計（1999年）》，臺北市教育局，2000年，36-37頁。

[341]參見王幸美《女性教育與勞動參與的發展現況與問題》，《婦女與兩性學刊》，第5期，1994年4月，150頁；林美和，《臺灣婦女成人教育之現況與發展》，《社會教育學刊》，25期，1996年6月，第2頁。

[342]本小節所有關於立委的身分背景分析，全都參考《臺灣黨政機構及重要人物簡況》（福建臺灣研究會編，2002年）上的「第五屆立法委員簡介」以及臺灣立法院網站http://www.gov.ly.tw上的「第五屆立法委員」資料。

[343]勵馨基金會於1988年成立，稱「勵馨中途之家」，後轉型為基金會，專門幫助受到性侵害的少女，參見本文第三章第二節關於婦女團體的介紹。

[344]陳文茜1995年任民進黨文宣部主任，「洋派的舉止，淵博的知識，善辯的口才，使她成為民進黨最好的『化妝師』，硬是把一個土老帽的街頭政黨包裝出新的形象：年輕、專業、生機勃勃」；她首次把「女人福利國」、「托育政策」等議題帶入臺灣選舉政治，掀起臺灣女人從政風潮，和其他女性政治人物或專業人士不一樣，她從來不避諱自己的身體……「在成為一個重要人物的道路上，她不把自己的性別當成一種有負面效果的東西來處理」，並被公認為臺灣「最具影響力、最有智慧的女人」。見《浪漫的胸冷酷的腦》，http://heresy199905.spaces.live.com/Personal Space.aspx？owner=1。

[345]周碧娥，《臺灣婦女與政治：1985-1994》，王雅各主編《性屬關係（上）——性別與社會、建構》，臺北，心理出版社，1999年，342頁。

[346]參見拙文《試析臺灣立委選舉制度對女性參政的影響》，《現代臺灣研究》，2004年第5期。

[347]轉引自楊婉瑩《選舉制度對婦女參政影響之評估》，（臺灣）《理論與政策》，第14卷第4期，2000年12月。

[348]曾潤梅，《臺灣選舉制度及其影響初探》，《臺灣研究》2002年第2期，2002年6月。

[349]梁雙蓮，《臺灣婦女的政治參與現狀與發展》，「中國論壇」委員會編《女性知識分子與臺灣發展》，（臺北）《中國論壇》雜誌，1989年，192-195頁。

[350]（臺灣）《聯合報》，2001年12月2日。

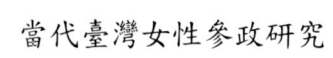

[351]楊婉瑩,《選舉制度對婦女參政影響之評估》,見(臺灣)《理論與政策》14卷第4期,2000年12月。

[352]〔美〕塞繆爾·亨廷頓,《變化社會中的政治秩序》,三聯書店,1989年,47、34頁。

國家圖書館出版品預行編目(CIP)資料

當代臺灣女性參政研究 / 林小芳 著. -- 第一版.
-- 臺北市：崧燁文化，2019.01
　　面；　　公分
POD版

ISBN 978-957-681-796-0(平裝)

1.婦女參政權 2.臺灣

573.07　　　　108000558

書　名：當代臺灣女性參政研究
作　者：林小芳 著
發行人：黃振庭
出版者：崧燁文化事業有限公司
發行者：崧燁文化事業有限公司
E-mail：sonbookservice@gmail.com
粉絲頁　　　　　　網　址：
地　址：台北市中正區重慶南路一段六十一號八樓815室
8F.-815, No.61, Sec. 1, Chongqing S. Rd., Zhongzheng
Dist., Taipei City 100, Taiwan (R.O.C.)
電　話：(02)2370-3310　傳　真：(02) 2370-3210
總經銷：紅螞蟻圖書有限公司
地　址：台北市內湖區舊宗路二段121巷19號
電　話：02-2795-3656　傳真：02-2795-4100　網址：
印　刷：京峯彩色印刷有限公司（京峰數位）

　　本書版權為九州出版社所有授權崧博出版事業股份有限公司獨家發行電子書繁體字版。若有其他相關權利及授權需求請與本公司聯繫。

定價：450 元

發行日期：2019 年 01 月第一版

◎ 本書以POD印製發行